Cordula Neuhaus

Hyperaktive Jugendliche und ihre Probleme

**Erwachsen werden mit ADS
Wie Eltern helfen können**

Ravensburger Ratgeber im Urania Verlag

Weitere Titel zum Thema:
Cordula Neuhaus: Das hyperaktive Kind und seine Probleme.
ISBN 3-332-00872-2

Die Deutsche Bibliothek – CIP-Einheitsaufnahme
Ein Titeldatensatz für diese Publikation ist bei Der Deutschen Bibliothek
erhältlich.

3. Auflage Dezember 2001
© 2000 Urania Verlag, Berlin
Der Urania Verlag ist ein Unternehmen der Verlagsgruppe Dornier.

Umschlaggestaltung: Behrend & Buchholz, Hamburg
Titelfoto: Bavaria Bildagentur/Tony Stone/Kevin Mackintosh
Fotos: PhotoDisc (8), Heidi Velten (2)
Redaktion: Jeanette Stark-Städele
Herstellung: ni:mand · Grafik & Design
Druck: Westermann Druck, Zwickau
Printed in Germany

Gedruckt auf alterungsbeständigem Papier mit chlorfrei gebleichtem Zellstoff

ISBN 3-332-01088-3

Inhalt

Vorbemerkung

In diesem Buch wird der Begriff der Jugendliche / junge Erwachsene mit ADHS verwendet, statt der / die Jugendliche/junge Erwachsene mit ADHS, da der sprachliche Fluss sonst sehr kompliziert würde. Gemeint sind aber sowohl Jungen wie Mädchen.

Im Gegensatz zur allgemein bekannteren Bezeichnung „ADS" (Aufmerksamkeitsdefizitsyndrom) wird in diesem Buch die fachlich korrekte Bezeichnung ADHS (Aufmerksamkeitsdefizit / Hyperaktivitätsstörung) verwendet. Eine genaue Begriffsklärung finden Sie auf Seite 24f.

„Ich weiß nicht, wie und wer ich ohne ADHS wäre. Es liegt nicht nur an der Vergangenheit. Was ich liebe oder hasse wäre anders. Was ich kann und nicht kann auf jeden Fall. Dass ich nur glücklich bin, wenn etwas los ist. Wenn meine Augen, meine Beine, mein Mund etwas zu tun haben. Dass ich nie genug kriege. Dass ich in der Zeit stehe wie ein Kleinkind.

All das ist ADHS und all das bin ich auch. Auch mein Frust, meine Abneigung und meine Zuneigung, meine Verzweiflung, meine Erinnerungen. Alles muss bunt und grell sein, sonst ist es ja öde. Ich liebe die Autobahn, ich hasse Bahnfahren.

Immer muss sich etwas bewegen, das ist ADHS und das bin ich. Ich habe kein anderes Leben. Ändern kann ich da nicht viel. Nur mein Bewusstsein und das, so hoffe ich jedenfalls, so, dass ich mir selber kein Bein mehr stelle und anderen nicht auf den Zehen herumtrample, dass ich das sage, was ich sagen will, und nicht immer das, was mir gerade einfällt."
Mara, 30 Jahre

Einleitung

Aus Kindern mit ADHS werden Jugendliche und junge Erwachsene mit ADHS

Die typische Verzweiflungspredigt einer Mutter eines Jugendlichen mit ADHS:

> *„Dennis, das geht so nicht weiter. Du bist jetzt in der 8. Klasse und 15 Jahre alt, du musst doch endlich einmal eigenverantwortlich auf deine Sachen achten können. Wie dein Zimmer wieder aussieht! Du weißt, wir hatten verabredet, dass du deine schmutzige Wäsche immer ins Badezimmer bringst. Außerdem könntest du ja wirklich die Wäsche, die ich zusammengelegt oder gebügelt habe, regelmäßig mit nach oben nehmen, damit ich nicht hundertmal laufen muss. Irgendwann musst du doch selbstständiger werden; denn spätestens in zwei Jahren wirst du in den Beruf gehen und du weißt, wie die Situation auf dem Arbeitsmarkt gerade ist. Du musst dich jetzt wirklich anstrengen und hinsetzen und lernen, du kannst nicht denken, dass das Leben für dich ein Spiel bleibt. Du kannst nicht nur jeden Nachmittag an deinem Computer rumspielen ..."* usw., usw.

Alle Eltern erleben Auseinandersetzungen mit ihren Jugendlichen wegen Schlampigkeit, Widerstand und Ablösungswünschen. Eltern von Kindern mit ADHS kennen meist schon seit frühen Kindertagen heftigste Konflikte, nicht nur in Bezug auf die Selbstorganisation. Und sie sind Kummer gewohnt. Meist gab es schon in Kindergarten und Grundschule viele Probleme und Klagen der Umwelt, immer wieder Konflikte mit anderen Kindern und ein sehr turbulentes Familienleben. Und es gab nicht selten sehr klare Einschätzungen der Umgebung:

11

„Es handelt sich um Kinder, die schon in der Säuglingszeit als Schreikinder oder durch Gedeihstörungen aufgefallen sind, die meist auf einer basalen Unsicherheit in der frühen Eltern-Kind-Beziehung beruhen. Diese wiederum rührt daher, dass zumindest ein Elternteil, vor allem die Mutter, das Kind entweder ablehnt oder zu ihm eine hoch ambivalente Beziehung hat ...

Der frühe Mangel an liebevoller Zuwendung hinterlässt naturgemäß schwer wiegende Spuren beim Kind. Fehlende Geborgenheit, das Gefühl, nicht geliebt zu werden und es den Eltern nicht recht machen zu können, rufen beim Kind schwere Selbstzweifel und Minderwertigkeitsgefühle („narzisstische Wunden") hervor ... "

(Aus einem im Deutschen Ärzteblatt, Heft 43 / 1999 veröffentlichten Leserbrief eines Arztes für psychotherapeutische Medizin)

Die Eltern haben es also doppelt schwer: in der Familie mit ihrem Kind und nach außen durch völlig unzutreffende Schuldzuweisungen hinsichtlich der Ursachen für das „schwierige" Verhalten des Kindes.

Wenn das Kind schon früh und stark auffiel, haben die Eltern in vielen Fällen aber auch schon kompetente Hilfe gesucht und gefunden.

Eltern von weniger stark betroffenen Kindern mit ADHS oder Eltern von Kindern, die mit ihrer Intelligenz das Problem lange gut kompensieren konnten, sowie Eltern von Kindern des vorwiegend unaufmerksam-verträumten Subtyps von ADHS werden dagegen oft erst in der Pubertät immer ratloser.

Jonathan ist ein Junge, der mit der leeren Sprudelflasche in den Keller geht, um eine volle zu holen, unten steht und überlegt, um schließlich mit der leeren Flasche wieder heraufzukommen. Irgendwie kamen wir ja damit zurecht, aber die Schulleistungen gingen beständig zurück, das Chaos im Zimmer wurde immer größer – aber forderte nicht auch die beginnende Pubertät ihren Preis? War er nicht nur „normal verträumt“?

Jonathan war schon in der Grundschule eher passiv, aber nicht immer. Er war eher stumm und angepasst, ertrug auch Hänseleien, bis er plötzlich ausrastete und wild um sich schlug. Weil er Schwierigkeiten mit seiner Bewegungskoordination hatte, wurde er vor allen Dingen im Sportunterricht oft verspottet und bekam dann Wutanfälle. Die Sportlehrerin wusste damit nicht umzugehen, bestellte uns mehrmals zum Gespräch, schloss unseren Jungen auch zeitweise vom Sportunterricht einfach aus.

Seine Schulleistungen waren stets schwankend, aber eigentlich nie besorgniserregend, er brachte zwar manche 5, aber auch manche 1 nach Hause. Das Einmaleins lernte er sehr schwer, auch fiel es ihm nicht leicht, Gedichte oder Rechtschreibregeln auswendig zu lernen. Er war aber seit der 2. Klasse eine Leseratte und las von der Stuttgarter Zeitung bis zu Micky Maus alles, was ihm zwischen die Finger kam. Noch in den ersten beiden Jahren des Gymnasiums lief es einigermaßen, unser Junge hatte nur Probleme mit einigen Mitschülern. Er wurde verspottet, weil er sich nicht so kleidete wie die anderen, vor allen Dingen aber wegen seiner noch kindlichen Art. Er zog sich deswegen immer mehr zurück und konzentrierte sich auf seine Freunde aus der Nachbarschaft, alle 2 bis 3 Jahre jünger.

Ab der 7. Klasse, mit der Einführung der zweiten Fremdsprache, kämpfte unser Sohn vermehrt und bekam dann massive Kreislaufprobleme. Die Lehrer beklagten sich über seine totale Teilnahmslosigkeit, er selbst hatte den Eindruck, manchmal regelrecht „weg“ zu sein. Der Arzt konnte aber nichts feststellen, alle Laborwerte waren in Ordnung.

Der Beratungslehrer der Schule testete unseren Sohn und stellte fest, dass seine Schulprobleme nicht mit kognitiver Überforderung zu erklären seien. Es läge wohl an seiner Arbeitshaltung.

13

Jonathan kriegt aber einfach viel nicht mit. Auch Durchsagen registriert er oft nicht und ist auf die Hilfe von Mitschülern angewiesen, die ihn auf Unterrichtsverlegungen usw. hinweisen. Er nimmt immer alle Hefte mit in die Schule, weil er sonst ein wichtiges vergisst. Er verlegt Geodreiecke und Parabelschablonen, meistens hat er ein leeres Mäppchen im Ranzen. Füller und Bleistift liegen irgendwo. Er vergisst seinen Fahrradhelm im Buchladen, seine Turnschuhe in der Umkleidekabine und Handschuhe kaufen wir dutzendweise. Er sitzt stundenlang über 10 Lateinvokabeln, erklärt aber Einsteins Relativitätstheorie besser als Stephen Hawking. Er kann sich die kompliziertesten Dinge merken, auch Einzelheiten, vergisst aber das Bild mitzunehmen, das er mit viel Mühe für den Kunstunterricht zu Hause fertiggemalt hat.

Ich hoffe dringlich auf eine zielführende Untersuchung, damit endlich geklärt werden kann, was dahintersteckt. Jonathan möchte dies inzwischen selbst, weil er jetzt auch meint, dass er Hilfe braucht.

Aus dem Brief einer Mutter

Nach einer derartigen Leidensgeschichte erfolgt eine Vorstellung in der ärztlichen oder psychologischen Praxis oft erst in der Pubertät und im jungen Erwachsenenalter; häufig wird aber auch wegen Ängsten, Depressionen, dem Versuch der Selbstmedikation oder höchster Irritiertheit über sich selbst Hilfe gesucht, nicht zuletzt auch nach häufig mehrfach fehlgeschlagenen oder erfolglosen Behandlungsversuchen. ADHS ist meist nicht primär der Vorstellungsgrund.

Häufig hören Eltern durch Zufall von ADHS – und bekommen erstmals eine Erklärung für das, was die Familie viele Jahre belastete.

„Der Vortrag hat mich im höchsten Maß berührt, ergriffen und beeindruckt. Er ging mir buchstäblich unter die Haut, denn die

*Worte beschrieben ganz genau unseren Sohn Lukas, 13 Jahre alt.
Normalerweise ist es unvorstellbar, dass eine fremde Person das
Wesen eines Menschen so genau beschreiben kann. Das ADHS-
Syndrom scheint jedoch so viele charakteristische Merkmale auf-
zuweisen, dass man Menschen danach einteilen kann."*

Vor allem Mädchen fallen häufig erst in der Pubertät oder
in der Adoleszenz richtig auf. So erzählt eine Mutter:

*„Als Säugling und Kleinkind war unser erwünscht geborenes
Töchterlein ein Sonnenschein. Aber fast während ihrer kom-
pletten Schulzeit, ganz besonders in den letzten Schuljahren,
hat Katharina gegen ihre Unfähigkeit, sich auf den Lernstoff zu
konzentrieren, angekämpft, wobei es zu Hause in der Ruhe ihres Zimmers besser klappte als in der Schule. Meistens hatte sie
jedoch wenig Erfolg.*

*Durch den Misserfolg und auch durch das Bewusstsein, in der
Schule von der Lehrerin zunehmend als leistungsschwach abgestempelt zu werden, wurde sie immer aggressiver. Ihr Selbstwertgefühl und Selbstbewusstsein litten stark und schließlich war sie
nur noch von ihren Ängsten, ihre Arbeiten und Prüfungen nicht zu
schaffen, blockiert. Dazu kamen zwangsweise kaum erträgliche
Spannungen im Familienleben. Außerdem entwickelte sie eine
ausgeprägte Ess-Sucht und damit eine derartige Gewichtszunahme, dass sie sich selbst nur noch ablehnte. Sie ließ kaum einen
Menschen an sich heran. Ihre Abiturprüfung hat sie letztendlich
nicht bestanden, trotz aller möglichen Bemühungen ihrerseits.
Das war eine bittere Enttäuschung. Nun hat sie das Fachabitur, die
Voraussetzung für ein Studium der Heilpädagogik, macht sich
aber große Sorgen, wieder zu scheitern, denn ihre starken Kon-
zentrationsprobleme bekommt sie ohne Hilfe nicht in den Griff.*

*Durch Zufall kamen wir auf einem Geburtstag mit Verwand-
ten ins Gespräch und erfuhren etwas von ADHS, das offensicht-*

lich stark in unserer Familie liegt, denn mehrere Kinder sind davon betroffen. Wir haben uns nun informiert und Katharina ist seitdem sehr erleichtert, weil sie jetzt mehr Klarheit hat. Und sie ist voller Hoffnung, dass endlich etwas Wirkungsvolles geschehen kann – wir finden jedoch keinen Ansprechpartner."

Aus der langjährigen Erfahrung heraus, im Dialog mit den Eltern, den Jugendlichen und jungen Erwachsenen (die etwa ab dem 16. – 18. Lebensjahr immer besser über sich berichten können), entstand das Bedürfnis, über den Jugendlichen und den jungen Erwachsenen mit ADHS zu informieren. Ziel ist es, Verständnis zu wecken für die Problematik, in der ohnehin schwierigen Entwicklungsphase der Pubertät mit „dieser anderen Art, die Welt zu sehen und auf sie zu reagieren" in unserer heutigen Zeit umgehen zu müssen.

Die ständig wachsende Geschwindigkeit bei den meisten Abläufen in unserem Alltag sowie die stetige Zunahme von Reizen und die gleichzeitig immer früher einsetzende Anforderung, selbstständig, organisiert und ausdauernd sein zu müssen, machen es diesen Kindern und Jugendlichen (und ihren Eltern) immer schwerer zurechtzukommen.

Das Wissen über Hilfestellungen für diese Altersgruppe und ihre Eltern ist in Deutschland noch nicht sehr verbreitet. Ermutigt durch Aufenthalte in den USA und den Austausch mit Kollegen aus anderen Ländern, (ehemaligen) Mitarbeitern und den Jugendlichen und jungen Erwachsenen selbst, ist dieses Buch entstanden. Mein ganz spezieller Dank gilt all den Patienten, die das Vertrauen besaßen, mir Einblick zu gewähren in ihr Denken und Fühlen, meinen Freund/innen Dipl. Psych. Erika Tittmann, Dipl. Psych. Petra-Marina Hammer, Dr. med. Peter Altherr und Thomas Wirth für ihre Unterstützung und Anregungen. Nicht zuletzt danke ich sehr meiner Tochter Verena, an deren Entwicklung ich viel erfahren und lernen durfte.

Also wächst sich das nicht aus?

Anders als allgemein angenommen, ist ADHS keine „Kinderstörung", auch wenn die Symptomatik des ADHS bei Jugendlichen und Erwachsenen bis in die 90er-Jahre weitgehend unbekannt war. Auch Erwachsene können an ADHS leiden.

Symptome bei Erwachsenen

ADHS-Erwachsene kämpfen oft mit Stimmungsschwankungen und dem Gefühl der Unzulänglichkeit.

Während Kinder vor allem durch ihre Unruhe und Hyperaktivität auffallen, kämpfen Erwachsene eher mit einer inneren Unruhe, mit innerem Chaos und dem Gefühl, nichts so richtig auf die Reihe zu bekommen.

Eine Gynäkologin schickt eine junge Mutter in die psychologische Praxis, die schildert, dass sie sich in der letzten Zeit überhaupt nicht mehr kenne. Sie bekomme immer wieder eine so schreckliche, ohnmächtige Wut auf ihren kleinen Sohn. Ihr Mann meine schon, dass sie nicht mehr die Frau sei, die er geheiratet habe. Sie bringe nichts zu Ende, sei völlig erschöpft, ihre Stimmung schwanke immer extremer, sie bezeichnet sich selbst als depressiv.

Bis zur Geburt ihres zweiten Kindes sei sie aber eigentlich ganz gut zurechtgekommen. Jetzt gehe gar nichts mehr. So nebenher frage sie sich immer wieder, warum ihr Schulwissen im Vergleich zum Schulwissen von Bekannten und auch speziell ihrem Mann so ausgesprochen dürftig sei ...

Der 30-jährige Tom, promovierter Biologe, schildert, noch heute froh zu sein, nicht mehr in die Schule gehen zu müssen. Selbst wenn er gewollt habe, habe er sich selten wirklich konzentrieren können, habe sich schon in der Schule nicht besonders viel zugetraut. Er sei immer erst mal davon ausgegangen, durchzufallen. Daher sei er auch nie ein Angeber gewesen, habe aber „die Klappe trotzdem immer weit aufgerissen", wohl „irgendwie" eher aus der Defensive heraus. Lehrer habe er bis auf wenige Ausnahmen nie gemocht und akzeptiert, die Schule sei für ihn eher dazu da gewesen, sich auszutoben und Mist zu machen. Er habe bei Interesse den Lehrern Löcher in den Bauch gefragt, vor allen Dingen, wenn ihm etwas unklar gewesen sei.

Er habe dann aber oft gedacht, dass nur er wieder mal nichts ka-
piert habe, während den anderen längst alles klar gewesen sei.
Eigentlich könne er sich nicht mehr daran erinnern, überhaupt
mal einem Lehrer richtig zugehört zu haben. An sich habe er sich
zu Hause das meiste selbst beigebracht. In den Fächern, in denen
er schlecht gewesen sei, habe sein Vater das Zeug de facto regel-
recht in ihn hinein geprügelt ...

Heute empfinde er sich selbst als hektisch, irgendwie inner-
lich getrieben, empfindlich, wertend, überkontrollierend, un-
ausstehlich. Er komme heim, setze das Nudelwasser auf, lese
Briefe, nehme den Staubsauger ... Allein sein könne er ganz
schlecht. Kritik habe er eigentlich nur von seiner leider verstor-
benen Freundin annehmen können, die ihn – ihm im Wesen
sehr ähnlich – dann immer mal wieder humorvoll „hochge-
nommen" habe. Sonst gehe er sehr leicht in heftige Abwehr
oder ziehe sich zurück.

Tom kämpft mit seinem extrem hohen Anspruch an sich selbst,
wäre gern „wie andere auch" – merkt, dass er sich so schwer ab-
grenzen kann, wenn er gebraucht wird.

Die Hyperaktivität, das bekannteste und im Kindesalter
störendste Symptom, bildet sich im Verlauf der Pubertät und
Adoleszenz meist zurück. Die motorische Unruhe kann dazukommen, *muss* aber nicht. Die Gesamtproblematik ist viel
komplexer. Anderson & Plymate beschrieben schon 1962,
dass trotz allergrößter Verschiedenheit im Erwachsenenalter
charakteristische Zeichen von ADHS weiterbestehen wie:
- emotionale Impulsivität
- niedrige Frustrationstoleranz
- Schwierigkeiten, mit plötzlichen Veränderungen oder mangelnder Struktur im Umfeld umzugehen
- schlechte interpersonelle Beziehungen (mit Menschen, mit
  denen man eng zusammen ist)

- Unreife
- Neigung, in Wutanfälle, Befürchtungen, Panikattacken oder extreme „Katastrophenreaktionen" zu entgleisen

Schon in den 70er-Jahren wurde bei einer bis dahin unverstandenen Gruppe psychiatrischer Patienten, die äußerst schwer zu behandeln waren oder sogar als „behandlungsresistent" erschienen, an ADHS gedacht. Für sie hatte man den Begriff der „Impulskontrollstörung" gewählt.

Bereits Ende der 70er-Jahre fanden Medikationsversuche mit Methylphenidat und Pemolin beim Erwachsenen mit ADHS in Residualsymptomatik statt. P. Wender forderte bei der Diagnosestellung im Erwachsenenalter 1981 eine entsprechende Vorgeschichte in der Kindheit, Anzeichen der Aufmerksamkeitsstörung und inneren Unruhe, sowie zwei der fünf typischerweise anzutreffenden Charakteristika der schlechten Impulskontrolle, der Affektlabilität, der Explosivität und / oder Irritabilität, der schlechten Selbstorganisation und der niedrigen Stresstoleranz mit Überreaktionen.

Einmal ADHS – immer ADHS?

Betroffene Erwachsene kämpfen oft ein Leben lang mit ihren Problemen, ohne sie „einordnen" zu können.

Etwa zwei Drittel der betroffenen Kinder und Jugendlichen haben nach den aktuellen wissenschaftlichen Erkenntnissen auch noch im Erwachsenenalter ihre Lebensführung beeinträchtigende Restsymptome. Als einziges Symptom scheint sich tatsächlich bei den allermeisten Jugendlichen und jungen Erwachsenen die Hyperaktivität „auszuwachsen"; es bleibt allerdings häufig eine „innere Getriebenheit" oder „innere Unruhe". Viele kompensieren mehr oder weniger gut mit Willen, Intelligenz oder dem Finden einer „Nische" im beruflichen und / oder privaten Bereich – immer mehr haben aber in unserer schnelllebigen Welt Schwierigkeiten.

Alles erblich?
Der selbstbetroffene Elternteil

Zwillingsstudien, Studien mit Adoptivkindern und die Tatsache der familiären Häufung des Auftretens von ADHS legen eine genetische Verursachung nahe. Gegenwärtig wird in dieser Richtung in den USA, Kanada und an der Universität Innsbruck intensiv geforscht. Vermutet wird eine genetisch bedingte Veränderung im Bereich des Dopamin-Stoffwechsels. Swanson et al. berichten 1998 über diese Suche nach der „Nadel im Heuhaufen". Im „Visier" hat man gerade

- das Dopamin-Transporter-Gen auf Chromosom 5
- das Dopamin D4-Rezeptor-Gen auf Chromosom 11

Die Tatsache, dass das ADHS vererbt wird, bedeutet, dass meist mindestens ein Elternteil des Kindes bzw. Jugendlichen betroffen ist. Daraus folgt, dass die Verhaltensauffälligkeiten betroffener Kinder primär keine Folge „verkehrter Erziehung" sind.

Es ist erwiesen, dass ADHS familiär gehäuft auftritt und damit höchstwahrscheinlich erblich ist.

Nun wissen wir es also: Es gibt eine Rotte „unaufmerksamer", „geistesabwesender" Kinder und neuerdings auch Erwachsener mit gefährlichem Hang zum Alkohol- und Drogenmissbrauch und mit „dissozialen Persönlichkeitszügen". Diese Personen wollen sich einfach „nicht unterordnen" und „Anweisungen durchführen". – Oh je! All diese leiden an einem hyperkinetischen Syndrom. Allerdings ist die Hyperaktivität „nicht obligat", oft wirken diese Personen nur „gelangweilt" und „dysphorisch". Aber wie soll man sie dann erkennen? ...

Nach kritisch abwertender Würdigung der „einseitig biologischen Sichtweise" heißt es weiter:

... Wer sich klinisch eingehend mit unruhigen Kindern beschäftigt, kann beobachten, dass noch jedes „hyperkinetische"

21

Kind bei ausreichender Einzelzuwendung stabile Aufmerksamkeit und emotionale Ausgeglichenheit erzielen kann.
(Aus einem Leserbrief im Deutschen Ärzteblatt, Oktober 1999)

Weniger von Eltern, aber noch viel zu häufig von Pädagogen und Fachleuten aus dem medizinisch-psychologischen Bereich kommen solche spontanen Äußerungen mit dem kritischen Unterton, dass mit dieser Diagnose alles „entschuldigt" werden soll. „Lieblingsgedanke" ist die „interaktionale Verursachung", d. h. eine Störung der Eltern-Kind-Beziehung.

Dabei wissen alle Eltern dieser Kinder und Jugendlichen genau, dass es in der „Einzelzuwendung" besser geht.

Und: In Pflege- und Adoptivfamilien, in der Heimerziehung, in Umfeldern also, die im Erwachsenenbereich nicht mit ADHS „behaftet" sind, zeigen diese Kinder und Jugendlichen **genau dieselben** Schwierigkeiten wie in der Herkunftsfamilie.

Selbstbetroffener Elternteil zu sein, ist Chance und Risiko zugleich:
Nur er kann sein Kind bzw. seinen Jugendlichen wirklich durch und durch verstehen – aber auch er hat oft Probleme, die das Miteinander erschweren. Schließlich reagiert er ebenso impulsiv und oft überschießend.
Ein gering schätzendes Wegwischen dieser Tatsache führt früher oder später zu Kummer oder Chaos. Hilfreicher und zielführend sind einfühlsame Unterstützung, ausreichende Aufklärung und Erklärung, Schulung und gegebenenfalls auch Medikation für den betroffenen Elternteil (damit er überhaupt umsetzen kann, was er umsetzen will).

Was man über ADHS wissen muss

Um Strategien und Therapien bei ADHS zu verstehen und wirksam umsetzen zu können, sollten Eltern die Ursachen und Abläufe dieses Störungsbildes kennen.

Kriterienkataloge – ein Verwirrspiel in der Diagnostik?

ADHS ist ein weltweit bekanntes Phänomen, das intensiv erforscht wird. Die Wissenschaft hat in den letzten Jahren große Fortschritte gemacht. Einige Erkenntnisse, die man für sicher hielt, sind dabei zu Fall gebracht worden, z. B. die Ansicht, dass Mädchen von ADHS sehr viel seltener betroffen seien, oder dass sich die Störung „auswachsen" würde. Andere sind hinzugekommen – so spricht man heute von einer Dysregulation der zentralen Selbstregulierungsprozesse statt vom Leitsymptom der Hyperaktivität und Konzentrationsschwäche. Selbstverständlich finden sich noch viele kontroverse Meinungen zu verschiedenen Aspekten. Dieses folgende Kapitel gibt einen Einblick in den augenblicklichen Stand der Forschung und die wichtigsten Fragestellungen.

Eine Begriffsklärung

Nicht die Hyperaktivität ist das wichtigste Symptom, sondern die Aufmerksamkeitsstörung und Impulsivität.

Schon für Fachleute scheint es manchmal nicht einfach zu sein:

Ein Gutachter kommt zu der Ansicht, „dass bei einem 13-jährigen Jugendlichen eine kinderpsychotherapeutische Behandlung nicht notwendig sei, bei einem kinderärztlich diagnostizierten Aufmerksamkeitsdefizitsyndrom sowie dem Verdacht auf ein hyperkinetisches Syndrom. Die Verdachtsdiagnose auf ein hyperkinetisches Syndrom trage der Problematik nur unzureichend Rechnung, wobei bei einem Aufmerksamkeitsdefizitsyndrom eine kinder- und jugendpsychiatrische Untersuchung mit medikamentöser Einstellung und Führung des Kindes und der Eltern notwendig sei. Darüber hinaus habe vor Beginn der Psychotherapie eine Beratung durch das zuständige Jugendamt mit Erstellung eines Hilfeplans zu erfol-

gen." – Der verhaltenstherapeutisch arbeitende psychologische Psychotherapeut und seine Supervisorin waren sprachlos.

Im allgemeinen Sprachgebrauch wird auch heute noch meist von „Hyperaktivität" gesprochen, wenn man Kinder bzw. Jugendliche mit ADHS meint. Auf wissenschaftlicher Ebene wird in Deutschland die Bezeichnung „hyperkinetische Störung" und „die hyperkinetische Störung des Sozialverhaltens" (so das internationale Klassifikationssystem psychischer Störungen ICD-10 der WHO) als fester Begriff benutzt; doch diese Bezeichnung lenkt den Blick viel zu sehr auf die Anzeichen motorischer Unruhe. Besser wird von „Aufmerksamkeitsdefizit-/Hyperaktivitätsstörung" (ADHS), synonym „Aufmerksamkeitsdefizitsyndrom mit und ohne Hyperaktivität" (ADS) gesprochen, denn man weiß heute, dass die Störung der Aufmerksamkeit ein immer vorhandenes, zentrales Symptom – und Problem – darstellt. Das Syndrom wird im amerikanischen statistischen Manual psychischer Störungen DSM-IV sinnvollerweise in drei Untertypen (Subtypen) eingeteilt; man spricht von

einer Aufmerksamkeitsdefizit- / Hyperaktivitätsstörung
- **des vorwiegend impulsiv hyperaktiven Typus**
- **des unaufmerksam impulsiv hyperaktiven Typus**
- **des vorwiegend unaufmerksamen Typus**

Subtypen der Aufmerksamkeitsstörung

Das DSM-IV berücksichtigt auch das Störungsbild im Jugendlichen- und Erwachsenenalter in einer „Residualform" vorkommend, d. h. es bestehen bestimmte Symptome weiter. Dieser Aspekt ist im ICD-10 nicht zu finden. Den vorwiegend unaufmerksamen Typus findet man mit Mühe unter einer weit entfernten „Diagnosenummer" F.98.8 nach „Nägelkauen / Nasebohren" und „exzessivem Masturbieren".

25

ADHS – eine Entwicklungsabweichung?

Die Fähigkeit der Selbststeuerung und Selbstregulation wird nicht altersgerecht entwickelt.

Bezug nehmend auf sein sehr überzeugendes Buch „ADHD and the nature of selfcontrol" betont R. Barkley 1997, dass die Probleme bei ADHS oder ADS „vom Normalen ausgehend" betrachtet werden müssten.

Sie stellten nicht eine einzigartige Kategorie von Symptomen dar, sondern sollten als dimensionale Abweichung von altersgemäßen Standards der Entwicklung der Selbstregulation und Selbststeuerung gesehen werden. Damit treten diese Symptome auch in unterschiedlichen Ausprägungsgraden auf. Das Kind bzw. der Jugendliche hat sich nicht ausreichend selbst „im Griff".

Der vorwiegend impulsiv hyperaktive Typus – der unaufmerksam impulsiv hyperaktive Typus

Der vorwiegend impulsiv hyperaktive Typus stellt dabei offensichtlich eher den Kleinkindertyp des unaufmerksam impulsiv hyperaktiven Typus dar, nicht zuletzt deswegen, weil sich die Probleme mit der Aufmerksamkeit in aller Regel erst in der Vorschule und der Grundschulzeit zeigen. Feldstudien der jüngsten Zeit zeigten, dass eben diese Kinder im Schulalter häufigst sehr wohl Symptome der Aufmerksamkeitsstörung entwickeln.

Der vorwiegend unaufmerksame Typus

Bezüglich des vorwiegend unaufmerksamen Typus stellt Barkley sogar Überlegungen an, ob dies ein gesondertes Störungsbild sei mit Schwierigkeiten vor allem in der Reizselektion und Reizfokussierung. Dies bedeutet, dass es Betroffenen nur schwer gelingt, unter den vielen Reizen zu bestimmen, welcher wichtig ist, und sich dann ausdauernd darauf zu konzentrieren. Den anderen Subtypen liegt Barkley zufolge vor allem eine mangelnde Hemmung von Verhaltensreaktionen zugrunde, sowie die mangelnde Fähigkeit, geistige Anstrengung aufrechtzuerhalten. Biedermann et al. (1997) fanden in ihrer Studie den vorwiegend unaufmerksamen Typ (vor allem bei Mädchen anzutreffen) auch impulsiv handelnd, aus immer extremer Gefühlslage heraus.

26

Die Störung der Aufmerksamkeit

T. Brown betont (1998 und 1999), dass alle Menschen mit ADHS, egal wie alt sie sind, Probleme haben, überhaupt an eine subjektiv schwierig oder langweilig erscheinende Aufgabe heranzugehen und ausreichend lange aktiviert zu bleiben, um sie fertig zu bekommen bzw. dabeibleiben zu können.

> *Aufmerksamkeit ist nur möglich, wenn eine gewisse Grunderregung, entsprechend einer Grundaktivierung, vorhanden ist, d. h. eine Form gleichmäßiger innerer Wachheit, die aber bei allen Betroffenen mit ADHS nur kontextabhängig und motivationsabhängig zu bestehen scheint. Das heißt, ADHS-Betroffene können sich nur dann konzentrieren, wenn sie eine Sache besonders interessiert.*

Dieser Aspekt wird seit vielen Jahren besonders von J. Sergeant und M. Posner (1998) betont.

Forschungen zur kriterienbezogenen Validität der drei Subtypen gemäß DSM-IV beginnen gerade erst (vgl. u. a. Paternite, Loney & Roberts, 1996). Dies bedeutet, dass überprüft wird, ob die zur Begriffsbestimmung angelegten Kriterien auch in der Praxis ihre Gültigkeit besitzen. So zeigte sich bezüglich des Ausmaßes der Beeinträchtigung der Aufmerksamkeits- und Lernleistung sowie von störendem und nicht störendem Verhalten, dass der Subtyp unaufmerksam-impulsiv-hyperaktiv mehr Lern- und Aufmerksamkeitsprobleme hat als der hyperaktiv-impulsive Subtyp, dafür weniger delinquentes Verhalten zeigt. Die Tatsache, dass Unterschiede zwischen dem vorwiegend unaufmerksamen Subtyp und dem „Combined Type" (unaufmerksam-impulsiv-hyperaktiv) hinsichtlich störendem Verhalten und der

Beeinträchtigung des Lernens gefunden wurden, spricht laut diesen Forschern aber weder für noch gegen die Hypothese, dass der unaufmerksame Subtyp eine ganz andere Störung sein könnte.

Die Impulsivität – das größte Problem?

Die Impulsivität rangiert als Leitsymptom noch vor der facettenreichen Unaufmerksamkeit und der Hyperaktivität.

Zurzeit wird die Impulsivität als Hauptproblem des ADHS diskutiert und zwar in Form einer Impulssteuerungsschwäche. Es handelt sich dabei um die mangelnde Fähigkeit, ein vorherrschendes, spontanes Antwortmuster hemmen zu können, zu stoppen und nach einer Ablenkung wieder zum Ausgangspunkt zurückfinden zu können. Verbunden damit ist ein Fehlen der Fähigkeit, abwarten zu können und das daraus folgende, offensichtlich unüberlegte Handeln oder Sprechen.

Daneben schlägt die Emotion ungebremst durch und die Stimmungslage ist grundsätzlich extrem, von „total begeistert" über „freudig ohne Ende", „stinksauer" oder „furchtbar beleidigt" bis „verliebt bis zum Verschmelzungswunsch" oder „extrem hassend".

In seinem zusammenfassenden Vortrag über das Wichtigste, das er in 25 Jahren im Zusammenhang mit ADHS gelernt hat, betont S. Goldstein (1998), dass offensichtlich das Hauptproblem die mangelhafte „automatische Verhaltenskontrolle" ist, mit der daraus resultierenden mangelnden Selbstüberwachung und Selbsteinschätzung. Das Problem besteht offensichtlich darin, etwas tun zu sollen, was man eigentlich weiß, an was man aber gerade nicht denkt bzw. gedacht hat. Dabei ist es besonders schwierig, Aufgaben zu erledigen, die uninteressant, wiederholend, anstrengend, nicht selbst gewählt sind; denn dabei wird man ganz schnell müde, gelangweilt, schlecht gelaunt, auch wenn man das eigentlich gar nicht „will".

Wann fällt die Störung auf?

Hyperaktive Kinder fallen in der Regel schon im Kleinkindalter, spätestens im Kindergartenalter auf. Kinder mit ADHS des vorwiegend unaufmerksamen Subtyps, der überzufällig häufig die Mädchen betrifft, fallen dagegen in der Regel nicht vor dem siebten Lebensjahr auf, wie die Kriterien dies fordern, sondern meist erst ab der dritten oder sogar ab der siebten Klasse, oft noch wesentlich später, manche erst im Erwachsenenalter. In der Schule wird die Aufmerksamkeitsstörung zum Problem, weil zusätzlich Schwierigkeiten der Arbeitsspeicherkapazität bestehen. Dies führt dazu, dass Gelerntes nicht richtig abgespeichert und gleich wieder vergessen wird. Da außerdem Probleme mit dem inneren handlungsbegleitenden Sprechen bestehen, das der Selbststeuerung dient, wird in der Regel „schusselig" und oberflächlich gearbeitet. Flüchtigkeitsfehler sind die Folge. Heftige Stimmungsschwankungen beeinträchtigen zudem beim Arbeiten. Die Folge sind schwache Schulleistungen.

Die Aufmerksamkeitsstörung wird in der Schule – oft erst in höheren Klassen – zum Problem.

Die Symptome des ADHS müssen also nicht zwingend, wie bisher gefordert, bereits im Kleinkindalter sichtbar werden.

A. Robin (1998) benennt klar, dass es sinnvoller sein könnte, in den Kriterienkatalogen einen Beginn der Störung „irgendwann in der Kindheit" zu fordern, mit einer Dauer der Gesamtsymptomatik von zwölf statt bisher sechs Monaten in mehr als einem Umfeld.

Die Diagnosekriterien (DSM-IV-Kriterien)

Die Symptome des ADHS sind, wie dargestellt wurde, sehr vielfältig. Bei jedem Kind und Jugendlichen treten die einzelnen Merkmale in unterschiedlicher Gewichtung und Ausprägung zutage. Auch für Fachleute ist es oft nicht einfach, eine eindeutige Diagnose zu stellen. Es muss immer entweder Punkt (1) oder Punkt (2) zutreffen:

Unaufmerksamkeit

1. Sechs (oder mehr) der folgenden Symptome von Unaufmerksamkeit sind während der letzten sechs Monate beständig in einem mit dem Entwicklungsstand des Kindes nicht zu vereinbarenden und unangemessenen Ausmaß vorhanden gewesen:

   a. beachtet häufig Einzelheiten nicht oder macht Flüchtigkeitsfehler bei den Schularbeiten, bei der Arbeit oder bei anderen Tätigkeiten,

   b. hat oft Schwierigkeiten, längere Zeit die Aufmerksamkeit bei Aufgaben oder beim Spielen aufrechtzuerhalten,

   c. scheint häufig nicht zuzuhören, wenn andere ihn / sie ansprechen,

   d. führt häufig Anweisungen anderer nicht vollständig durch und kann Schularbeiten oder Pflichten am Arbeitsplatz nicht zu Ende bringen (nicht aufgrund oppositionellen Verhaltens oder infolge von Verständnisschwierigkeiten),

   e. hat häufig Schwierigkeiten, Aufgaben und Aktivitäten zu organisieren,

   f. vermeidet häufig, hat eine Abneigung gegen oder beschäftigt sich nur widerwillig mit Aufgaben, die länger andauernde geistige Anstrengungen erfordern (wie Mitarbeit im Unterricht oder Hausaufgaben),

   g. verliert häufig Gegenstände, die er / sie für Aufgaben oder Aktivitäten benötigt (z. B. Spielsachen, Hausaufgabenhefte, Stifte, Bücher oder Werkzeug),

   h. lässt sich öfter durch äußere Reize leicht ablenken,

   i. ist bei Alltagstätigkeiten häufig vergesslich;

Hyperaktivität und Impulsivität

2. sechs (oder mehr) der folgenden Symptome der Hyperaktivität und Impulsivität sind während der letzten sechs Monate beständig in einem mit dem Entwicklungsstand des Kindes nicht zu vereinbarenden und unangemessenen Ausmaß vorhanden gewesen:

a. zappelt häufig mit Händen oder Füßen oder rutscht auf dem Stuhl herum,

b. steht in der Klasse oder in anderen Situationen, in denen Sitzenbleiben erwartet wird, häufig auf,

c. läuft häufig herum oder klettert exzessiv in Situationen, in denen dies unpassend ist (bei Jugendlichen oder Erwachsenen kann dies auf ein subjektives Unruhegefühl beschränkt bleiben),

d. hat häufig Schwierigkeiten, ruhig zu spielen oder sich mit Freizeitaktivitäten ruhig zu beschäftigen,

e. ist häufig „auf Achse" oder handelt oftmals, als wäre er / sie „getrieben",

f. redet häufig übermäßig viel,

g. platzt häufig mit den Antworten heraus, bevor die Frage zu Ende gestellt ist,

h. kann nur schwer warten, bis er / sie an der Reihe ist,

i. unterbricht und stört andere häufig (platzt z. B. in Gespräche oder in Spiele anderer hinein).

Wichtige, zusätzliche Kriterien

Auch die ICD-10-Kriterien sind ähnlich zusammengestellt. Zunehmend stellen Forscher und Kliniker fest, dass diese Kriterienkataloge das Störungsbild auf einem relativ „alten Erkenntnisstand" beschreiben. Es fehlen bei fast allen diagnostizierten Personen auffallende differenzialdiagnostisch wichtige, d. h. zusätzliche, immer auftretende Symptome, die die beiden Kataloge als „mageres Skelettsystem" erscheinen lassen:

• Wie Copps und Copeland (1995) und Barkley (1997) sowie Goldstein (1998) betonen, sind diese Kinder, Jugendlichen und Erwachsenen vor allen Dingen seelisch deutlich entwicklungsverzögert, bei körperlich und intellektuell durchaus altersgemäßer Entwicklung. Diese Entwicklungsverzögerung äußert sich in einer auffallenden Verspieltheit und

„Kindlichkeit" im Vergleich zu Altersgleichen im Ausmaß von mindestens 30 Prozent.

- Auffallend ist ein schlagartiges psychisches Ermüden bei subjektiv als schwierig oder langweilig eingeschätzten Aufgaben; ebenso kann bei plötzlich Neuem schlagartig totale Wachheit und Präsenz einsetzen.
- Schon ein geringer Anlass führt zu raschem Sich-Hineinsteigern – ein verbaler Beschwichtigungsversuch führt nicht zur Beruhigung, sondern zum völligen Ausflippen.
- Es scheint schwierig, Wesentliches von Unwesentlichem zu unterscheiden.
- Die Kurzzeitspeicherkapazität scheint ausgesprochen gering zu sein; direkt nach einer Situation kann nur schlecht oder wenig berichtet werden.
- Es fällt schwer, sich zu entscheiden (spontan oder gar nicht).
- Es wird auf plötzliche Veränderungen und fremderzeugte hektische Situationen heftigst reagiert mit Bocken oder Blockade.
- Es besteht eine Unfähigkeit zur reellen Selbst- und Eigenleistungseinschätzung.
- Man hat lange das Gefühl, an das Kind / den Jugendlichen nicht „heranzukommen"; es kann schlecht über sich und seine Gefühle berichten.
- Ein sofortiges Erfassen von gelesenen Sachverhalten (auch gehörten Sachverhalten) fällt schwer, nochmaliges Lesen wegen „Abdriftens" ist immer wieder notwendig.
- Bei schnellem Schreiben wird die Schrift schlecht bei häufig verkrampfter Stifthaltung. Die Hand muss immer wieder ausgeschüttelt werden. Der Schreibprozess verlangsamt sich bei großer Schreibmenge. (Schon im Vorschulalter ist die Stifthaltung verkrampft und eigenwillig.)
- Unangenehmes wird „geschoben" bis zum allerletzten Zeitpunkt und dann wird „unter Hochdruck" erledigt!

Es gibt auch positive Merkmale!

Neben all diesen Defiziten bestehen aber auch auffallende Merkmale positiver Art:

- bei hoher Motivation eine auffallende Wachheit und gute Umsetzungsfähigkeit, bis hin zur „Hyperfokussierung" mit sehr guter Leistungsfähigkeit
- ein extremer Gerechtigkeitssinn nicht nur für sich, sondern auch für andere
- eine auffallende spontane Hilfsbereitschaft bei Erkennen der Hilfsbedürftigkeit eines anderen; dabei bestehen Ausdauer und verblüffende Einfühlsamkeit
- eine ausgesprochen interessierte Offenheit für alles Mögliche „nebenher" mit einem „Elefantengedächtnis" für Kleinigkeiten aus der Vergangenheit
- eine Hypersensibilität bzw. Empathie, mit der Fähigkeit, sofort zu erkennen, ob einen jemand mag und ob einem jemand gewachsen ist, ob es jemandem gut oder schlecht geht
- Fantasie, Kreativität und Spaß am kreativen Tun
- bei echter Entschuldigung des Gegenüber ist das Kind nicht nachtragend, verzeiht spontan und vollständig
- eine oft ausgeprägte Liebe zu Tieren und zur Natur
- Zähigkeit; das Kind bzw. der Jugendliche gleicht einem „Stehaufmännchen".

Häufige Irrtümer – was ADHS nicht ist

Kritiker führen oft an, dass bestimmte Temperamentslagen genauso aussehen wie ADHS. Sie wenden sich heftig gegen das Etikett „ADHS" und sehen eher ein Missverhältnis zwischen Temperamentslage und Umgebungsanforderungen, mit denen Individuen zurechtkommen müssen (vgl. Carey & Mc Devitt's, 1995). Basierend auf dem Modell von Thomas & Chess, 1977 wird „das Temperamentsmuster mit niedriger

ADHS ist keine Folge des Temperaments oder der Umgebungsanforderungen.

Orientierung an der Aufgabe, geringer Aufmerksamkeitsspanne, hoher Ablenkbarkeit und hoher Aktivität" als schwierig für einen guten Schulerfolg angesehen – ebenso wie „eine geringe Flexibilität und Anpassungsfähigkeit, negative Stimmung oder Hyperaktivität, eine niedrige Wahrnehmungsdifferenzierung, eine hohe Intensität und Affektlabilität". Es bleibt die Frage offen, ob nicht Forscher aus vielen Disziplinen schon jeher die gleiche Störung beschreiben, aber leider mit zu wenig Kommunikation untereinander über diese dimensional zu betrachtende, doch sehr beeinträchtigende „andere Art, die Welt zu sehen und auf sie zu reagieren" diskutieren.

> *Bei differenzierter Anwendung der Diagnosekriterien und Verlaufsbeobachtungen wird als Grundsatz immer klarer: einmal ADHS, immer ADHS.*

Und die Tatsachen:
- ADHS betrifft nicht nur kleine Buben, sondern auch Mädchen, Jugendliche und Erwachsene.
- Hyperaktivität ist das geringste Problem.
- Kinder / Jugendliche / Erwachsene mit ADHS können sich sehr wohl konzentrieren, wenn etwas ihrer Motivationslage entspricht (etwa eine 1:1-Situation mit einem netten Menschen, eine spannende, neue Tätigkeit).
- Es gibt ADHS in allen Intelligenzlagen, auch bei Hochbegabung (siehe Seite 227f.) oder schwacher Begabung.
- Nicht alle Betroffenen haben ausgeprägte Verhaltensprobleme schon ab der Kleinkinderzeit.
- Die „heutige Dreieinigkeit" der Unruhe, Hyperaktivität, Impulsivität ist weitestgehend für Kinder relevant; Erwachsene werden von anderen Symptomen stärker beeinträchtigt.

Mädchen mit ADHS

Der allergrößte Teil der Forschung zu ADHS basiert auf Untersuchungen der Jungen. Auch heute noch wird meistens angenommen, dass die Störung vor allem Jungen betreffe. Dies scheint offensichtlich, weil nur wenig Mädchen hyperaktiv sind.

Zu wenig wurde bisher beachtet, dass auch Mädchen von ADHS betroffen sind.

Doch Mädchen sind offensichtlich genauso betroffen, nur äußern sich ihre Symptome anders. Denn an Jungen und Mädchen bestehen, bei ohnehin schon biologischen Unterschieden in der Entwicklung, interkulturell auch unterschiedliche Erwartungshaltungen.

Mädchen neigen dazu, bei Schwierigkeiten ihre Probleme für sich abzumachen oder zu kompensieren, um nicht abgelehnt zu werden. Impulsives Verhalten bei Mädchen wird rascher von außen gegenkorrigiert und damit unterdrückt.

Wie Mädchen mit ADHS reagieren:

- Mädchen mit ADHS neigen zur Selbstbezichtigung und Selbstanschuldigung; sie haben oft ein niedriges Selbstwertgefühl, sind demoralisiert, oft mit depressiven „Löchern".
- Sie haben häufig Angststörungen.
- Sie haben ein hohes Suchtrisiko.
- Mit hohem IQ zeigen sie mehr intern ausgetragenen psychischen Stress und geben ihre Schwierigkeiten nach außen oft nicht zu. Sie legen sich Struktur oft in Form rigiden Drucks auf.
- Sie produzieren in der Pubertät vermehrt Symptome, mit einer gravierenden Verstärkung der Stimmungslabilität und der emotionalen Reaktivität.
- Schmerz wird intensiver erlebt; hypersensibel reagieren sie oft mit unklaren Krankheitszeichen.
- Mädchen mit ADHS vom kombinierten Typ erscheinen übereloquent, übersozial (für andere weiß sie so gut Rat,

warum nicht für sich?), überreagibel, immer beschäftigt, oft mit speziellem Charisma, oft chaotisch; sie wirken etwas „verdorben" und schieben Schuld auf andere.

- Mädchen mit ADHS vom unaufmerksamen Typ erscheinen tagträumerisch, lethargisch. Im Leistungsbereich sind sie eher passiv, schnell entmutigt. Oft eher scheu, ängstlich, schnell vollständig überwältigt, haben sie bisweilen Schwierigkeiten, sich gewandt und flüssig auszudrücken.

Alle Mädchen mit ADHS
- sind seelisch entwicklungsverzögert,
- haben oft Schwierigkeiten, Gelerntes anzuwenden,
- haben oft Schwierigkeiten mit der Selbstüberwachung,
- haben oft Schwierigkeiten mit Mehrfachhandlungen,
- haben oft Schwierigkeiten mit Übergängen von einer Situation in die andere,
- haben ein hypersensibles Nervensystem, mit oft auffälliger Berührungsempfindlichkeit,
- haben oft Blasenkontrollschwierigkeiten,
- zeigen oft eine Hypersensibilität gegenüber Geschmack, Geruch, Geweben (z. B. das Gefühl, dass Faserstrukturen kratzen oder elektrisch aufladen).
- Oft haben sie ein ausgeprägtes prämenstruelles Syndrom und reagieren heftigst auf zugeführte Hormone („Pille").

Früh entstehen Scham und emotionale Bedürftigkeit. Orale, unerwünschte Verhaltensweisen werden produziert, wie Nägelbeißen, Daumenlutschen, Rauchen, übermäßiges Essen (und danach oft wieder Spucken).

Mädchen mit ADHS haben ein hohes Risiko, viel zu früh sexuell aktiv zu werden und / oder Substanzmissbrauch zu betreiben. Angst und Depression werden häufig als zusätzliche Störungsbilder entwickelt.

(Vgl. u. a. Nadeau, 2000, Biederman et al., 1999)

Die Häufigkeit des Störungsbildes

Auf deutschsprachigen Kongressen werden Häufigkeits-schätzzahlen von drei bis vier Prozent betroffener Kinder und Jugendlicher genannt, nicht zuletzt zurückgehend auf die Forderung von Prof. Sergeant 1995 auf einer Tagung in Jerusalem, aus Kostengründen nur die schwerst Betroffenen anzuerkennen. Die Zahlen, die international genannt werden, liegen deutlich höher mit acht bis zwölf Prozent. So schwanken Schätzzahlen beim Mischtypus zwischen klinischen Studien und Feldstudien von 4,8 bis 1,9 Prozent, beim unaufmerksamen Typus von 9,0 bis 4,5 Prozent. Höhere Zahlen stammen aus Beobachtungen erfahrener Forscher und Kliniker mit eingehender Störungsbildkenntnis.

In Abhängigkeit von den zugrunde gelegten Diagnose-kriterien geht man von vier bis zwölf Prozent betroffener Kinder und Jugendlicher aus.

Die Zahlen variieren nicht zuletzt deswegen, weil sich die Diagnosekriterien ebenfalls weiterentwickeln. Bis vor ca. zehn Jahren wurden nur sehr auffällige junge männliche Kinder diagnostiziert. In unserer immer hektischer werdenden Zeit können viele leichter Betroffene aber immer weniger kompensieren und fallen nun auf.

Auf dem Kongress „Aufmerksamkeitsdefizit oder Kreativitätszeichen?" im Februar 1999 erläuterte der sehr erfahrene Kinderarzt Dr. Klaus Skrodski, dass bei 10,8 Millionen Kindern zwischen sechs und 18 Jahren, die in Deutschland leben, und der Schätzzahl von vier Prozent ca. 400.000 Kinder betroffen sind; davon sei ein Viertel behandlungsbedürftig.

ADHS im Erwachsenenalter

Noch viel schwieriger ist eine Erfassung der betroffenen Erwachsenen. Verlässliche Zahlen gibt es hier kaum, aufgrund noch fehlender Studien. Schon die Diagnose bei Erwachsenen ist nicht einfach. Erwachsene können oft über eine Selbstschilderung schlecht nach den bestehenden Kriterien dia-

Nach aktuellen wissenschaftlichen Erkenntnissen haben etwa zwei Drittel der betroffenen Kinder und Jugendlichen auch noch im Erwachsenenalter ihre Lebensführung beeinträchtigende Restsymptome.

gnostiziert werden, sehr wohl aber über die Fremdschilderung – ein spannender Beweis dafür, dass die Selbsteinschätzung und Selbstüberwachung auch im Erwachsenenalter noch nicht ausreichend funktionieren (vgl. R. Barkley, 1998).

Die derzeit gültigen Kriterienkataloge werden mit steigendem Alter eines Patienten immer „unsensibler", da sie unzureichend an die Altersstufen angepasst sind.

An einer Follow-Up-Studie erkannte R. Barkley (1997) bei der Nachuntersuchung von Erwachsenen 12 bis 15 Jahre nach der Erstdiagnose, dass eigentlich nur zehn Prozent aus der Störung „herausgewachsen" waren, im Sinne einer Selbststrukturierung und des Erlernens von Selbstkontroll- und Verhaltensmustern, die zu relativer Unauffälligkeit im täglichen Leben führten. Im Erwachsenenalter erweist sich die Geschlechterverteilung gegenwärtig eher gleichmäßig 1:1.

Eine Modediagnose?

Immer wieder wird die Besorgnis geäußert, die Diagnose werde bei dem „schwammigen Störungsbild" viel zu schnell, unkritisch und gedankenlos gestellt. Die häufig notwendige Behandlung mit Medikation wird in der Presse verunglimpft als moderne Lernpille bis hin zu noch schlimmeren Bezeichnungen.

Genauso wird überlegt, ob denn immer mehr Menschen betroffen seien. Die jahrelange klinische Erfahrung zeigt jedoch, dass die Störung zwar nicht häufiger auftritt, jedoch bei den Umfeldbedingungen in unserer Zeit zunehmend alle Betroffenen, in welchem Alter auch immer, auffallen. Gleichzeitig ist es für immer mehr Betroffene nur mit Hilfe von Therapie und Medikation möglich, den Anforderungen im Alltag gerecht zu werden.

Ein leitender Angestellter (48 Jahre) einer großen Firma: „Ich bewältige das Erfassen der vielen Texte, die ich per E-Mail be-

komme, einfach nicht mehr. Ich versuche zu lesen, erfasse aber
nichts, nehme es einfach nicht auf.
Neulich wollte ich Geld abheben, nahm aus dem Geldautoma-
ten auch meine EC-Karte an mich, ließ aber das Geld stecken.
Ich habe ja so ein Kind mit ADS, das viel vergisst – aber so was
passiert mir nun immer öfter selbst – bisher bin ich jahrelang gut
zurechtgekommen ... "

Andere Diagnosen – zugrunde liegendes ADHS

Oft entstehen im Lebenslauf zusätzliche Störungen infolge eines unerkannten ADHS. Viel zu häufig werden vordergründig
andere psychiatrische Störungen diagnostiziert, die eigentlich Sekundärerkrankungen dieses „Wahrnehmungsstils" darstellen. Prof. Hill forderte 1997 auf dem ersten europäischen
Kongress über ADHS in Oxford deutlich, dass hinter Angst,
Depression und der Störung des Sozialverhaltens im Kindesalter nach ADHS zu suchen sei (siehe auch Seite 81ff.).

Die Neurobiologie bei ADHS

Die Hauptsymptomatik des Syndroms, die Impulsivität und
Aufmerksamkeitsschwäche, weist zweifelsfrei auf eine zentra-
le Steuerungsstörung der emotionalen, psychomotorischen
und zum Teil auch der kognitiven Prozesse hin. Es handelt
sich um eine neurobiologische Störung. Dies gilt unumstrit-
ten, wenn alle auffälligen Symptome in einem Ausmaß ausgeprägt sind, dass sie beeinträchtigend wirken und die Diagnose gestellt wird.

Bei ADHS
handelt es sich um
eine neurobio-
logische Störung
infolge einer
Neurotransmitter-
dysregulation.

Die Rolle der Neurotransmitter

Hintergründig wird mit immer größerer Wahrscheinlichkeit
eine Dysregulation von Neurotransmittern in den aufsteigen-

den neuronalen Verbindungen vom Stammhirn über den Thalamus zum Frontalkortex (Stirnhirn) und in den Basalganglien gesehen, die die Sympathikus-Botenstoffe Noradrenalin und Dopamin zur Signalweiterleitung nutzen.

*ADHS – Reizoffen-
heit bei Reizfilter-
schwäche und
Impulssteuerungs-
schwäche*

Diese Bereiche sind einerseits für die Aufmerksamkeitssteuerung und für eine gezielte Aktivierung verantwortlich. Das limbische System im Stammhirn hat andererseits eine große Bedeutung für die Regulierung der Stimmungslage. Die Basalganglien sind wichtig für die Aktivierung von Belohnungssystemen bei der Verhaltenssteuerung und für die Verautomatisierung von Fertigkeiten. Das Stirnhirn ist entscheidend beteiligt an der Aufmerksamkeitszuwendung und Fokussierung der Kurzzeitspeicherfähigkeit. Im Stirnhirn reift normalerweise die Fähigkeit, aktuelles Verhalten zu überwachen, unangemessenes Verhalten zu verhindern sowie zu organisieren und zu planen, Aufmerksamkeit gezielt zu starten, zu richten, zu stoppen oder zu wechseln. Das Stirnhirn ist darüber hinaus für die Kontrolle und Hemmung von Input aus tieferen Hirnarealen verantwortlich, speziell für die Kontrolle der Emotion, der Gefühle.

M. Ernst et al., 1998, wiesen bei einer Gruppe von erwachsenen ADHS-Patienten nach, dass in deren Stirnhirn die Aktivität des Enzyms Dopa-Decarboxylase bis zu 50 Prozent vermindert ist. Es wird somit die Annahme gestützt, dass weniger von diesem filternden und bremsenden Botenstoff Dopamin hergestellt wird und verfügbar ist.

Die Bedeutung von Aufmerksamkeit und Wachheit

Ein übergreifendes Aufmerksamkeitsnetzwerk mit Aktivierung der Wachheit ist Voraussetzung dafür, dass nach einer Wahrnehmung ein spezielles Schema entstehen kann, ein Kontrollmechanismus, damit man nur auf einen bestimmten Zweck ausgerichtet „am Ball bleiben kann", sodass dann eine Ableitung und gedankliche Vernetzung möglich ist (beim Lesen muss man sich z. B. Erlesenes ausreichend merken können!). Der Botenstoff Noradrenalin steuert Wachheit.

Die Zusammenhänge der Aufmerksamkeitssteuerung sind hoch kompliziert. Beim noch kleinen Kind, das z. B. schnell aus seinem Kummer „abgelenkt" werden kann, ist das Aufmerksamkeitsnetzwerk noch unreif. Allmählich entsteht aber physiologischerweise eine sofortige (Um-)Orientierung und Anpassung der Aufmerksamkeit, wenn neue Daten stören. Das bedeutet, dass Ablenkung bei „normgesteuerten" Kindern und Jugendlichen nicht mehr so einfach möglich ist, wenn keine Dysregulation der Botenstoffe besteht.

Da bei ADHS keine ausreichende Aufmerksamkeit besteht, können wichtige Abläufe nicht verinnerlicht werden.

Die Erforschung der Informationsverarbeitung

Die Informationsverarbeitung und Aufmerksamkeitsregulierung sind nicht einfach zu erforschen; dies wurde erst in jüngster Zeit mithilfe von Computertechnik möglich. Mit elektrischen und magnetischen Messungen werden Veränderungen über der Hirnrinde verfolgt, daneben mit bildgebenden Verfahren, z. B. dem Positronen-Emissionstomogramm (PET) und dem funktionalen Magnet-Resonanztomogramm, der Sauerstoffverbrauch und der Stoffwechselumsatz in allen Schichten des Gehirns dargestellt.

So zeigte sich schon erstmals 1989, dass bei ADHS-Kindern zwischen sechs und 15 Jahren eine signifikante Minderdurchblutung in Stammhirnregionen und dem Stirnhirn besteht, die durch die Gabe von Methylphenidat (Ritalin) behoben werden kann. A. Zametkin wies mit seiner bahnbrechenden Untersuchung 1990 daneben auch eine Fehlverteilung der Glukose, speziell im linken vorderen unteren Stirnhirnbereich, nach.

Bei den beobachteten Dysregulationen wird daher immer deutlicher, wo die Problematik liegt:

Die Informationsverarbeitung ist bei ADHS infolge einer Minderdurchblutung von Stammhirnregionen und Stirnhirn gestört.

> *Eine Person mit ADHS hat infolge von Fehlregulationen im Gehirn große Schwierigkeiten, ihre Aufmerksamkeit ohne Anstrengung ausreichend lange aufrechtzuerhalten, ohne sich von ablenkenden Reizen oder inneren Impulsen stören zu lassen. Daraus entstehen die typischen Probleme bei allen Tätigkeiten, die ausdauernde geistige Anstrengung erfordern.*

Die Aufmerksamkeit muss aber lange genug aufrechterhalten werden, damit das Kurzzeitgedächtnis ausreichend aktiviert wird, um Informationen ins Langzeitgedächtnis übergeben zu können. Eine Person mit ADHS ist eigentlich aufmerksam für viel zu viel, das so genannte Aufmerksamkeitsregulationszentrum („limitiertes Kapazitätskontrollzentrum") funktioniert nicht so, wie es sollte.

Die „Executive Functions"

Ausgehend von den Stufen der Entwicklung der Selbstregulation bleibt ein Individuum mit ADHS auf der „ersten Entwicklungsstufe" stehen.

Infolge der beschriebenen Dysfunktionen entwickeln sich auch die so genannten „Executive Functions", d. h. Ausführungsfunktionen (nach M. Posner), nicht ausreichend, die „Verhalten" im Sinne von Abbremsen und Innehalten möglich machen und die eine unerlässliche Voraussetzung für ein normgerechtes „Funktionieren" im Alltag darstellen. Die Ausbildung der „Executive Functions" erfolgt normalerweise durch eine infolge der normalen Hirnreifung ständig zunehmende „automatische" Selbstkontrolle, eine Verinnerlichung und Überwachung, bis der Mensch „geistig regiert wird" und dies unsichtbar für andere (intellektgesteuert).

So sollte sich als erste der „Executive Functions" das nonverbale Arbeitsgedächtnis entwickeln, in dem etwas ausreichend lange gehalten werden soll, um es mit Daten aus der

Alterinnerung zu vergleichen. Komplexere Verhaltenssequenzen, die angewendet werden sollen, müssen hier gespeichert werden.

Aus dem Vergleichen der neuen Situation mit Vergangenem entwickelt sich das so genannte „Zeitfenster", der individuelle zeitliche Rahmen, den ein Mensch überblicken und managen kann. Die Zukunft wird erraten und geplant durch die Erfahrung aus der Vergangenheit. Dies ist ein äußerst bedeutsamer Schritt auf dem Weg der Verhaltenssteuerung. Das Zeitfenster eines Zweijährigen ist normalerweise sehr klein (zwei bis drei Stunden), beträgt ab ca. acht Jahren ca. zwölf Stunden, ab 15 Jahren zwei bis drei Tage und beim Erwachsenen acht bis zwölf Wochen. Durch das mangelhafte Vergleichen bleibt ein Kind bzw. Jugendlicher mit ADHS im Hier und Jetzt und ist möglicherweise regelrecht „zukunftskurzsichtig".

Da das bewusste Wahrnehmen eines Individuums im Zeitverlauf auch Selbstwahrnehmung darstellt, muss gefolgert werden, dass jemand mit ADHS durch dieses Problem eigentlich immer in der Krise lebt.

Als zweite der „Executive Functions" sollte sich ein verbales Arbeitsgedächtnis entwickeln mit der Möglichkeit, Sprache allmählich zu verinnerlichen und sich innerlich sprechend „anzuleiten".

In der normalen Entwicklung eines Kindes gibt es bis zum dritten Lebensjahr kein begleitendes Sprechen; zwischen dem dritten und fünften Jahr entstehen parallele Selbstgespräche zum Handeln. Mit fünf bis sechs Jahren wird ein Kind im hörbar geäußerten Selbstgespräch immer ruhiger und kürzer. Die Verinnerlichung von Sprache vollzieht sich vollständig bis zum zehnten Lebensjahr, das Kind leitet sich unhörbar für andere mit „innerer" Sprache an.

Diese Verinnerlichung entsteht bei ADHS nicht, impulsiv wird geäußert, was gerade in den Sinn kommt. Auch beim vor-

Das Zeitfenster ermöglicht die Planung zukünftiger Handlungen durch die Umsetzung von Erfahrungen aus der Vergangenheit.

Durch die Fähigkeit, sich selbst im inneren Gespräch anzuleiten, entsteht Selbststeuerung.

wiegend unaufmerksamen Typus, der nicht unbedingt laut ausspricht, scheint genau dasselbe Problem zu bestehen. In diesem Zusammenhang muss überlegt werden, ob die häufig schlechte Fähigkeit des flüssigen, lauten Lesens und das mangelhafte sinnerfassende Verstehen beim Lesen hier ihre Ursachen haben, entsprechend einem fehlenden inneren Mitsprechen und Erinnern.

Als dritte Komponente der „Executive Functions" wird normalerweise eine Fähigkeit entwickelt, spontan entstehende Gefühle immer besser unterdrücken und anpassen zu können. Die Selbstregulation der Emotion und der Motivation ist aber bei ADHS stark gestört; die emotionale Lage ist immer sofort erkennbar und sehr labil. Ein falscher Ton, eine düstere Miene des Gegenüber – schon ist der Jugendliche irritiert, beleidigt oder sauer; er erscheint oft dem Gefühl „ausgeliefert" zu sein.

Ohne die Fähigkeit zur Selbstregulation besteht eine extreme Stimmungsanfälligkeit und Motivationsschwäche.

Auch Motivation ist ein emotionaler Zustand. Bei hoher Affektlabilität durch Umklappen einer Stimmungslage aus kleinstem Anlass heraus und bei Reizoffenheit und Reizfilterschwäche ist es für einen Menschen mit ADHS sehr schwer, „intrinsisch motiviert" zu sein, d. h. auf ein Langzeitziel zuzuarbeiten, bei dem die Anstrengungsbereitschaft lange aufrechterhalten und viele Hürden überwunden werden müssen.

So sorgt das Computerspiel sehr wohl für Motivation durch sofortige Rückmeldung und Belohnung, Hausaufgaben aber nicht. Entsprechend muss die Motivationslenkung von außen erfolgen (extrinisisch).

Nach der Analyse von Gedankengängen soll es als vierte Komponente der „Executive Functions" wiederum zu einem Zusammenbau von Gedanken kommen, nach dem Spiel mit Gegenständen zum „geistigen Spielen" durch Simulation und Erfinden und dann zum zielgerichteten Handeln führend.

Wenn dieser übergreifende Aspekt jedoch fehlt, das Thema beim Reden oder beim Schreiben verloren geht, ist Stimmigkeit und Flüssigkeit im Umsetzen nicht möglich. Der Mensch mit ADHS ist und wirkt oft nicht zielgerichtet, kommt beim Diskutieren vom Hundertsten ins Tausendste, setzt „Flächenbrände", d. h. fängt überall etwas an, kreiselt von Reiz zu Reiz.

Ist er aber von etwas fasziniert und dann „blitzwach", geht Verblüffendes. „Hyperfokussiert" klebt er am Detail, sehr konzentriert, „vertieft" wirkend. Eine plötzlich geforderte „Umorientierung" geht aber nicht! „Übergänge" von einer Situation in die nächste können sehr schwierig sein.

Überlegend und vorausplanend handeln – das ist zentral für die Selbststeuerung.

ADHS – eine Störung der zentralen Selbstregulationsprozesse?

Fragt man genau nach, so scheint ADHS eine Störung der zentralen Selbstregulation insgesamt zu sein. Daher gibt es auch Symptome, die mit dem Verhalten nichts zu tun haben. So ist das Schlafverhalten „irgendwie anders": Kinder, Jugendliche und auch Erwachsene mit ADHS schlafen meist kürzer bzw. weniger als Gleichaltrige. Das kleine Kind wacht oft schon sehr früh auf, „legt den Mittagsschlaf bald ab". Ab dem Schulalter kommt das Kind oft erst abends richtig „in die Gänge" und damit nicht ins Bett – kurz vor dem Schlafensollen kommen gute Gespräche zu Stande!

Manches ist schon lange recht klar – vieles gibt es bei ADHS noch zu entdecken.

Morgens aber bestehen oft heftige Anlaufschwierigkeiten, das Wachwerden erscheint mühsam. (Der Erwachsene steht oft vor dem Spiegel nach dem Motto: „Ich kenne dich nicht, aber ich wasche dich trotzdem" – der Jugendliche lässt das lieber ...)

Wenn in den Schlaf gefunden wurde, herrscht ein sehr tiefer, wenn auch unruhiger Schlaf vor. Durch nichts weckbar, oft nicht mal durch die Signale der eigenen Blase, kommt es im Kindesalter oft zu Einnässen. Versucht man eine Therapie mit der „Klingelhose" oder „Klingel-Matratze", wacht oft die ganze Familie auf – nur nicht das Kind ...

Viele Kinder schreien im Schlaf auf, ohne richtig wach zu werden und haben später keinerlei Erinnerung an das, was sie da wohl geträumt haben (Pavor nocturnus). Auch Schlafwandeln kommt häufig vor.

Menschen mit ADHS essen phasenweise sehr viel – oder haben gar keinen Hunger. Eine Speise wird lang immer wieder bevorzugt gegessen – nur das schmeckt. Und dann plötzlich, schlagartig, schmeckt diese Speise überhaupt nicht mehr.

Besonders als kleine Kinder haben ADHS-Betroffene unendlich viel Durst – später oft kaum noch und trinken als Erwachsene oft zu wenig.

Auch die Thermoregulation ist oft anders – im Winter laufen die Kinder und Jugendlichen mit dem T-Shirt herum und ziehen im Sommer den Wollpulli nicht aus. Sie hassen Hausschuhe (nicht nur, weil es mühsam ist, sie anzuziehen!), weil sie warme Füße haben – oder haben später oft quälend kalte Füße.

Haut- und Körperkontakt nehmen ADHS-Betroffene auf, wenn sie darauf eingestellt sind – sonst wird dieser oft als höchst unangenehm empfunden; viele sind sehr „kitzelig".

Neuropsychologische Aspekte des ADHS – Auswirkungen auf die Lerngeschichte

Funktionieren Selbstregulation, Selbststeuerung und Selbstkontrolle eines Menschen in seiner Eintwicklung nicht reibungslos, kommt es in vielen Bereichen zu Problemen. Was bei anderen Menschen automatisch funktioniert, klappt bei ADHS-Betroffenen nicht.

ADHS-Betroffenen fehlt die automatische Selbststeuerung; deshalb wird immer wieder unangemessen und ziellos reagiert.

Entwickeln sich Selbstregulation und Selbstkontrolle ungestört, funktionieren folgende Abläufe „automatisch":

• das Abstoppenkönnen irrelevanter Antworten,
• zielgerichtete Antworten können gegeben werden,

46

- neue und komplexe Antworten erfolgen,
- eine zielgerichtete Ausdauer kann mobilisiert werden,
- zukunftsgerichtete Planung ist möglich,
- bei korrigierender Rückkopplung auf eine Antwort kann sensibel und flexibel reagiert werden,
- nach Unterbrechung kann eine Aufgabe wieder aufgenommen werden.

Die sich physiologischerweise beim normgesteuerten Kind und Jugendlichen entwickelnde automatische „Servo-Verhaltenskontrolle" und Selbststeuerung (infolge ausgereifter „Executive Functions", siehe Seite 42ff.) ist für eine Person mit ADHS nicht möglich. Die Impulsivität bei der Impulssteuerungsschwäche in Verbindung mit der Wachheitsproblematik macht zielgerichtete Aufmerksamkeit nur bei hoch interessanten, neuen, spannenden Dingen möglich, sonst ist die „Einbringung" von Wissen regelrecht abgeschnitten von der Umsetzungsfähigkeit auch durchaus bekannter Sachverhalte in die Alltagsrealität. Entsprechend kann dann auch bei hohem Intelligenzquotient oft nicht entsprechend der Anforderungen gehandelt werden.

Die 15-jährige Julia ist in der Tanzgarde für die Kleinen als Betreuerin sehr engagiert zuständig. Sie achtet genau darauf, dass alle Kinder ihre Utensilien haben, kennt sie doch die Schwächen aller „ihrer" Kinder. Zu Hause aber fliegen ihre Klamotten achtlos auf den Boden, Schulhefte und Ordner dazwischen ...

Ausgereifte „Executive Functions" ergeben ein so genanntes „Cruise-Missile-System" mit der Fähigkeit zu planen, einen relativ konstanten, inneren Antrieb aufrechtzuerhalten und über eine Schlussfolgerungsfähigkeit zu verfügen. Einem Jugendlichen mit ADHS, einem jungen Erwachsenen und nicht selten auch noch dem reifen Erwachsenen ist diese Fähigkeit weitgehend verwehrt.

Die „Executive Functions" dienen
- im frühen Kindesalter dem Erwerb der Verhaltenskontrolle,
- im Schulalter (bis zur Pubertät) dem Erwerb kognitiver Funktionen und Kompetenzen,
- ab dem Jugendalter dem Erwerb der Selbstwahrnehmung, Selbsteinschätzung, mit der Umsetzung auf allen Ebenen.

Ein oberflächlicher Wahrnehmungsstil

Bei ADHS besteht ein oberflächlich abtastender, überhüpfender Wahrnehmungsstil bei zu kurzer Daueraufmerksamkeitsspanne für alles, was nicht besonders interessant ist. Das heißt z. B., Texte oder Gesprochenes werden nur punktuell erfasst. Missverständnisse im wahrsten Sinne des Wortes sind die Folge.

Langsame Verinnerlichung von Regelverhalten

Da sich Regelverhalten nur sehr schwer ausbildet, hat man bei ADHS-Kindern oft das Gefühl, jeden Tag wieder „bei Null" anzufangen.

Die Verautomatisierung von Regelverhalten dauert wesentlich länger, nicht zuletzt deswegen, weil lange im Kinderleben Reize einfach nur Reize, aber keine „Hinweisreize" sind. Normalerweise verbinden Kinder im Laufe der Zeit mit einer bestimmten Wahrnehmung – einem Reiz – ein damit zusammenhängendes, sich regelmäßig wiederholendes Verhalten.
Ein Beispiel
Auf eine bestimmte Wahrnehmung, wie z. B. den Anblick der Badezimmertür abends vor dem Zähneputzen, erfolgt all-

mählich nach häufiger Wiederholung der Gedanke – und damit dann auch der Handlungsautomatismus –, dass nach Öffnen dieser Tür der Griff nach Zahnbürste und Zahnpasta erfolgt (ohne „Nachdenken"). Für ein Kind mit ADHS stellt diese Türe zwar auch jeden Abend einen Reiz dar, aber immer für etwas anderes – einmal, um den Bruder damit auszusperren, einmal, um sich einfach dranzuhängen, einmal, um sich dagegen zu lehnen, damit die Mutter nicht rein kann ...

> *Bedingt durch zu wenig „Unterstützung" aus Stammhirnregionen, brauchen Kinder und Jugendliche die acht- bis 16fache Zeit zur Verautomatisierung einer Regel im Vergleich zu normgesteuerten Gleichaltrigen.*
> *(Sam Goldstein, 1998)*

Beeinträchtigt: Realitätsbewusstsein und Handlungsplanung

Das „Realitätsbewusstsein" entwickelt sich folglich eingeschränkt. Es besteht eine mangelhafte Fähigkeit zu beurteilen, was in der Vergangenheit passiert ist im Vergleich zu dem, was gerade um mich herum geschieht. Oft ist auch die „bewusste" und damit abgebremst reflektierte Handlungsplanung und Kontrolle von Bewegungen und Handlungen noch lange im Leben eingeschränkt („Dauernd hast du deine Hände irgendwo!"), ebenso die „bewusste" Autorenschaft der Gedanken und Worte („Immer wenn ich drüber nachdenke, habe ich's schon gesagt!").

Aufmerksamkeit als herausragender Zustand erhöhten „wachen" Bewusstseins ist oft nicht möglich („Ich steh' irgendwie neben mir. Manchmal fühle ich mich wie im Nebel lebend, habe irgendwie Watte im Kopf").

49

Selbstbewusstsein und Selbstdarstellung

Auch die Ausbildung von Selbstbewusstsein ist beeinträchtigt.

Selbstbewusstsein in Form von Selbst-überdenken-Können reift erst sehr spät heran („Woher wissen eigentlich die anderen, wann man den Mund in der Gesellschaft anderer auf- und wann zumacht?", Amanda, 19 Jahre). Das Kind bzw. der Jugendliche hat sich selbst nicht „im Griff" und wird immer wieder selbst von seinen eigenen Handlungen überrascht.

Eine situationsangepasste Selbstdarstellung ist aber nur möglich, wenn Fehler registriert werden, auch einmal kurz etwas Unangenehmes ausgehalten werden kann, Such- und Fluchtverhalten unterdrückt werden kann, nicht ständig Verstärkung gesucht werden muss. Genau das aber ist für eine Person mit ADHS sehr schwierig.

Entstehung und Funktion von Bewusstsein

Ein Blick in die Wissenschaft

Beeindruckend stellt Roth (1999) in seinem Aufsatz über Entstehen und Funktion von Bewusstsein über die komplizierten neurobiologischen und kognitiven Zusammenhänge zusammenfassend fest: „Die bewusst erlebte ‚phänomenale Welt' arbeitet bei der Wahrnehmung und Steuerung von Handlungen mit einem ‚Benutzercode', nicht dem neuronalen ‚Maschinencode' des Gehirns, der bewusst überhaupt nicht zu bewältigen wäre (...). Die kognitive Hypothese zur Rolle des Bewusstseins lautet also: Im Laufe der Evolution der Primaten bildete sich zusammen mit den erhöhten Anforderungen an die Planung von Handlungen, Vorstellung, das strategische Denken und die komplexe soziale Interaktion eine virtuelle Welt mit einem Akteur, dem Ego aus, das plant, handelt und kommuniziert, ohne sich um die tatsächlichen ‚Ausführungsbestimmungen' kümmern zu müssen, die Aufgabe des ‚übrigen Gehirns' sind. Erst die ‚Erfindung' dieser phänomenalen Welt und des Ichs ermöglichen ein Überleben in jener komplexen, sich ständig verändernden Welt – ermöglichen insbe-

sondere weit reichende Handlungsplanung und das Abschätzen dessen, was meine Mitmenschen von mir wollen."

Das Problem der Informationsaufnahme

Menschen mit ADHS sind zwar immer offen für alles und verfügen grundsätzlich über eine extrem hohe Aufnahmefähig-
keit. Da sie aber nicht bei einer Sache bleiben können, entstehen immer wieder Informationslücken, mit der Auswirkung,
dass viel regelrecht „geraten" werden muss und eigentlich genau und exakt nur erfasst wird, was besonders neu, aktuell
und spannend ist – und das ist oft problematisch:

*Die Mathestunde. Da gab es mal eine Stunde über irgend-
welche Beweise. Ich sehe Mono (so hieß unser Direktor Wag-
ner, der hatte nur einen Arm) noch an der Tafel stehen und reden. Er war groß und hatte leicht wellige Haare, eine Brille
und eine Menge Stacheln auf der einen roten Hand. Wenn er
etwas anzeichnete, presste er die halbe Schulter an das riesi-
ge Tafelgeodreieck und zeichnete mit der freien Hand die Linie.*

*An jenem Tag zeichnete er aber nicht. Er hielt das Geodrei-
eck am neonstichig gelben Plastikgriff und redete. Es gehe um
„notwendig" und „hinreichend". Ich kapierte nicht. Er fragte
mich. Da kam nur Murks raus und mein armes Deutsch reizte
ihn zusätzlich. Er musste denken, ich hätte einfach aus bösem
Willen nicht zugehört. Oder weil es mich einfach nicht interessierte. Oli versuchte, mir einzusagen. Aber ich kapierte nicht.
Ich kapierte überhaupt nichts, noch nicht mal die Worte. Als ob
der Chinesisch redete oder Italienisch, was ich auch nicht kann.
Ich starrte Mono völlig fasziniert an. Was für ein ulkiges Wesen
so ein Mensch ist! Eine Nase wie eine saure Gurke. Ich überlegte mir, wie das aussähe, wenn sich die Nase auf einmal grün ver-
färben würde. Ich kicherte.*

*Weil Informatio-
nen nur punktuell
aufgenommen
werden, muss viel
„geraten" werden
– das schafft in der
Schule Probleme.*

51

Das Ergebnis stand dann im Klassentagebuch. Aber es war mir lieber als die Wahrheit. Die Wahrheit wäre gewesen, dass ich allmählich meinte, verrückt zu werden. Und das war eine Wahrheit, die mir nicht besonders gut gefiel.

Dieser Bericht aus der Sekundarstufe der heute 30-jährigen Mara wird durch ähnliche Erinnerungen aus der frühen Schulzeit ergänzt:

Von Anfang an erinnerte ich mich an die ganzen wunderbaren Dinge dieser Welt. Wie Birkenblätter mit ihrer silbernen Unterseite flitterten. Die riesigen Regenwürmer, die nach einer Sommerdusche eilig aus ihren überfluteten Löchern stiegen. Fast gar nicht erinnere ich mich dagegen an den Kindergarten – schrecklich lang. Und diese ganzen durcheinander flitzenden Gören, die sich in irgendwelchen Dialekten anbrüllten. Ziemlich schlecht erinnere ich mich auch an die Grundschule: dämmriges Klassenzimmer, Bankreihen links und rechts mit je 4 Plätzen. Das Holz der Pulte war aufgeschruppt, man musste aufpassen, sich keinen Spreißel einzuziehen. Ich erinnere mich kaum an die Lehrer, nur an einen Setzkasten mit Buchstaben aus Pappe, die man ähnlich wie beim Scrabble-Spiel zu Worten anordnen sollte. Eine Lehrerin diktierte. Wie sie aussah, weiß ich heute nicht mehr.

Im Gymnasium ritzte ich mit der Zirkelspitze Sprüche in die Kunststoffoberflächen der neuen Zweiertische. Manchmal ritzten auch andere mit. Wir gruben Rillen, in denen wir die Kügelchen aus den Tintenpatronen von einer Bankseite auf die andere flutschen ließen. Die Kügelchen bekam man aus den leeren Patronen heraus, indem man deren Boden abbiss. Wenn die Patrone nicht ganz leer war, hatte man eine blaue Zunge.

An so etwas erinnere ich mich gut, wie sich zeigt. Aber keine Ahnung, was in den Stunden los war. Ich hasste den Overhead-

projektor, weil dann abgedunkelt wurde und ich nicht mehr privat lesen oder schreiben oder stricken konnte und mich nur noch gähnend langweilte. Selbst dann blieb mir nicht mehr von den Stunden im Kopf haften. Selbst dann nicht, wenn ich die Zeit nutzte, um die Hefte zu verschönern. In zwei Fächern hatte ich schöne Hefte. Die anderen waren unglaublich zerfleddert und klecksig. Immer verlor ich die von Wachsmatrizen abgezogenen grauen Zettel mit lila Schrift, die, wenn sie frisch waren, süßlich nach Lösungsmittel rochen. Ich malte Kästchenzettel im Schachbrettmuster an, entwarf Grundrisse für Polarstationen und Weltraumkapseln mit ganz viel Platz für tolle Maschinen, zeichnete Hunde, Pferde und probierte verschiedene Schriften aus.

Eine verhängnisvolle Lerngeschichte

Die verhängnisvolle Lerngeschichte setzt oft schon früh ein, speziell beim Kind, das impulsiv und unruhig ist. Ständig für eine Überraschung gut, nur bei Interesse bei der Sache, unberechenbar, schnell die Stimmung wechselnd, bis hin zum Wutanfall und zum Weinen oder Bocken, offensichtlich nicht richtig zuhörend und nicht richtig zuschauend, wird gemahnt, gerügt und appelliert. Hierauf erfolgt in aller Regel eine emotional impulsive Reaktion, die neuerliche erzieherische „Maßnahmen" nach sich zieht. Schnell wird klar, dass das Kind und später auch der Jugendliche offensichtlich aus der Erfahrung nicht ausreichend lernt, was die Vermutung aufkommen lässt, dass entweder Unwille dahinter steckt, Bockigkeit, vielleicht aber auch Dummheit. Entsprechend wird vom Erwachsenenumfeld reagiert, und zwar mit vermehrtem Mahnen, mit Schuldzuweisung, Etikettierung, teilweise auch mit Resignation und ablehnendem Unverständnis.

Da das Kind immer wieder „verkehrt" reagiert, wird es als „bockig" oder „dumm" abgestempelt und ein verhängnisvoller Teufelskreis beginnt.

Je häufiger sich dieser Mechanismus wiederholt, desto schneller entstehen Vermeidungsstrategien bei all den Gelegenheiten, die „schwierig" sind – bei der Aufforderung zur Anpassung, zum Mitmachen, bei Routineabläufen des Alltagslebens. Wird zum Anziehen, Aufräumen, Hausaufgabenmachen, zur Mithilfe im Haushalt usw. aufgefordert, kommt es zu Trödeln, Abwehr in Form von Widerrede, Opposition, mit Äußerungen in oft übler Fäkalsprache. Hierauf wird wieder im erzieherischen Umfeld reagiert. Das Kind erfährt zunehmend, „schwierig" zu sein.

„Ich erinnere mich leider ganz gut an die vielen, vielen kleinen Piekser, die sich durch mein ganzes Leben ziehen:
- *‚Pass doch auf!'*
- *‚Kannst du nie mal mitdenken!'*
- *‚Dann sag doch gleich, dass du nur wieder mal nicht willst!'*
- *‚Reiß dich zusammen!'*
- *‚Hier sieht es aus, als hätte eine Bombe eingeschlagen!'*
- *‚Was soll das heißen, Hausaufgaben vergessen?! Du bist einfach stinkfaul!'*
- *‚Also weißt du, wir haben zigmal darüber geredet!'*
- *‚Du benimmst dich wie der erste Mensch!'*
- *‚Hör doch einfach mal zu, wenn ich mit dir rede!'*
- *‚Ich verstehe das nicht, was ist mit dir los?' "*

Verträumte ADHS-Kinder ziehen sich bei anhaltender Kritik gekränkt zurück und gehen in die „innere Emigration".

Ist ein Kind eher vom verträumten Typus, wird ihm recht früh vermittelt, irgendwie immer „neben der Kappe" zu sein. „Träumt vor sich hin, trödelt, lässt alles liegen" – das führt bald zu der Einschätzung, ein kleines Trottelchen zu ein. Auch das Trottelchen hört irgendwann in seinem Leben, vor allen Dingen, wenn es sich in der Pubertät zu wehren beginnt, die typischen Ermahnungen:
- „Jetzt streng dich doch einmal an!"
- „Kümmere dich mal um andere!"
- „Du musst es ja wieder besser wissen!"
- „Du weißt doch, dass ich dir schon x-mal gesagt habe." ...

Die Sätze ändern sich ein wenig, die Sache nie. Das Kind bzw. der Jugendliche des vorwiegend unaufmerksamen Typus „verdrückt sich" unter diesen Vorhaltungen und zieht sich gekränkt zurück. Er geht wesentlich weniger in die offene Opposition, weil seiner Impulsivität die Stärke fehlt, die zum „Durchschlagen", zur Ausführung führt.

Immer nur Negatives

Bei all diesen Erfahrungen werden im Verlauf der Entwicklung Routinen des Alltagslebens, in denen ein „richtiges" Funktionieren einfach nicht klappt, motivational immer negativer besetzt. Die Stimmung sinkt, die Missbefindlichkeit steigt.

Wenn das Kind von außen nur Negatives über sich hört, wird es irgendwann diese Einschätzung übernehmen.

„Ich kam immer viel zu spät oder viel zu früh. Ich ging auf dem Weg vom Physikraum zum Zeichenunterricht verloren. Irgendwie wusste ich auch selber, dass die Lehrer, die mir nicht allzu übel wollten, sich verzweifelt an die Stirn tippten, wenn ich auch nach 4 Wochen noch zu spät und am falschen Ort auftauchte. Sie hielten mich für nachlässig. ‚Du könntest, wenn du nur wolltest!', sagte einer.

‚Kein Kind verliert so viel wie du!', ‚Kein Kind vergisst so viel wie du!', ‚Wo hast du bloß deinen Kopf?' und immer wieder fing ich eine, bloß, weil ich zur Türe rein kam (so sah ich das) bzw. bloß, weil ich niemals an irgendetwas dachte und nur Ärger und Mühen und zusätzliche Arbeit produzierte (so sah es meine Mutter wahrscheinlich)."
Mara, 30 Jahre

Probleme mit dem Schreiben

Bei den meisten Kindern mit ADHS kommt zu all diesen Erfahrungen auch noch das schwierige Problem mit der graphomotorischen Umsetzung, d. h. Schwierigkeiten beim Malen und Schreiben. Die Stifthaltung ist verkrampft und das Hand-

Den meisten Kindern mit ADHS fallen Malen und Schreiben sehr schwer.

gelenk bleibt steif. Durch das mangelhafte Dosierenkönnen grober Kraft ist schon im Kindergarten das Malen nicht einfach und gelingt nur krakelig. Ein gleichmäßiger Schreibfluss bei schnellem Schreiben entsteht in aller Regel nie. Auch hieran wird „herumgemeckert". Vorbewusst erkennt das Kind durchaus selbst sein Defizit.

„Die Hausaufgaben. Jeden Tag gab es Hausaufgaben. Ich erinnere mich an endlose Zeilen im linierten Schulheft, in denen erst Buchstaben, dann Wörter, zunächst in Druck- und dann in Schreibschrift abgemalt werden mussten. Mir war das eine Qual. Ich wollte gewissenhaft und ordentlich sein wie meine Freundin Sabine, aber irgendwie hatten meine Hefte immer Kleckse und Eselsohren und irgendwie waren meine Buchstaben und Wörter immer verschmiert und nach oben oder unten verrutscht. Niemand sah meinen schlampigen Hausaufgaben an, wie viel Mühe sie mir bereitet hatten. Erst die Mühe, sich zu Hause an sie zu erinnern (es gab Hausaufgabenhefte, kleine Oktavhefte, aber die verlor ich mit Lichtgeschwindigkeit und wenn nicht, hatte ich zu Hause vergessen, was mit den wenigen aufgeschriebenen Worten genau gemeint gewesen war), dann die Mühe sich dranzusetzen und dann die Mühe, immer wieder die wandernden Gedanken zu sammeln und den Stift zum nächsten Buchstaben oder Rechenkästchen anzusetzen. Ich quälte mich über Stunden mit dem Mist herum.

Ich setzte mich an ein Übungsheft, in dem jedes „ai" oder „ei" durch ein gezeichnetes Hühnerei ersetzt war. Wir mussten den richtigen Umlaut einsetzen. Es war Frühjahr und eigentlich hätte ich das können müssen, ich las doch gerne und viel. Es war auch nicht so, dass es mir schwer gefallen wäre, den richtigen Umlaut für das richtige Kästchen zu finden. Qualvoll war es, den ganzen Text durchgehen zu müssen und alles fertig bekommen zu müssen.

56

Ich hatte Rollschuh laufen gehen wollen, so schnell als möglich sollten die Hausaufgaben fertig werden. Aber auf einmal war es 18 Uhr, unüberhörbar – die Glocken läuteten – und unübersehbar – die Sonne stand golden tief –, die Vögel sangen schon den Kehraus. Ich war auf der Hälfte dieser doofen Seite mit den doofen kleinen Eiern und am liebsten hätte ich geheult.

Von außen sah es aus wie wirkliches Trödeln.“
Mara, 30 Jahre

Die Schwierigkeit, „Uninteressantes" zu lernen

Da die Wachheit und Aktivierung gestört sind, ist Konzentration nur bei hohem Interesse möglich. Da zusätzlich die Übertragung vom Kurzzeit- ins Langzeitgedächtnis gestört ist, fällt das Lernen von uninteressantem Stoff furchtbar schwer.

Die Gedanken schweifen ständig ab. Zuhören ohne Nebenbeschäftigung ist eine Qual.

„Ich sitze nicht einfach nur rum und mache nicht mit, sondern ich denke dann an Filme.“
„Ich gucke den anderen zu, wie die arbeiten.“
Harald, 13 Jahre

Es fällt auch schwer, sich an etwas erinnern zu müssen, was nicht besonders positiv besetzt ist. Denn dazu besteht eine geringe Motivation.

„Ich hasste diese endlosen Stunden. Ich hasste die 1000 Dinge, an die ich denken sollte – Geodreieck, Turnbeutel, Atlas, Zirkel, Malkasten –, an die alle anderen wie selbstverständlich immer denken konnten.“
Mara, 30 Jahre

Fühlt sich das Kind bedrängt oder überfordert – und das ist häufig der Fall –, wird sofort „gemotzt".

Ist das Kind bzw. der Jugendliche vom expansiven Typus, kommt in aller Regel noch dazu, dass es / er nicht akzeptieren oder sich merken kann, was ihm nicht logisch erscheint. Er reagiert oft rasch richtig widerwillig – rechtfertigt sich, macht dem Unmut sofort Luft. Dies wird als ausgesprochen situationsunangebracht erachtet und geahndet.

„Ich habe die Hausaufgaben vergessen, weil ich in der Woche kaum Hausaufgaben aufhatte und als wir dann Ende der Woche doch welche aufhatten, habe ich vergessen, das Blatt auszufüllen. Anfangs hatte ich in der Woche keine Lust und später auch keine Zeit, weil ich heute am Montag eine Arbeit geschrieben habe und deswegen habe ich auch vergessen, das Blatt auszufüllen. Ich hätte vielleicht auch keine Lust dazu gehabt, vielleicht dachte ich auch, es wäre es unnötig."
Dennis, 13 Jahre: „die Ausrede der Therapiewoche"

„Ich habe es halt immer auf später verlegt und dann war es Abend. Es war zu stressig, die Hausaufgaben zu machen und dann noch mit den Eltern mitzugehen und auch noch zu lernen."
Philipp, 13 Jahre

„Am liebsten würde ich nur nach Lust und Laune leben, mein Onkel hat mal zu mir gesagt, bei dir und dem lieben Gott ist alles möglich. Ich will und kann mich nicht festlegen, damit geht es mir am besten."
Kai, 30 Jahre

„Ich werde das Gesicht meiner Eltern nie vergessen, als ich mit der Beurteilung „unbefriedigend" in Mitarbeit / Betragen und einem vom Gesamtlehrerkollegium unterschriebenen Verweis im Zeugnis der 10. Klasse von der Schule fliegen sollte."
Tom, 30 Jahre, promovierter Biologe

Die Abwärtsspirale

Das Kind bzw. der Jugendliche erlebt immer schlimmere Maßregelungen, im schlimmsten Fall sogar eine Ausgrenzung. Seine Vermeidungsstrategien werden dadurch auch immer „härter", wie Lügen und Tricksen, auch mit aggressiven Entgleisungen. Dieses Verhalten zieht zunehmend schärfere Maßnahmen nach sich.

Die Abwärtsspirale kann vom Kind nicht durchbrochen werden, weil es sich ja – neurologisch bedingt – nicht anders verhalten kann.

„Damals kapierte ich und kapierte nicht. Ich war zwar traurig, aber meistens nicht besonders lang am Stück. Ich machte mal dies, mal jenes, aber acht Zehntel von mir waren in meinen Träumen. Nur ab und zu traf es mich wie ein Stich – das beneidenswerte Leben der anderen, von denen ich irgendwie wie durch Glas getrennt war: Ich konnte es sehen und hören, aber ich kam da nicht hin."

„Die schleichende Vermutung begleitete mich, dass ich irgendwie unglaublich doof war. Vielleicht mogelte ich deswegen in der Schule ohne Punkt und Komma. Vielleicht war ich dumm, kapierte nichts, nur was gedruckt war und das auch nur so lange, bis ich das Buch zuklappte."
Mara, 30 Jahre, promovierte Juristin

Das Mogeln wird zur Regel, in der Abwärtsspirale entsteht aus Sicht des Umfelds eine gewisse Abstumpfung gegen die erzieherischen Maßnahmen.

„Was mich tatsächlich nie sehr berührte, waren die Kommentare, wie ein einzelner Mensch so trottelig sein konnte. Das nahm ich hin, vielmehr war ich sogar erleichtert, wenn irgend jemand mein Vergessen, Zu-spät-Kommen, Nicht-daran-Denken, Weitererzählen usw. als Trotteligkeit verstand, die es tatsächlich war. Je älter ich wurde, desto weniger war meine Umgebung aber bereit, diese Dinge hinzunehmen. Ein Strom von kopf-

schüttelndem Unverständnis und resigniertem Ermahnen tropfte an mir herunter. Irgendwann waren mir die Ferien bei meiner Großmutter am liebsten: Dort war ich nicht trottelig, weil ich nicht an so viele Sachen denken musste. Ich konnte den Tag über vor mich hinträumen."
Mara, 30 Jahre

Die Selbstwahrnehmung

Vor allem Jugendliche nehmen sehr wohl wahr, dass sie „anders" funktionieren – Verunsicherung und Selbstzweifel sind die Folge.

Über Jahre hinweg Vorhaltungen, Ermahnungen, Kritik – es ist verständlich, dass sich dadurch beim Kind und Jugendlichen ein schlechtes Grundgefühl entwickelt. Im Laufe des Reifungsprozesses versucht speziell der Jugendliche immer wieder, anderen zu gefallen, sich zu bemühen – es klappt nicht. Der entnervte, ungeduldige und hoffnungslose Tadel zermürbt, die eigenen Misserfolge im Umgang mit den Gleichaltrigen kommen dazu und werden durchaus wahrgenommen. Der Vergleich mit den Ergebnissen der Gleichaltrigen lässt manchmal verzweifeln.

„Ich finde es einfach ungerecht. Ich sitze ewig vor den Latein-Vokabeln und die hüpfen einfach nicht in meinen Kopf, während Katharina, meine Banknachbarin, die bestimmt nicht schlauer ist als ich, sie zweimal durchliest und sie dann in der Arbeit kann."
Eva, 13 Jahre

Wird ein Kind bzw. ein Jugendlicher von einem selbstbetroffenen Elternteil erzogen, eskaliert die Situation oft schon frühzeitig: Das Erregungsniveau des Vaters oder der Mutter ist schnell ganz weit oben, Superlative werden benutzt wie „immer", „ständig", „nie"; weit ausholend wird erklärt oder bei der Schuldzuweisung noch alles Mögliche aus der Vergangenheit dazugeholt.

Gerade selbstbetroffene Elternteile wünschen sich (oft die eigene Kinder- und Jugendzeit vergessend) ganz besonders, was Eltern allgemein erhoffen: Der bzw. die Jugendliche sollte regelmäßig lernen, immer alle Hausaufgaben machen, sich vorbereiten, gern von sich aus lernen, zu Hause prompt freundlich reagieren, rücksichtsvoll sein usw.

Kompromisse, die zu irgendeinem Zeitpunkt einmal ausgehandelt wurden, sind rasch vergessen. Jammern, Nörgeln, impulsives „Überfallen" angesichts der unangenehmen Wahrnehmung von Verhaltensweisen des Jugendlichen gestalten die tägliche Kommunikation problematisch:

„ ,So dumm kannst du doch gar nicht sein, du bist viel zu klug, um solche Sachen zu machen, du tust das doch absichtlich' *– mehrfach bat ich meine Mutter, diese Sprüche zu lassen. Sie schaffte es aber nicht. Sie schrie vor Wut und sie kramte immer wieder diesen Satz heraus, weil – und das wusste ich damals ja nicht – sie auch unfähig war, wie ich selbst."*
Mara, 30 Jahre

„Ich hasse es, überfallen zu werden mit einer Idee oder einem Wunsch meiner Mutter, dass ich sofort in Aktion treten soll."
Jörg, 19 Jahre

„Schon wenn ich nach Hause komme und durch die Haustüre trete, spanne ich mich unwillkürlich an, meine Nackenhaare stellen sich, weil ich weiß, dass jetzt wieder alles unter unglaublicher Hektik abgehen wird. Vielleicht habe ich deswegen auch immer das Gefühl, nie alles geschafft zu bekommen."
Kathrin, 19 Jahre

Anspannung, Unsicherheit, Verstimmung sind die Folge.

„Ich wäre so gern normal – cool wie andere, dann ginge sicher alles leichter. Ich bin so schnell auf 180, wie kriege ich meine extremen Gefühle weggesteckt?"
Anja, 18 Jahre

Beziehungen zu anderen Menschen

Das impulsive, unüberlegte Handeln und Urteilen kann sehr verletzend sein.

Menschen mit ADHS brauchen andere Menschen. Und doch ist es für sie fast unmöglich, funktionierende Beziehungen aufrechtzuerhalten, weil sie immer wieder impulsiv reagieren und in ihrem Ungestüm andere tief verletzen können – was sie aber „gar nicht so meinen". Unstimmigkeiten werden „ganz offen" sofort geklärt, weil man ja etwas so nicht stehen lassen kann – obwohl Abstoppen und Nachdenken viel Kummer ersparen könnten ...

Brigitta war allgemein bekannt als witziger und offener Mensch. Ein bisschen chaotisch vielleicht, aber lebenslustig und vor allem schlagfertig. Sie hatte immer viel und Interessantes zu erzählen, konnte gut zuhören und nahm Anteil. Aber es gab auch Menschen, die regelrecht Angst vor ihr hatten, wegen ihrer direkten, teilweise verletzenden Art, die Dinge schonungslos beim Namen zu nennen. Sie selber nahm diese Seite als ein Tier in sich wahr – immer da und unberechenbar, wild, mit großen Fangzähnen und Riesenkrallen, meist fauchend und immer geduckt, mit angespannten Muskeln, zum Sprung bereit. Sie brauchte viel Energie, um dieses Tier in sich zu bändigen, zu kontrollieren, vom Angriff abzuhalten. Vor allen Dingen bei Menschen, die ihr wichtig waren. Sie versuchte mit ihnen behutsam und vorsichtiger umzugehen, spann sie gedanklich in einen Kokon, den es zu beschützen galt. Ein oft hoffnungsloses Unterfangen. Wenn ihr etwas wichtig war, gingen die Emotionen mit ihr durch. Der Kopf „schaltete ab", die Gefühle drängten nach draußen, mussten sich Luft verschaffen. Es gab kaum ein Fett-

näpfchen, das sie ausließ, kaum einen Menschen, den sie nicht schon getroffen hatte. Sie sagte etwas, wenn es besser gewesen wäre, den Mund zu halten. Sie schwieg, wenn es an der Zeit gewesen wäre, etwas zu sagen, um später irgendwann in der falschen Situation zu explodieren. Sie wählte die falschen Worte im falschen Moment, verzweifelte manchmal fast. Auf der einen Seite ihr Gefühl für Menschen und Situationen, fürs Wesentliche und den Kern einer Sache, auf der anderen Seite ihr Kopf, in dem es meist zuging wie in einem Bienenkorb, in dem es so viel zu ordnen gab, was ihre persönlichen Beziehungen betraf. Und als Krönung des Ganzen, das Tier in ihr, das sie so gerne bändigen wollte, um Freunde zu halten und Beziehungen dauerhafter zu gestalten, um Menschen nicht vor den Kopf zu stoßen. Ihre letzte Beziehung hatte sie größtenteils wegen des Tieres in sich verloren – so wie schon einige Male zuvor. Es hat keinen Sinn, sie wird es nie bändigen können. Sie hat auch keine Kraft mehr, wieder und wieder eine Beziehung zu beginnen und den Menschen in ihrem Gefühlsdschungel an das Tier zu verlieren. Sie meldete sich krank, schloss sich zu Hause in ihrer Wohnung ein und ging auch nicht mehr ans Telefon.
Kurzgeschichte von Siggi, 26 Jahre

Das geheime größte Problem sind Verlustängste und Existenzängste.

Aus diesen Erfahrungen heraus entsteht früh eine Verlustangst gegenüber Menschen, die man selbst mag, aber mit denen man immer wieder in Auseinandersetzung lebt. Oft gesellt sich aufgrund der schon früh erlebten Befürchtung, dass „jetzt alles aus sein könnte" angesichts der erlebten Pannen, Fehlschläge und Dramen, eine Existenzangst dazu.

Chaos und Entscheidungsschwäche

Aus Angst zu vergessen, wird gesammelt und gehortet, denn notfalls hat man dann Zugriff auf eine Sache, einen Artikel, eine Notiz, eine Botschaft, eine nette Erinnerung, wenn man

Fundierte, wohl überlegte Entscheidungen sind kaum möglich.

sie besitzt – auch wenn man sie möglicherweise dann im Chaos der Desorganisation gar nicht mehr wieder findet.

Ausmisten geht nur „spontan" – sonst wird bei längerem Betrachten sofort rein emotional „ein Grund" gefunden, warum man den Gegenstand noch braucht. Ein entschiedenes Aufräumen fällt sehr schwer.

Das Problem, Entscheidungen zu treffen, besteht aber auch für alle anderen Bereiche: für oder gegen ein Kleidungsstück, eine Speise, bis hin zu einer Zusage, zu einer Verabredung, für oder gegen einen Menschen – denn kaum hat man einen Gedanken gefasst, ein Argument angenommen, stört schon ein anderes ...

Und daher wird nur spontan – oder gar nicht – entschieden. Diese Entscheidungsschwäche ist für beide Seiten sehr schwierig: für den Mitmenschen, der die Person mit ADHS nicht einschätzen kann, und für die Person mit ADHS selbst, denn sie muss sich nun „durchlavieren".

ADHS – „Kreativitätszeichen" oder Störung?

Immer wieder wird die Frage gestellt, ob das „Chaotische", „Unangepasste", das Menschen mit ADHS kennzeichnet, nicht auch Ausdruck besonderer Kreativität sein könnte.

Man kann natürlich Schwierigkeiten, Anweisungen zu befolgen, auch als „Unabhängigkeit" darstellen und begreifen, die Ungeduld als „Erfolgsorientiertheit", die Ablenkbarkeit durch alles Interessante im Umfeld als „Abscannen nach Anzeichen von Bedrohung", die Hyperaktivität als „erfolgreich im Vorstoß", die Impulsivität als „Reaktionsbereitschaft". Diese Diskussion geht im Wesentlichen auf T. Hartmann zurück. Hartmann (1993) hat erfrischend und optimistisch diesen

64

Aspekt beleuchtet, als er die Verzweiflung seines Sohnes abfangen wollte, dem von seinem behandelnden Arzt schonungslos mitgeteilt wurde, er solle seinen Berufswunsch des Meeresbiologen vergessen, da er eine Gehirnkrankheit habe. Hartmann geriet eher zufällig an Literatur über die Evolution der Menschheit und entwickelte darauf aufbauend seine Theorie von den „Jägern und Sammlern".

Kreative Merkmale bei ADHS

Tatsächlich sind Kinder, Jugendliche und Erwachsene mit ADHS auch oft kreativ, können aus dem Nichts heraus improvisieren, sind in extremen Herausforderungssituationen oft unerschrocken und hochflexibel, einfühlsam, hilfsbereit und tatkräftig. Hyperfokussiert bei Tätigkeiten, die ihrer Neigung entsprechen, vollbringen sie oft Höchstleistungen und kommen auf unkonventionelle Ideen.

Ihr ausgeprägter Gerechtigkeitssinn, nicht nur für sich, sondern auch für andere, macht ihren engagierten Einsatz oft wertvoll und unverzichtbar für andere.

Von der Kreativität zur Störung – ein kleiner Schritt?

Ist die beschriebene Symptomatik aber so ausgeprägt, dass sie die Reifung der Anpassungsfähigkeit tatsächlich stark beeinträchtigt oder gar behindert, ist es in unserer immer diffuseren und schnelllebigen Welt nicht lustig, „mit so einem Kopf auf den Schultern rumlaufen zu müssen".

Wakefields (1992/97) übergreifendes Störungskonzept bezeichnet einen Zustand als Störung, wenn er

- Schaden verursacht bei dem betroffenen Menschen, oder ihn, gemessen an seinen kulturellen Standards, benachteiligt, und
- aus dem Unvermögen gewisser interner Mechanismen resultiert, ihre natürliche Funktion zu erfüllen.

Menschen mit ADHS fallen auch durch unkonventionelle Gedanken und intensive Begeisterungsfähigkeit auf – weist das nicht auf eine besondere Kreativität hin?

Sobald ungewöhnliches Verhalten keine positive Auswirkung hat, sondern für den Betroffenen ständige Probleme schafft, handelt es sich nicht mehr um „Kreativität", sondern um eine Störung.

Dieses Konzept beinhaltet einen entwicklungsbiologischen Ansatz, der das Gehirn und seine Funktion als Manifestation biologischer Mechanismen anerkennt. Obwohl es davon ausgeht, dass psychische Prozesse letztendlich auf biologische Prozesse zurückzuführen sind, setzt es nicht voraus, dass diese ausschließlich auf anatomischer oder physiologischer Ebene beurteilt werden müssen.

Das Konzept betont naturgegebene Strukturen, deren Entfaltung im Individuum fehlgeschlagen sind und vermindert die Wahrscheinlichkeit, dass Zustände als Störung klassifiziert werden, die lediglich aus sozialen oder politischen Gesichtspunkten nicht wünschenswert sind.

Ein Versagen oder ein Defizit ist ein Mechanismus, der bei der natürlichen Selektion entsteht und in einer Völkergruppe universell anzutreffen ist in Form einer Dysfunktion – als Ergebnis von Fakten, nicht eines Werturteils.

ADHS – eine Anpassungsstörung?

Das Versagen, eine Funktion ausführen zu können, wie sie ursprünglich vorgesehen war, ist eine Anpassungsstörung.

Diese Unfähigkeit ist typisch für ADHS und stellt eine ständige Erfahrung dar.

Zu-spät-Kommen – der Unterricht hat bereits begonnen. Drei Augenpaare wandten sich ihr zu: Roman, Maria und der Lehrer. „Irma, Irma", sagte der Lehrer, „erspare uns irgendwelche Entschuldigungen, setz dich einfach hin. Wenn ich für jedes Mal, das zu spät kommst, 5 DM bekäme ..." Er seufzte, dann fuhr er fort. Irma begriff nicht womit. Sie wurde müde und stützte das Kinn auf die Hände. Sie wachte erst wieder davon auf, dass der Lehrer sie angiftete. „Ich würde mir mal überlegen, Irma, wie weit du das noch treiben kannst. Ich weiß, wie du bist, aber alles hat Grenzen!"

Irma setzte das Gerede im Kopf zusammen. Natürlich weiß er, wer ich bin, aber außer geschlafen habe ich doch gar nichts gemacht.

Der Lehrer kam zurück. Ein Schüler sollte Strahlen zerteilen und Irma wollte wirklich aufpassen. Strahlen. Strahlen. Sie sah die Striche vorne an der grünen Tafel an. Strahlen leuchteten doch eigentlich. Strahlen könnten sich durch die Tafel durchfressen. Röntgenstrahlen, Atomstrahlen, oder wie man die nannte, die bei der Atomkraft übrig blieben.

„Die Formel?", fragte der Lehrer ärgerlich.

Irma sah dem Klassenkameraden zu, wie er mühsam die Formel zusammenstoppelte. Seine braunen Haare sahen ungekämmt aus und legten sich zu kleinen Ringellöckchen. Wie Schweineschwänzchen, dachte Irma, im Kinderbuch. Ob Schweineschwänze sich wirklich kringeln, ich habe noch nie ein lebendiges Schwein – „Irma!". Sie sprang auf und bohrte wieder in der Nase, sie hatte ein schlechtes Gewissen. Der Lehrer ließ die Schultern hängen. „Was hast du nur in deinem Kopf, Irma, wo hast du deinen Kopf, ist wahrscheinlich die bessere Frage? Erst sagt Ramon die Formel auf, dann Maria und du hörst noch nicht einmal zu!"

Er wandte sich kapitulierend ab: „Auch egal, genug für heute."

Retrospektiver Bericht einer jungen Erwachsenen

Versagen schafft Leid

Das Versagen bei nicht gleichmäßiger innerer Wachheit, bei Reizoffenheit, Reizfilterschwäche und Impulssteuerungsschwäche bereitet dem Individuum Kummer und Schaden, es schafft Leiden.

Das Versagen impliziert oft das Risiko von Erkrankung und zieht Kosten nach sich. Das Versagen bewirkt Behinderungen in den meisten Lebensaktivitäten.

Wenn aus der Störung eine Krankheit wird

ADHS ist eine Störung; wird sie nicht erkannt, können sich daraus weitergehende Störungen und Krankheiten entwickeln. Oft wird dann diese Erkrankung isoliert betrachtet und kein Zusammenhang mit dem ADHS erkannt. Dann bleiben natürlich auch Therapieversuche oft wirkungslos.

ADHS ist eine Anpassungsstörung.

Typisches Beispiel sind die Magersucht und auch die Bulimie, die auch heute noch beinahe ausschließlich auf eine gestörte Mutter-Kind-Beziehung in den ersten Lebensjahren zurückgeführt werden. Dabei können auch ihnen ein ADHS zugrunde liegen.

Das Leid gerade der oft jahrelang fehleingeschätzten Jugendlichen und jungen Erwachsenen lehrt Vorsicht walten zu lassen bei der Entwicklung vorschneller Hypothesen und der Interpretation, Störungen entständen nur „psychoreaktiv".

Diese Leidensgeschichte wird in dem Bericht über die Verhaltenstherapie einer 20-jährigen Patientin deutlich:

Bei einer komplizierten und spät gestellten Doppeldiagnose einer Aufmerksamkeitsdefizit- / Hyperaktivitätsstörung des vorwiegend unaufmerksam und emotional impulsiven Typus in jugendlicher Residualform und einer erheblichen Ess-Störung, im letzten Jahr noch als Anorexia nervosa und einem BMI von 16,0, mit inzwischen deutlicher Gewichtszunahme und erheblicher depressiver Verstimmung, wünscht die Patientin dringlich eine Fortführung der ambulanten Behandlung. Im Frühjahr 1995 wurde sie stationär akut mit Zwangsernährung behandelt. Zwei weitere, längere stationäre Aufenthalte erfolgten dann in der psychiatrischen Abteilung einer anthroposophischen Klinik noch im selben Jahr mit einer Familientherapie, die jedoch vollständig fehlschlug.

Die Erstvorstellung bei der Behandlerin erfolgte im Sommer 1996. Die Patientin konnte sich zunächst etwas stabilisieren, er-

litt nach sehr gutem Realschulabschluss aber zu Beginn der 12. Klasse des Gymnasiums einen krassen Leistungseinbruch mit erheblicher Depression. Deshalb wurde dringlich eine neuerliche stationäre Aufnahme in einer psychosomatischen Fachklinik empfohlen, die von der Patientin jedoch nach drei Wochen wieder abgebrochen wurde.

Die Patientin konnte trotz sehr guter Kognitionsfähigkeit in ihrem schwierigen Umfeld zu Hause nicht lernen, mit ihrer erheblichen Impulsivität und Affektlabilität umzugehen. Die Schwierigkeiten zu Hause ergaben sich dadurch, dass auch die Mutter an einem ADHS litt und die Patientin zu Hause und in der Schule wenig Halt hatte. Infolge ihres großen Ehrgeizes (und einem hier guten mütterlichen Vorbild – die Mutter holte gerade eine Ausbildung nach) konnte sich die Patientin allerdings hinsichtlich ihrer Aufmerksamkeitslabilität enorm disziplinieren und hatte sehr gute Schulerfolge.

Die Patientin hatte Probleme, auf eine Aufforderung hin sofort zu reagieren, war rasch begeistert, gab aber auch rasch wieder auf, versuchte bei Misserfolgen gegen zu reden oder zu vermeiden, was immer wieder zu massiv verbalisierenden Appellen und zu heftiger Schuldzuweisung führte. Die Mutter versuchte sichtlich, alles bei ihrer Tochter „wegzuerziehen", was sie von sich selbst in ihr wiedererkannte. Daneben hatte der Großvater schon ganz früh die feste Erwartung an die Patientin gerichtet, dass sie Bundeskanzlerin (!) werden sollte.

Im ständigen Erleben, von anderen nicht akzeptiert zu sein, den eigenen Ansprüchen nicht zu genügen, begann die Patientin ab dem 14. Lebensjahr auf ihr Äußeres zu achten. Sie interpretierte ihre Misserfolge nur durch „schlechtes Aussehen". Nach einem Liebeskummer begann sie, gezielt zu hungern, was die problematische Aufmerksamkeit der Mutter auf sie noch verstärkte. Die strikte, ungeduldige Kontrolle verschärfte sich. Es folgte die schwierige Entwicklung, dass die Patientin immer mehr „herumschleckte", sich immer mehr in ihre Ess-Störung verstrickte, dabei immer depressiver und verschlossener wurde. Die Mutter ihrerseits, deren eigene ADHS-Problematik nie erkannt worden war, wurde immer verzweifelter und reagierte immer extremer.

Mit dieser Symptomatik und der Uneinschätzbarkeit ihres Gesamtverhaltens kontrollierte die Patientin die Eltern, der Kummer mit ihrem eigenwilligen Verhalten und der Gewichtsabnahme wurde zur aufrechterhaltenden Bedingung für vermehrte und heftige Überkontrollen speziell der Mutter. Dabei stellte die Mutter ein für die Patientin sehr schwieriges Modell dar. Es entstand damit die Situation, dass die Patientin die Mutter und sich selbst immer mehr abwehren musste und immer verstimmter reagieren musste. Und so erlebte sie tatsächlich, dass andere sich von ihr vermehrt abwandten.

Die Behandlungen, die erst spät und oft nach vielen vorhergehenden vergeblichen Versuchen beginnen, sind für alle Beteiligten mühsam, zeitaufwendig und dauern lang.

Die Diagnose – und die Probleme damit

Die besten Chancen für eine gute Entwicklung bestehen, wenn die Diagnose „ADHS" frühzeitig gestellt wird. Echte Hilfestellung erfährt man aber nur von Fachleuten, die mit dem Störungsbild gut vertraut sind.

Wie wird die Diagnose gestellt?

Die Eltern, aber auch das Kind bzw. der Jugendliche selbst, sollten sich vom diagnostizierenden Fachmann verstanden und angenommen fühlen können. Erklärungsmodelle müssen logisch nachvollziehbar und stimmig sein.

Eine Diagnosestellung sollte so früh wie möglich erfolgen, am besten schon im vierten Lebensjahr und zwar durch einen erfahrenen Kliniker, einen Arzt oder Diplompsychologen. Eine eingehende Störungsbildkenntnis der Fachleute ist dabei unumgängliche Voraussetzung.

Der Diagnostiker muss die Eltern in ihrer Besorgnis ernst nehmen, denn schließlich kennen sie ihr Kind bzw. ihren Jugendlichen am besten. S. Goldstein drückte dies 1998 auf der 10. CHADD-Konferenz in seinem Vortrag folgendermaßen aus: „Hände weg von Diagnostikern, die nach kurzem Blick oder von vornherein wissen, was los ist. In der Beratung und Erklärung nach sorgfältiger Diagnose müssen verständliche und umsetzbare Hilfen gegeben werden (‚When it doesn't fit, what you are told – quit!')."

Wenig sinnvolle Diagnosemethoden

„Weichzeichnende", d. h. verharmlosende Diagnosen, der Hinweis, „das lege sich schon", oder die Feststellung, dass (in der für das Kind bzw. den Jugendlichen neuen und interessanten Untersuchungssituation) die geschilderten Verhaltensauffälligkeiten nicht zu beobachten sind, nützen niemandem.

Genauso wenig sinnvoll ist die Diagnostik, die im Kindesalter im Wesentlichen auf Videobeobachtung gestützt wird. Dieses Medium ist in der Therapie unter Umständen sehr sinnvoll einzusetzen und hilfreich, erspart aber in der Diagnosephase keinesfalls sorgfältiges Befragen, Testen und Beobachten. Aus Zeit- und Kostengründen wird diese „Videodiagnostik" leider immer mehr eingesetzt und als souverän propagiert.

Gerade in der Pubertät und Adoleszenz ist die differenzialdiagnostische Abklärung oft nicht ganz einfach. Leider wird mancherorts in der ausführlichen Anamneseerhebung noch viel zu wenig nach syndromtypischen Eigenschaften und Verhaltensweisen gefragt, aber sehr schnell auf reaktive Probleme, wie z. B. Angst oder Depression, geschlossen.

Das multiaxiale Klassifikationsschema

Die Diagnose sollte möglichst anhand des multiaxialen Klassifikationsschemas psychischer Störungen des Kindes- und Jugendalters nach ICD-10 der WHO gestellt werden – auch noch beim jungen Erwachsenen. Dieses Diagnoseschema ermöglicht eine komplexe Erfassung der Gesamtbeeinträchtigung eines Menschen und bietet die Möglichkeit zur differenzialdiagnostischen Abgrenzung (d. h., es lassen sich unter Umständen die Schwierigkeiten auch anders erklären).

Auf Achse 1 sollte das klinisch psychiatrische Syndrom nach ausführlicher Befragung zur lebensgeschichtlichen Entwicklung und Abprüfung der Symptome diagnostiziert werden. Spezielle Fragebögen können dabei hilfreich sein.

Achse 1 – das klinisch psychiatrische Syndrom

Auf Achse 2 müssen umschriebene Entwicklungsstörungen, die häufig dazukommen, wie Lese-Rechtschreib-Schwäche oder Rechenschwäche eingeschätzt bzw. abgeklärt werden.

Achse 2 – Entwicklungsstörungen

Auch noch Jugendliche und junge Erwachsene mit ADHS kämpfen oft mit Lese- und Rechtschreibproblemen.

Syndromtypisch haben sie oft die Buchstabengestalt nicht ausreichend verautomatisiert, auch die graphomotorische Umsetzung fällt schwer, der oberflächlich-überhüpfend-abtastende Wahrnehmungsstil macht sinnerfassendes und bedeutungsstiftendes Lesen schwierig.

Auch die Aufmerksamkeit, u. a. die Daueraufmerksamkeitsspanne, sollte hier abgeklärt werden, und zwar durch Tests mit Papier und Bleistift oder mit dem Computer (TOVA, CPT). Allerdings ist ein gutes Ergebnis hier in der 1:1-Situation oder am hoch motivierenden Computer kein zwingendes Ausschlusskriterium für ADHS!

Achse 3
– Entwicklungs-
stand und
Intelligenzquotient

Auf Achse 3 sollte mit Testdiagnostik der Entwicklungsstand / der Intelligenzquotient ermittelt werden.

Achse 4
– körperliche
Symptomatik

Auf Achse 4 sollte eine gegebenenfalls vorliegende körperliche Symptomatik abgeklärt werden. Der Wahrnehmungsstil des ADHS kommt selbstverständlich auch vor bei einem Jugendlichen / jungen Erwachsenen, der z. B. Diabetes oder Asthma oder eine Seh- oder Hörschwäche hat, unter einer Körperbehinderung oder einem Anfallsleiden usw. leidet.

Ein Zusammenhang zwischen körperlicher Symptomatik und ADHS kann aber bestehen: So haben z. B. 40 bis 50 Prozent der Kinder und Jugendlichen mit einer chronischen, motorischen Tic-Störung (Gilles-de-la-Tourette-Syndrom) gleichzeitig auch ADHS (der Umkehrschluss ist nicht zulässig). Viele Patienten mit Neurodermitis haben ADHS. Es zeigt sich in jüngster Zeit einerseits, dass ADHS vor keinem Gesundheitszustand Halt macht und in jeder Intelligenzlage auftritt – andererseits gibt es offensichtlich Erkrankungen, die häufig mit ADHS auftreten (z. B. Schielen, Migräne).

Achse 5
– psychosoziale
Umstände

Auf Achse 5 sollten assoziierte, aktuelle, abnorme psychosoziale Umstände, wie z. B. Schulschwierigkeiten oder Ausgrenzungstendenzen, eingeschätzt werden. Inwieweit hat der Jugendliche eine gewisse Außenseiterposition? Lässt sich z. B. eine abnorme Streitbeziehung mit Mitschülern beobachten? Inwieweit ist das Verhalten störend?

In diesem Zusammenhang wird auch nach auffälligen intrafamiliären Beziehungsstrukturen gefahndet, nach einer eventuellen psychischen Störung, nach abweichendem Verhalten eines Familienmitglieds, abnormen Erziehungsbedingungen oder problematischen Umgebungsfaktoren. Auch akute belastende äußere Lebensumstände des Jugendlichen, wie z. B. die Erziehung im Heim, müssen hier zusammengetragen werden.

In seiner Klasse hatte der Junge eine deutliche Außenseiterposition bei ständigen sozialen Problemen mit Mitschülern. Im Bereich Computerkenntnisse hatte er hingegen eine herausragende Stellung und konnte dadurch sein Selbstwertgefühl etwas stabilisieren; in allen anderen Bereichen stand er eher am Klassenrand. Es ließ sich eine abnorme Streitbeziehung zu Mitschülern beobachten. Auffälligkeiten wie eine Vorliebe für Feuer, Feuerwerkskörper und alles, was mit Feuer und Brand zusammenhing, ließen sich feststellen. Dadurch entstanden mehrere gefährliche Situationen, auch wiederholtes störendes Verhalten. Die Schulsituation im ersten Halbjahr der 9. Klasse war durch einen sozialen Rückzug und Schulverweigerung gekennzeichnet. Der Junge verlor das Zutrauen in seine Fähigkeiten, wodurch sich eine gravierende Misserfolgserwartung ergab. Dabei kamen neben der ausgeprägten ADHS-Problematik sicher pubertäre Verhaltensweisen hinzu. Es ergab sich schließlich, dass er die Schulleistung verweigerte, keine Aufgaben mehr erledigte und auch keine Arbeiten mehr mitschrieb. Dies hätte mit Sicherheit zu einem Schulversagen geführt, wenn dies auch noch nicht konkret an den Noten direkt erkennbar war. Bei dieser Problematik handelte es sich wohl um ein Dekompensationsphänomen einer zugrunde liegenden ADHS-Problematik, die nicht mehr aufgefangen werden konnte.
Eine gute kinder- / jugendpsychiatrische Befundung eines Jugendlichen auf Achse 5.

Speziell in der Pubertät kommt es öfter zu sozialem Rückzug und Schulverweigerung; dabei ist die Misserfolgserwartung des Jugendlichen abzuklären.

Achse 6
– psychosoziale
Anpassung

Auf Achse 6 muss eine Globalbeurteilung der psychosozialen Anpassung erfolgen mit der Einschätzung eines Schweregrads der Abweichung, damit entsprechend gezielte Maßnahmen geplant werden können.

Nicht selten übersteigt in der Pubertät / Adoleszenz das Störungsbild den Krankheitswert und erreicht das Ausmaß einer „Bedrohung durch eine seelische Behinderung".

Das Problem der Selbstwahrnehmung

Menschen mit
ADHS haben
Schwierigkeiten,
ihre Probleme
„objektiv"
darzustellen.
Darauf muss beim
Diagnosegespräch
geachtet werden.

Menschen mit ADHS sehen nicht nur die Welt, sondern auch sich selbst „anders". Sie können kaum „objektiv" über sich und ihre Schwierigkeiten berichten. Das Über-sich-berichten-Können mit Zugang auch zur eigenen Gefühlswelt setzt erst recht spät ein. In der Pubertät ist dies meist noch nicht möglich, sondern erst im jungen Erwachsenenalter. Die Selbstwahrnehmung stimmt oft nicht mit der Fremdwahrnehmung überein. Alte Zeugnisse und frühe Beschreibungen aus der Kinderzeit sind für den Diagnostiker hilfreich. Auch noch beim älteren Jugendlichen und jungen Erwachsenen kann ein Elterngespräch gut ergänzen. Da auch die Selbstverbalisierung, d. h. das Formulieren der eigenen Probleme, oft sehr schwer fällt, erscheinen Fragebogen nicht nur zur Erfassung des Syndroms an sich, sondern auch zur Abklärung der individuellen Befindlichkeit unverzichtbar. Im Wiedererkennen funktioniert die Selbstwahrnehmung oft besser.

„Als ich die Brown-ADHS-Scales ausfüllte, habe ich mich zum ersten Mal so richtig mit meinen Schwierigkeiten erkannt – woher wissen die Leute, die den Fragebogen machen, wie ich funktioniere? Ich glaube, ich hätte das so konkret gar nie äußern können."
Jana, 23 Jahre

Der erste Eindruck eines Jugendlichen oder jungen Erwachsenen mit ADHS kann vollständig täuschen: Wenn das Gegenüber ein freundliches Gesicht macht, empathisch und annehmend ist, wird der junge Patient unter Umständen mit strahlendem Gesicht dasitzen und bei der Frage nach Problemen äußern, dass er eigentlich gar keine hat.

Oder aber er wird mit freundlichem Lächeln fürchterliche Dinge berichten, sodass man sich des Eindrucks nicht erwehren kann, dass die Emotion nicht mit den gedanklichen Inhalten übereinstimmt.

Sehr schmal, aber hübsch anzusehen, offen-charmant lächelnd und sehr gepflegt, berichtet die 21-jährige Nora im Plauderton, dass sie Hilfe in einer Anschlusstherapie sucht. Sie war gerade 4 Monate wegen einer restriktiven Anorexia nervosa (Magersucht) in einer psychosomatischen Fachklinik. Im Studium habe sie sich davor auf 32 kg Körpergewicht heruntergehungert und sei dann bei völliger Kraftlosigkeit und großer Durchliegewunde ins Krankenhaus eingeliefert worden.

Die deutliche seelische Entwicklungsverzögerung von in der Regel 30 Prozent, in schweren Fällen aber auch stärker ausgeprägt, kann bei oberflächlicher Betrachtung angesichts des Lächelns, der aufbrausenden Art, der Tendenz zu ziellosem Verhalten, der Faxen, der flach und unangemessen wirkenden Gefühle und häufig syndromtypischen, weitschweifigen und „zerfahrenen" Reden mit wenig flüssiger, unzusammenhängend wirkender Berichterstattung gegebenenfalls sogar als „hebephrene Schizophrenie" eingeschätzt werden. Die Folgen bei einer gegebenenfalls angesetzten Behandlung sind höchst negativ. Deshalb muss genau hingeschaut und abgeklärt werden – der Diagnostiker darf sich durch das „unangemessene" Verhalten in Mimik, Gestik und Tonfall nicht täuschen lassen.

Da sich die Symptomatik in der Diagnose manchmal überhaupt nicht zeigt, der Betroffene ganz im Gegenteil gefasst und ruhig wirkt, besteht die Gefahr einer Fehldiagnose.

Das Aufklärungsgespräch

In vielen Fällen müssen Mehrfachdiagnosen gestellt werden; jeder Therapieplan muss individuell erarbeitet werden.

Dann sollte dem Jugendlichen oder jungen Erwachsenen das Ergebnis wertfrei und ohne jegliche Schuldzuschreibung mitgeteilt werden. Die abschließenden Erläuterungen sollten nicht im Beisein der Eltern gemacht werden. In separaten Gesprächen sollten mit den Eltern und dem Jugendlichen Diagnose und Behandlungsansätze besprochen werden. Selbstverständlich sollten am Anfang immer erst einige positive Einschätzungen stehen.

Besondere Beachtung sollte der Tatsache geschenkt werden, dass in aller Regel ein, nicht selten sogar beide Elternteile ebenfalls betroffen sind, oftmals mit großer Auswirkung auf die Behandlung.

Was kennzeichnet den reiferen Erwachsenen mit ADHS?

Im Erwachsenenalter zeigen sich beim „Syndrom der Extreme" funktionelle Auswirkungen als unwillkürliche Selbstsabotagemethoden:
- Der Erwachsene schiebt Unangenehmes bis zum äußerst möglichen Zeitpunkt, um sich im letzten Moment unter Hochdruck ans Werk zu machen, oder
- er stürzt sich bei hoher Motivation regelrecht in eine Sache hinein, steckt zu viel in zu kurze Zeiträume hinein.
- Bei Überbewertung der Eigenanteile in einem Konflikt neigt er ständig dazu, sich zu rechtfertigen, oder
- bei Unterbewertung der Eigenanteile neigt er dazu, andere regelrecht niederzuwalzen.

- Auf etwas „eingestellt", was jetzt passieren soll, kann er oft regelrecht rigide sein oder
- extrem flexibel, wenn er auf alles gefasst ist und eine Situation vorfindet, in der es „richtig darauf ankommt".
- Er kann oft nicht „nein" sagen und extrem gutmütig wirken, dann aber, genervt, eine abrupte, harsche Abfuhr erteilen.
- Ebenso wie der Jugendliche entscheidet er entweder impulsiv „aus dem Bauch heraus" oder
- er kann sich überhaupt nicht entscheiden.
- Er schwankt zwischen extremen Selbstzweifeln und Sendungsbewusstsein.
- Auch er fängt viel an, bringt aber bei nachlassender Motivation und mangelnder willentlicher Kompensation vieles auch nicht fertig; er kämpft im Wesentlichen den „gleichen Kampf".

Zunehmend werden auch Fragebogen für Erwachsene entwickelt; die differenzialdiagnostische Abklärung des reiferen Erwachsenen muss genauso sorgfältig wie im jüngeren Alter erfolgen und sollte immer vorgenommen werden, wenn z. B. eine „irgendwie ganz schlecht" zu behandelnde Angst, Depression oder Suchterkrankung besteht.

Typische „Stolperfallen" im Alltag

Nicht selten kommt der Erwachsene lange ganz gut mit sich zurecht, vor allem wenn er einen Beruf hat, in dem er aufgehen kann (allerdings kann er sich dann rasch zum „Workaholic" entwickeln). Die ADHS-Problematik zeigt sich in diesem Fall oft nur in kleineren „Pannen" im Alltag und Beruf, an die er sich längst gewöhnt hat. Die Auseinandersetzung mit seinem betroffenen Kind oder Jugendlichen kann dann aber zum „Stolperstein" für diese Kompensation werden und eine genauere Betrachtung nötig machen.

Syndromtypische Stolperfallen für die Alltagsbewältigung sind:

- **mangelhaftes „Management der Gegenstände"**
- beim Ablegen und Verwalten von Papieren (überall Stapel)
- bei allgemeiner Ordnung im Haushalt (chaotisches Durcheinander)
- beim Aufbewahren von Gegenständen persönlichen Bedarfs an wieder erinnerbaren Plätzen („Wo ist denn nun schon wieder ...")

oder aber:

- das penible Gegenteil („zwanghaft kompensierend") mit gegebenenfalls auch Sammeln und Horten

- **mangelhaftes „Zeitmanagement"**
- bei der Zeitverlaufswahrnehmung (z. B. keine Analoguhr am Arm, zu viel wird in zu kurze Zeiträume gepackt)
- bei vereinbarten Zeitpunkten (chronische Unpünktlichkeit)

oder aber:

- das penible Gegenteil

- **mangelhafte Fähigkeit, vorausschauend und zielführend zu planen**
- bei der Erinnerung notwendiger Unterlagen oder Gegenstände für Arbeit, Schule, Verabredung („Du hast doch nicht etwa die Theaterkarten vergessen?")
- bei Abruf des richtigen Zeitpunktes für die Erledigung zukünftig wichtiger Dinge

- **mangelhaftes Finanzmanagement**
- Rechnungen erst bei der zweiten Mahnung bezahlen
- Rechnungen „lose" aufheben und erst anlässlich der lang hinausgeschobenen Anfertigung der Steuererklärung abheften

- Einkaufen ohne Plan („Impulskäufe")
- unzureichendes Abschätzen, wie viel Geld zur Verfügung steht

Die Abgrenzung von anderen Störungsbildern

Die Diagnose „ADHS" ist nicht immer einfach zu stellen. Viele Symptome können auch anderen Störungsbildern zugeordnet werden. Kritiker warnen daher unaufhörlich vor der Verwechslung von ADHS mit anderen Störungsbildern.

Viele Symptome des ADHS können auch anderen psychischen Erkrankungen zugeschrieben werden; bei einer „falschen" Therapie ist aber keine Besserung zu erkennen.

. . . und was noch alles dazukommen kann

In seinem Übersichtsreferat „Complicated Cases of ADHS" verweist Th. Brown (1999) auf die aktuelle Datenlage in der Forschung, in der sich mehr und mehr ADHS als Risiko für die Entwicklung zusätzlicher Störungen darstellt. Das heißt, dass sich infolge eines ADHS weitere Störungen entwickeln können.

Umgekehrt bedeutet dies, dass eine Vorstellung beim Diagnostiker auch aufgrund dieser anderen Störung erfolgen kann; für eine wirksame Therapie muss dann aber erkannt werden, dass ein ADHS zugrunde liegt.

Zur Klärung dieser Frage ist die Vorgeschichte in der Kindheit entscheidend wichtig. Dabei müssen aber folgende Punkte berücksichtigt werden:
- Intelligenz kann viel kompensieren.
- Mädchen können durch Rollenerwartung und den Versuch, sozial erwünscht zu erscheinen, oft bis ins Erwachsenenalter „unauffällig" wirken.

Bei der Abgrenzung zur **Depression** sei darauf hingewiesen, dass bei ADHS

Abgrenzung zur Depression

- innere Unruhe und Rastlosigkeit lebenslang bestehen (nicht nur ein vorübergehendes „Agitiertsein").
- keine generelle Antriebslosigkeit besteht, sondern nur „Langweiliges" nicht begonnen werden kann.
- in einer neuen Situation, weg vom Alltag, plötzlich Hochstimmungen auftreten können.
- therapieresistente Ein- oder Durchschlafstörungen mit morgendlicher Müdigkeit bestehen (nicht: Aufwachen um 3.00 Uhr oder exzessiver Schlaf).
- das Gefühl der Wertlosigkeit *nach* jahrelangem Misserfolg entsteht (Weiß & Hechtmann, 1993).

Auch Impulsivität, Ungeduld und aktive Kompensationsversuche gehören nicht zum Bild der „major depression", sondern zur „atypischen, agitierten, lavierten Depression" (= ADHS?).

Angststörungen

Ebenso kritisch müssen **Angststörungen** hinterfragt werden. Bei ADHS entsteht Angst bei chronischer Anspannung als Ergebnis des „Aufschiebens", als Erwartung von Enttäuschung und Misserfolg, als Ergebnis des Sich-Hineinsteigerns, als Reaktion auf die Spontanbewertung einer verzerrt wahrgenommenen Begebenheit. (Mit fünf Jahren hat das Kind „panische Angst" vor dem Hai, mit zehn Jahren eine ebenso absurde Angst vor Einbrechern – vor anderen Dingen aber überhaupt keine!)

> *Soziale Phobien sind bei ADHS in der Entwicklung häufig zu beobachten. Diese hängen mit der zunehmenden Unsicherheit infolge mangelnden Selbstbewusstseins zusammen; sie entstehen durch den Versuch, sich an anderen zu orientieren, aber nicht „anzukommen".*

„Einfachster Beweis" für ein zugrunde liegendes ADHS bei Angst: Keine der klassischen Angstbehandlungen (wie z. B. Exposition) hilft wirklich und anhaltend.

Zwanghaft kompensierende Menschen mit ADHS können dependent werden, aber: „zwanghaftes" Sammeln, Spielen, Kaufen, Trinken, Essen oder das Eingehen von Hochrisiken sind, impulsiv ausgeführt, um langweiligen oder frustrierenden Situationen zu entgehen, ADHS zuzuordnen und werden nicht primär durch extrem angstbesetzte Zwangsgedanken hervorgerufen (die sich jedoch entwickeln können).

Überkontrolle und Abhängigkeiten

Viele Symptome von ADHS ähneln dem Zustand bei Substanzmissbrauch. Wenn aber „der Zustand" auch nach dem Entzug nach fünf bis sieben Tagen und immer noch nach drei Monaten bestehen bleibt, muss an ADHS gedacht werden.

Die große Frage ist, inwieweit **Persönlichkeitsstörungen** von ADHS abgegrenzt werden müssen. Antisoziale Persönlichkeitsstörungen mit frühem Beginn sind inzwischen weitgehend klar ADHS zugeordnet (vgl. Petermann / Kusch / Niebarth, 1998).

Persönlichkeitsstörungen

Die manisch-depressive Erkrankung unterscheidet sich von ADHS schon in der Kinderzeit durch extrem lang anhaltende Wutanfälle (mehrere Stunden); dagegen erfolgen die Stimmungswechsel bei ADHS rasch und nicht zyklisch. Auch die Ideenfluchten oder das Gedankenrasen in der manischen Phase heben sich deutlich von ADHS ab.

Manisch-depressive Erkrankung

Schizophrene Störungen sind gut abgrenzbar; sie gehen einher mit übermächtigen Ideen und Wahnvorstellungen und deutlich „eigenwilliger" Sprache.

Schizophrene Störungen

Aber: Gerade in der Pubertät und im jungen Erwachsenenalter gibt es bei ADHS in der Verzweiflung auch mal „psychotisch anmutende Exzesse"; sie treten ohne Halluzinationen, magisches Denken und lockere Assoziationen auf, aber mit

Vorstellungen „ganz eigener Art" und mit impulsivem Hinein-
steigern. Sie muten wahnhaft an und entbehren einem ausrei-
chenden Realitätsabgleich.

Wird ein Patient mit ADHS mit Neuroleptika behandelt,
verschlechtert sich sein Zustand – wird ein Schizophrener
mit Stimulanzien behandelt, verschlechtert sich dessen Zustand.

Borderline-
Persönlichkeits-
störung

Ein großes Rätsel ist die Borderline-Persönlichkeitsstörung.
Hier bestehen hochgradige Identitätsprobleme, ein chronisches Gefühl der inneren Leere, instabile bzw. intensive zwi-
schenmenschliche Beziehungen, extreme Denkformen und
chronische Suizidalität.

Aber: Der klinische Alltag zeigt, dass möglicherweise ADHS
die „biologische Grundlage" darstellen kann bei einer „invali-
disierenden Umgebung" (vgl. Linehan, 1996).

Traumatische
Erfahrungen

Wenn ein **Trauma** erfolgte, (z. B. sexueller Missbrauch, Ge-
walterfahrung) kann möglicherweise bei ADHS durch die
Reizfilterschwäche und Impulssteuerungsschwäche mit der
ständigen Gefahr des Wiederaufflackerns der traumatischen
Erinnerung („flashbacks") die kognitive Verarbeitung behindert werden. Der Patient kommt über das Trauma nicht hinweg.

Organische
Störungen

Organische Störungen, z. B. bei Erkrankungen der Schild-
drüse, Kopfverletzungen, Hirntumoren u. a., sind gut und eindeutig von einem ADHS abgrenzbar. Dies gilt auch für epilep-
tische Erkrankungen.

Eine differenzialdiagnostische Abgrenzung darf nie
vorschnell und ausschließlich erfolgen. Viele Patienten
haben „Mehrfachdiagnosen", die auch eine „Mehrfach-
behandlung" benötigen.

Zur aktuellen Diskussion der oft entstehenden zusätzlichen Probleme

1. Prof. Hill forderte 1997 auf der ersten europäischen Konferenz über ADHS in Oxford grundsätzlich, dass bei jedem Kind / Jugendlichen mit einer Angststörung, einer Depression (einschließlich Suizidandrohung) oder einer Störung des Sozialverhaltens die Frage eines Vorliegens von ADHS abgeklärt werden muss.

2. Auch Depression wird in Kombination mit ADHS häufig gefunden (31 bis 57 Prozent, nach u. a. Groen et al., 1997, Kovacs & Devlin, 1998). Wenn in diesen Fällen nur die Depression behandelt wird, sind die Behandlungsverläufe schlecht.

3. A. Robin fasst 1998 in seiner hervorragenden Übersicht über die Komorbiditäten und die Differenzialdiagnose bei ADHS bezüglich der Depression zusammen, dass Kinder / Jugendliche mit ADHS bei ihrer syndromtypischen Affektlabilität oft reaktiv depressiv sind, aber deswegen nicht immer alle Kriterien der „major depression" erfüllen. Eher wenige Patienten erfüllen das Vollbild. Die heftigen Verstimmungen sollte man, so Robin, eher als „Traurigkeitssyndrom" bezeichnen, da der große Unterschied zur klassischen Depression darin liegt, dass die meisten depressiven Kinder und Jugendlichen mit ADHS an interessanten, neuen Aktivitäten durchaus Interesse haben.

Angst haben viele Kinder / Jugendliche mit ADHS. Biedermann et al. (1992) sahen hier Überschneidungen von 27 bis 30 Prozent.

Generalisierte Angststörungen sind differenzialdiagnostisch gut abgrenzbar, da ausschließlich ängstliche Kinder, Jugendliche und Erwachsene kein durchgehendes Muster des verzögerten Beginnens einer Aufgabe oder der Impulssteuerungsschwäche zeigen.

Ein Blick in die Wissenschaft

4. Gegenwärtig wird das „Sisi-Syndrom" von B. Voll diskutiert – die schwere Depression der vor 100 Jahren ermor-
   deten Kaiserin Elisabeth von Österreich, die ihre krank-
   hafte Unruhe und ihre Ängste mit vielfältigen Aktivitäten
   heftig zu bekämpfen versuchte. Als Kind war sie ein sehr
   kontaktoffenes, impulsiv-überschäumendes, charmantes
   kleines Mädchen. Sie zeigte alle Anzeichen einer Affektlabilität. Ist sie, so die FAZ am 8. 8. 1999, die Urahnin der
   „modernen Erscheinungsform der Depression" – die keine
   „andere Depression" sei, so Voll 1998, sondern „nur eine
   andere Strategie der Selbstbehandlung"? Diese „andere
   Depression" äußert sich in Unrast, Freudlosigkeit, Dauer-
   grübeln und ist schwer zu explorieren. Wie seinerzeit bei
   Sisi zeigt sich dabei auch noch in Tiefs ein charmantes, at-
   traktives, mutiges Auftreten ...

5. Die intensive Forschung über die entstehenden Komorbiditäten (Biederman et al., seit 1996, Barkley, 1997 und viele
   andere) erweitert die Notwendigkeit der Differenzialdiagnose ADS / ADHS bei Vorliegen einer Dysthymie (d. h. einer ängstlich-depressiven Verstimmung), der Entwicklung
   von Persönlichkeitsstörungen und bei Substanzmissbrauch, vor allen Dingen Alkohol und Marihuana / Hasch,
   Kokain, sowie bei Spiel-, Kauf-, Risiko-, Geschwindigkeits-
   und Ess-Süchten.

6. Harrington et al. (1990) wiesen (in einer Untersuchung
   über Depression!) nach, dass die Kinder und Jugendlichen, die auch „Verhaltensstörungen" aufwiesen, als Erwachsene signifikant häufiger Persönlichkeitsstörungen
   und Alkoholmissbrauch zeigten.

7. A. Robin betont 1998, dass eine angstinduzierte Zwangs-
   störung mit kompensatorischer Überkontrolle sorgfältig abgeklärt werden muss. Durch Traumen kann auch jemand mit
   ADHS eine posttraumatische Belastungsstörung entwickeln!

8. 1998 wies T. Wilens vom Massachusetts General Hospital und der Harvard Medical School auf den dysphorischen Subtyp der dissozialen Störung (mit frühem Beginn!) hin. R. Loeber betonte schon 1990 eindrucksvoll den Zusammenhang zwischen „hyperkinetischer Störung" und Aggression.

   Auch bei Mädchen und Frauen wird dies beobachtet (Loeber & Keenan, 1994), bei zusätzlich entsprechenden Risikofaktoren für Delinquenzentwicklung, wie z. B. Vernachlässigung, Abwesenheit der Eltern, Einfluss devianter Gleichaltriger usw.

   Nach R. Barkley (1990) zeigen 40 bis 50 Prozent der Jugendlichen mit ADHS eine Störung des Sozialverhaltens.

9. 1997 wurde der Fall einer 25-jährigen Patientin mit Ess-Störung (Bulimia nervosa) bei seit der Kinderzeit diagnostiziertem ADHS beschrieben (Schweickert, Strober & Moskowitz), der erfolgreich mit Methylphenidat und Psychotherapie behandelt wurde. Auch Hallowell & Ratey (1994) weisen auf Ess-Störungen bei ADHS hin. Mangelhafte Selbstkontrolle und Impulsivität kennzeichnen u. a. Bulimie – und ADHS (Robin, 1998).

10. Mehr emotionale Störungen, schlechtere Schulabschlüsse und spätere Probleme am Arbeitsplatz, eine erhöhte Unfallgefahr als Fußgänger, Radfahrer und als junger Führerscheinbesitzer werden bei ADHS beschrieben, ebenso wie häufigere strafbare Handlungen im Straßenverkehr. Schon 1990 wiesen Barkley et al. darauf hin, dass oft frühzeitig Nikotinkonsum entsteht.

   In seiner Studie über nachuntersuchte junge Erwachsene sieht R. Barkley 1997 auch eine früh einsetzende sexuelle Aktivität mit der Gefahr, sich ohne entsprechende schützende Vorkehrungen zu infizieren; es kommt gehäuft zu Frühschwangerschaften.

Typisch: immer im Extrem

Situativ empfundene Unbill, Ungerechtigkeit, Frustration, Ärger, Furcht, Kummer wachsen bei der syndromtypischen Fähigkeit, sich sofort heftig in etwas hineinzusteigern, rasch ins Unermessliche.

„Die Befürchtung der Befürchtung", der abgrundtiefe Hass, die unendliche Trauer werden genauso intensiv empfunden wie überschäumende Begeisterung.

Für die Umgebung schwer nachzuvollziehen ist auch bei Jugendlichen und jungen Erwachsenen das Verhaltenskorrelat:

Aus dem Zeitfenster im Hier und Jetzt mit dem mangelhaften Vergleichen zwischen der aktuellen Situation und früher gemachter Erfahrung wird blitzschnell bewertet und benannt – immer im Superlativ. Etwas ist „eine bodenlose Unverschämtheit", eine „Hundsgemeinheit", oder aber das Gegenüber ist der „süßeste Mensch", den man je erlebt hat, von dem man aber auch ganz schnell tief enttäuscht sein kann ...

Eine „innere Mitte" gibt es beim Syndrom der Extreme offensichtlich nicht. Und dabei besteht doch ein extremer Wunsch, eine unbändige Sehnsucht nach Harmonie – bei den Kindern, Jugendlichen und Erwachsenen mit ADHS.

Die Superpubertät bei ADHS

Die Pubertät ist eine schwierige Zeit für alle Jugendlichen. Bei Jugendlichen mit ADHS ergeben sich dabei noch spezielle Besonderheiten in der Entwicklung.

Alterstypische Entwicklungen
und die Abweichungen bei ADHS

Die Pubertät bringt für jeden Jugendlichen intensive Veränderungen mit sich.

Das impulsiv hyperaktive Kind oder auch das impulsiv unaufmerksam hyperaktive Kind fordert seine Eltern in aller Regel schon von klein an in höchster Weise. (Dies gilt zunächst weniger für das vorwiegend verträumte Kind.)

Nun kommt zu dieser Problematik noch eine sehr schwierige Entwicklungsphase hinzu, die die Eltern selbst ja auch durchgemacht haben und an die sie sich zum Teil vielleicht sogar noch lebhaft erinnern.

Hormonelle Veränderungen in der Pubertät bringen für jeden Jugendlichen Stimmungslabilitäten mit sich. Für ein heranwachsendes Mädchen ist es außerdem nicht besonders lustig festzustellen, dass sie z. B. allmählich die birnenförmige Figur der mütterlichen Linie bekommt.

Die Ablösung von den Eltern

Der ehemalige Identifikationspartner mit der geschlechtsspezifisch gleichen Rolle (im 5. und 6. Lebensjahr beim Mädchen die Mutter, beim Jungen der Vater mit einer Wiederholung auf einer anderen Entwicklungsebene im 9. bis 10. Lebensjahr) wird immer kritischer betrachtet. Eigene Meinungen werden ausprobiert und auch formuliert. Unabhängigkeit wird gefordert.

Diese Entwicklung verläuft bei allen Jugendlichen in ähnlicher Weise. Das Verhalten erscheint zunehmend frech und widerspenstig, mehr Freiheiten werden gefordert.

Hinzu kommt das immer bewusstere Wahrnehmen, dass manche in der Entwicklung schon weiter sind und andere Interessen entwickeln. Die Bezugsgruppe der Gleichaltrigen, die dem Jugendlichen imponiert, wird extrem wichtig und bestimmend für sein Denken, Fühlen und Handeln. Daran orientieren sich die Frisur, das Outfit, der Musikgeschmack. Eltern, die das nicht verstehen, werden herb kritisiert.

Jeder Jugendliche neigt in dieser Phase, speziell um das 14. Lebensjahr, zu Intoleranz und Ich-Bezogenheit. Er ist kaum bereit zu Kompromissen, schnell eifersüchtig oder neidisch und empfindet alles rasch als einfach furchtbar „ungerecht".

Selbstkontrolle und Perspektivewechsel

Dabei kann der „normgesteuerte" Jugendliche, der keine Impulssteuerungsschwäche bei Reizoffenheit hat, inzwischen einen recht großen Zeitraum überblicken und sich durchaus vorstellen, wie jemand anderes seine Handlungen sieht. Er kann vorwegnehmen, was der andere als Reaktion auf seine Handlungsweise tun wird (ab dem 12. Lebensjahr). Der Jugendliche kann seit seinem 11. Lebensjahr formal-logisch, d. h. in Konsequenzen, denken und sich Handlungsalternativen überlegen. Die kognitiv-intellektuelle Entwicklung wird differenzierter, Selbstkontrolle und Selbstregulation reifen aus.

Der Jugendliche mit ADHS kann auch formal-logisch denken, durch seine mangelnde automatische Verhaltenskontrolle (siehe Seite 98) jedoch noch keinesfalls die Perspektive wechseln. Selbstkontrolle und Selbstregulation sind nicht möglich – sie entwickeln sich erst zwischen 18 und 24 Jahren, wenn überhaupt.

Ab etwa 16 Jahren nimmt beim normgesteuerten Jugendlichen die Ich-Bezogenheit wieder ab, er wirkt gelassener und auch einer abweichenden Meinung gegenüber toleranter. Er lässt sich allerdings ungern kontrollieren und wird im Denken und in der Entscheidung unabhängiger.

Toleranz und Unabhängigkeit

Anders der Jugendliche mit ADHS: Nach wie vor sieht er alles aus seiner Perspektive. Er fühlt sich intensiv beobachtet und kritisiert, in der vollen Überzeugung, eigentlich schon vollständig über sich selbst bestimmen zu können und selbst am besten zu wissen, was für ihn richtig ist.

Die Bewerbungen müssen geschrieben und die Fotos für den Lebenslauf gemacht werden. Doris, 16, erledigt das hintereinan-

der weg. Mit gewissem Stolz trägt sie ihre Briefe zur Post und wartet nun gespannt, wer sie wohl einladen wird.

Svenja, 16, ADHS, wird „das schon allein auf die Reihe kriegen". Sie geht aber keinesfalls am Mittwoch zum Fotografen, denn das reicht am Montag noch lange (obwohl sie da Mittagsschule hat). Sie weiß auch genau, wer ihr vielleicht bestimmt bei den Bewerbungen hilft – nur klappt das leider nicht. Die Diskussion eskaliert. Im letzten Moment lässt sie zerknirscht den Vater an den PC ... Notfalls, wenn kein Feedback kommt, kann man ja auch jobben, oder, wenn das Zuhause weiter so ätzend ist, ausziehen!

Die Wahrnehmung, „anders" zu sein

In Ermangelung eines ausreichend umfangreichen Realitätsabgleichs wird, wie schon beschrieben, sehr spontan bewertet. Der Jugendliche ist sich dabei zunehmend der Tatsache bewusst, sich deutlich von den Gleichaltrigen zu unterscheiden. Er ist bereit, aus der hintergründig sich entwickelnden, immer größeren Unsicherheit heraus, sich mit ähnlich empfundenen Jugendlichen zusammenzutun – ähnlichen „Exoten". Gemeinsam wird dann unter Umständen mit Substanzen herumexperimentiert und aus dem Bewusstsein heraus, eben ganz anders zu sein, das Hochrisiko gesucht.

Auch der normgesteuerte Jugendliche probiert irgendwann Nikotin, Alkohol und weiche Drogen aus und sucht das eine oder andere Risiko – aber nie so extrem wie der Jugendliche mit ADHS.

Ab 16 Jahren scheint der normgesteuerte Jugendliche zunehmend aus Einsicht lernen zu können. Eigene, zum Teil sehr reflektierte Wertvorstellungen werden entwickelt, die dabei keinesfalls der Einstellung der Familie entsprechen müssen. Der Jugendliche im Übergang ins junge Erwachsenenalter, jetzt als Adoleszent zu bezeichnen, entwickelt im-

92

mer spezifischere Interessen und wird sich seinem Funktionieren auf der Welt allmählich immer bewusster. Er entdeckt selbst Begabungsschwerpunkte und Liebhabereien, möchte sich selbst seine Welt erobern und hat ein gutes Selbstbewusstsein. Dabei wirkt er manchmal fast zu sorglos und gern bereit für jedwede Diskussion.

Der normgesteuerte Jugendliche versucht, sich dabei immer autonomer zu orientieren, auch außerhalb der Familie. Er will als gleichberechtigt betrachtet werden. Er wird schnell ungeduldig, wenn er noch mit dem Wort „Kind" angesprochen wird.

Die Selbstorientierung

Der Jugendliche mit ADHS scheint, wenn man ihn in seiner Art, die Welt wahrzunehmen und auf sie zu reagieren, beobachtet, noch lange wie ein kleines Kind der Meinung zu sein, sich spontan und selbstverständlich so verhalten zu können, wie dies andere, subjektiv als interessant empfundene Personen in seinem Umfeld tun. Er kommt dabei überhaupt nicht auf die Idee, dass dies möglicherweise nicht situationsangepasst sein könnte.

Arrogant und überheblich wirkend, entweder viel abwehrend oder alles könnend, findet Chris den Vater schlicht engstirnig, wenn der sich beklagt, weil der 17-Jährige in einem Monat auf Vaters Handy mal kurz 4.000 DM vertelefoniert hat.

Animismus und Egozentrismus

Der so genannte kleinkindliche „Animismus", in dem das kleine Kind die Wahrnehmung hat, dass alles, was sich bewegt und lebt, den gleichen Gesetzen unterliegt wie es selbst, scheint bei dem ADHS-Jugendlichen noch lange anzuhalten und zwar bis ins junge Erwachsenenalter. (Bei normgesteuerten Kindern hört die Phase des Animismus infolge Reifung und Erziehung spätestens mit sieben bis acht Jahren auf.) Durch die Kombination von Egozentrismus, d. h. mangelndem Perspektivewechsel, mit Animismus entsteht Problematisches:

Die Mutter von Carla, 16, berichtet nach dem Sommerurlaub weinend, dass sie nun dem Rat des Erziehungsberaters gefolgt sei und die Zimmertür ihrer Tochter im Dachgeschoss geschlossen habe, statt sich mit ihr immer wieder über den Ordnungszustand des Zimmers zu streiten. Da die Tochter aber immer wieder Essensreste im Zimmer herumliegen lasse, seien nun Maden unter der Tür hervorgekrabbelt, obwohl Carla ja glaubhaft versichert habe, wirklich alles allein regeln zu können, weil sie ja erwachsen sei ...

Hanna, 16 Jahre, kriegt Schule gerade überhaupt nicht hin. Sie kauft stattdessen ein und geht Kaffeetrinken mit Bekannten. Im Brustton der Überzeugung zu diesen und den Eltern: Das Jahr sei sowieso gelaufen, jetzt ruhe sie sich aus, sofort im neuen Schuljahr arbeite sie dann. Auf die derzeit prekäre finanzielle Situation zu Hause angesprochen und die Notwendigkeit, sich unter Umständen eine Lehrstelle zu suchen, kommt spontan, dass das nicht in Frage komme. Die Mutter solle putzen gehen.

Entwicklungspsychologisch betrachtet bleiben bei ADS / ADHS bestehen:
- der Egozentrismus des kleinen Kindes (Die Welt ist so, wie ich sie sehe; diese Phase dauert normalerweise vom 2. – 12. Lebensjahr.)
- der Animismus; er beinhaltet die Schlussfolgerung, dass das Kind denkt, es könne alles so tun wie sein Modell; diese Phase dauert normalerweise vom 2. – 7. Lebensjahr.

> *Egozentrismus und Animismus sowie emotionale Impul-*
> *sivität führen dazu, dass sich die Jugendlichen nichts sagen*
> *lassen **können,** sich nicht bevormunden lassen **können.***
> *Darüber hinaus hält oft die eidetische Entwicklungsphase,*
> *d. h. die Vermischung von Realität und Fantasie*
> *(normalerweise andauernd vom 5. – 8. Lebensjahr),*
> *noch lange an.*

Das Andauern dieser Entwicklungsphasen bis weit ins Jugendalter hinein lässt den Jugendlichen „wie selbstverständlich" ohne zu fragen Vaters Werkzeug benutzen, an alles dran-
gehen, was spontan gerade gebraucht wird (z. B. Mutters
Lippenstift, Tesa und Schere aus der Küchenschublade usw.).
Bei der Frage: „Konntest du denn nicht vorher fragen?", lautet
meist die Antwort: „Hab' ich vergessen!" oder „Hab' nicht
dran gedacht!"

Bei den syndromtypischen, ausgesprochen feinen Antennen
für jede Stimmung in der bekannten Umgebung, dem beiläufi-
gen Registrieren kleinster Details (die motivational höher besetzt sind und damit aktiver und wacher registriert werden),
dem sich früh in der Lerngeschichte entwickelnden Gerechtigkeitssinn und spontaner empathischer Hilfsbereitschaft bei
dem Erkennen der echten Not eines anderen, entsteht oft
der Wunsch, sofort helfend einzugreifen. In dieser Situation
scheint der Jugendliche dann genau zu wissen, was er will. Sein
Handeln wirkt dann nicht selten sogar überzogen autonom.

*Omnipotenz: auto-
nomes Handeln in
„Notsituationen"*

*Benjamin, 15½, analysiert die Ehe seiner Eltern glasklar. Der
Vater ist ein egozentrischer Ignorant, die Mutter ist lieb, depressiv, dazu krank. Bei großen finanziellen Schwierigkeiten, die
die Mutter sieht, beschafft sich Benjamin in den Ferien einen gut*

95

bezahlten Job bei der Stadt, um die zusätzlichen Ängste der Mutter zu lindern.

Sich-Hineinsteigern und Kurzschluss- reaktionen

Das spontan rasche Bewerten einer Sachlage lässt den Jugendlichen „omnipotent" wirken, nicht zuletzt, wenn er sich in eine Ansicht hineinsteigert, bis er davon vollständig überzeugt ist. Oft vermischt er dabei noch Fantasie und Realität, wie dies Kinder zwischen fünf und sieben Jahren in der eidetischen Entwicklungsphase tun. Diese Haltung ist oft nicht ungefährlich:

Rebekka, 15 Jahre, und ihre Freundin haben mit syndromtypisch heftiger Anteilnahme tragische Geschichten in der „Bravo" gelesen. Das Leben ist so übel – gemeinsam beschlossen sie danach, die Hausapotheke der übers Wochenende abwesenden Eltern zu plündern und einen großen Becher aller möglicher Pillen mit einem Liter Cola jeweils hälftig runterzuschlucken. Elf Stunden später werden die beiden Mädchen gefunden und können im letzten Moment noch gerettet werden. Sie wollten eigentlich „nur ein bisschen sterben".

Fehlende Reflexionsfähigkeit

Reflektiertes Abwägenkönnen mit ausreichend intensiver Analyse eines Gedankengangs, bei dem man auch beim Thema bleiben kann, ist dem Jugendlichen und jungen Erwachsenen mit ADHS verwehrt. Er hüpft ganz schnell von einem Thema zum nächsten, hat spontan ein Widerwort, ein Gegenargument, kann eigentlich nie etwas akzeptieren oder sich merken, was ihm nicht logisch und überzeugend scheint. Er reagiert aggressiv oder auch depressiv, macht seinem Unmut sofort Luft, egal in welchem Umfeld er sich befindet.

Der Jugendlichen- Egozentrismus

Wie der normgesteuerte Jugendliche gerät der Jugendliche mit ADHS zwischen 13 und 14 Jahren außerdem auch noch in den „Jugendlichen-Egozentrismus". Charakteristisch dafür ist die Wahrnehmung, jeder schaue nur auf ihn und seine Defekte

– vom Pickel auf der Nase bis zu einem unüberlegten Handeln, „immer ich ...", bei der gleichzeitigen Idee, einzigartig zu sein und die Welt „richtig" zu sehen. Er ist überzeugt davon, dass alle das interessieren müsse, was ihn interessiert. Er glaubt, die Welt verbessern zu müssen. „Probemeinungen" entwickeln sich, felsenfeste Aussagen aus dieser Wahrnehmung heraus, wie: „Ich rauche nie!"

Merkmale des Adoleszenten-Egozentrismus:

Der Jugendliche ist zwar „völlig von sich überzeugt" und „besserwisserisch", aber es besteht eine

- extreme Neigung zu externaler Attribution („Nur weil ich so übel aussehe ...")
- extreme Neigung zu totaler Selbstabwertung („Jeder kriegt immer alles, nur ich nie!")
- extreme Neigung zu Verhaltensexzessen (fremd- oder selbstschädigend)

Und leider kann dies auch mal völlig schief gehen:

Jonas, 12½ Jahre, hat in der Nachbarklasse einen Feind, der die ständige Hänselei wegen seiner Fettleibigkeit nicht mehr abkann und deshalb ältere Schüler zu Hilfe holt. Die Jugendlichen

Animistisch und egozentrisch wahrnehmend und handelnd, mit der mangelnden Fähigkeit, innerlich auf die Bremse zu treten und sich selbst zunehmend zu überwachen und zu beobachten, empfindet der Jugendliche mit ADHS, dass viel schief läuft. Er kann sich dazu nicht echt entscheiden (weil immer wieder das Thema verloren wird oder man es eigentlich anderen recht machen möchte). Der Jugendliche und junge Erwachsene mit ADHS wirkt dadurch immer widersprüchlicher.

drohen Jonas richtige Keile an, worauf sich Jonas zusammen mit seinem Zwillingsbruder mit Messern bewaffnet. Tatsächlich von den älteren Schülern dann aufgelauert und angegriffen, sticht Jonas zu, einem anderen Jugendlichen 7 cm tief in die Leber und rennt dann impulsiv weg.

Mangelnde Selbstregulation

Weil die Fähigkeit fehlt, aus Erfahrungen zu lernen, lebt der Jugendliche mit ADHS ständig in der Krise.

Alles muss ausprobiert werden, doch wie das Kind scheint der Jugendliche nicht aus Erfahrungen zu lernen (es sei denn, sie sind gravierend). Gleichzeitig nimmt die Kritikempfindlichkeit dramatisch zu – ausgerechnet in einer Phase, von der bekannt ist, dass „Lehrjahre keine Herrenjahre sind".

Sonja, 18, legt sich nicht nur mit der Mutter ständig wegen der Erledigung von Pflichten an. In der Abteilung des Kaufhauses, in der sie lernt, hat sie eine schwierige Vorgesetzte mit scharfem Tonfall. „Das kann's nicht sein, wer glaubt die denn, dass sie ist?", äußert Sonja laut und vernehmlich im Beisein einer anderen Azubi und einer Kundin – für die Vorgesetzte gut hörbar …

Nora, 18, hat in der Arztpraxis bei jeder Kritik sofort ein Widerwort – sie „braucht" drei Lehrstellen bis zum Abschluss ihrer Lehre als Arzthelferin.

Der normgesteuerte Sebastian, 16½ Jahre, hat „in seinem Jugendlichenwahn", wie er die Phase mit 14, 15 nennt, mit Kumpels Mist gebaut. Er hat CDs in größerem Stil geklaut und wurde geschnappt. Er weiß, dass ihm das nie wieder passieren darf, wenn er an seine private und berufliche Zukunft denkt. Bewusst wechselt er die Clique und den Freizeitbereich.
Diese „Einsicht" hat ein Jugendlicher mit ADHS nicht.

> *Die sich normalerweise entwickelnde Selbstregulations-fähigkeit ermöglicht dem Menschen, aus Erfahrung zu lernen, zukünftige Ereignisse entsprechend vorauszusehen und sich immer geschickter mit der Umwelt auseinander setzen zu können. Normalerweise erahnen wir die Zukunft, indem wir Vergangenes „nach vorne stülpen". Der Wahr-nehmungsstil des ADHS bedeutet, nur im Hier und Jetzt zu leben, d. h. eigentlich ständig in der Krise, weil alles immer wieder „neu" ist.*

Sascha, 18 Jahre, ADHS, hat eine extrem schwierige Entwick-lung hinter sich, die denkbar problematischsten Umfeldbedin-gungen wie Sonderschule und Heimerziehung. Er ist aber intel-ligent und wird wegen seiner Einsatzbereitschaft für andere geschätzt. Man könnte hoffen, dass ihm seine Problematik be-wusst ist und er es trotz allem schafft, mit sich klarzukommen. Provoziert ihn jedoch jemand oder fühlt er sich ungerecht be-handelt, explodiert er regelrecht und wird dadurch erneut Täter.

Wie das Kind mit ADHS **kann** der Jugendliche und junge Er-wachsene es nicht aushalten, ungerecht behandelt zu wer-den. Er sieht weder die gesamte Situation mit allen Rahmen-bedingungen noch seine „Schuld" an der Situation. Er sieht nur, dass er kritisiert wird. Der andere hatte eine „freche Lip-pe" und – extrem emotional in der Situation, sieht er sofort „rot" und reagiert extrem.

Viele Jugendliche haben auch Schwierigkeiten damit, Auto-ritäten und deren Anweisungen zu akzeptieren.

Andererseits reagiert der Jugendliche aber auch sofort, wenn jemand in Not ist. Viele entwickeln „ein Helfersyndrom" und bauen es beruflich aus.

Dabei würde der Jugendliche so gerne „normal sein". Oft ist er jedoch in seiner Adoleszenz während eines ganzen Jahres (meistens zwischen 15 und 17) nicht „erreichbar".

Große Beeinfluss-barkeit und das Gefühl, etwas zu verpassen

Durch seine Reizoffenheit und Affektlabilität bleibt der Jugendliche beeinflussbar, wenn eine aus seiner Sicht kompetente Person etwas macht, sagt oder hat. Dann muss unbedingt sofort dieses eine Kleidungsstück her, eine Veranstaltung muss besucht werden – sonst bricht die Welt zusammen. Abwarten, Relativieren, Vergleichen, Abwägen sind lange im Leben ebenso „inhaltsleere" Worte wie „Übersicht, Rücksicht, Nachsicht und Einsicht", die sich oft erst zwischen 18 bis 24 Jahren entwickeln.

> *Gebeutelt einerseits vom ständigen Gefühl, ungerecht behandelt zu werden, zu kurz zu kommen, andererseits sowieso immer alles falsch zu machen, besteht bei der interessierten Offenheit für alles Neue, Spannende und Interessante das Grundgefühl, ständig etwas zu verpassen.*

Offensichtlich verstärkt sich dieses Gefühl noch durch das zunehmende Registrieren, dass man vieles nur teilweise mitbekommt.

Beziehungen – intensiv und problematisch

Trotz seines großen Wunsches nach absoluter Autonomie und Unabhängigkeit neigt der immer wieder aneckende Jugendliche mit ADHS dazu, sich von Personen abhängig zu machen, an denen er sich orientieren kann. Sie spiegeln ihm, ob er richtig oder falsch gehandelt hat und fangen ihn auf. Gleichzeitig entsteht aber eine Verlustangst, weil immer wieder registriert wird, wie gerade diese Menschen, die man mag, traurig oder verzweifelt sind – weil man mal wieder „die Bremse nicht gefunden hat". Im Gespräch nach einer schwierigen Situation entschuldigen sich Kinder mit ADHS oft sehr betroffen und mit großen Augen und oft auch mit rührenden kleinen Zetteln. Der Jugendliche sagt später oft fast zu häufig „Tschuldigung".

Jugendliche mit ADHS brauchen feste, verlässliche Bezugspersonen. Doch da sie auch diesen gegenüber unbeherrscht sind, entstehen bald Verlustängste.

Verliebtsein

Erwärmt sich der Jugendliche oder junge Erwachsene für ein Gegenüber und verliebt sich, so empfindet er auch dabei extrem. Er wünscht sich ein absolutes körperliches und seelisches Verschmelzen. Und er neigt sofort zur eifersüchtigen Überkontrolle und dem In-Beschlag-Nehmen des Partners.

„Ich kann es einfach nicht ertragen, wenn mein Freund ein anderes Mädchen auch nur anschaut. Ich raste da total aus, weil ich denke, dass er die andere vielleicht toller finden könnte als mich."
Sandra, 17 Jahre

„Ich muss Sabine einfach mehrfach am Tag anrufen, ich halte es nicht aus, wenn ich keinen Kontakt zu ihr habe. Dabei merke ich manchmal schon, dass ich sie bedränge, aber ich kann's doch nicht stoppen!"
Jens, 19 Jahre

Sebastian, 23 Jahre, nach einem Abgrenzungsversuch der Freundin völlig verzweifelt wegfahrend, schreibt nach Stunden, als er sich wieder beruhigt hat, in der Autobahnraststätte auf Papierservietten: „Nachdem ich, zurecht oder nicht, nach unserer Unterhaltung im Auto echt fertig war und mich in den kältesten Selbstzweifeln baden konnte, habe ich versucht, die hämmern-

Verliebt sich der ADHS-Jugendliche, trifft in bester Weise zu: Himmelhoch jauchzend – zu Tode betrübt.

de Rotation der Schmerzen unter Kontrolle zu bringen. Wie des Öfteren musste ich dafür eine Odyssee antreten, auf der ich mich im Moment immer noch befinde. Bin über die Autobahn auf die Burg gerast, bzw. auf den Parkplatz. Von dort hoch gelaufen. Die Gedanken wummern, Stiche neben dem Bauch. Seitenstechen? Oben bin ich am Ende, körperlich, seelisch. Ich stehe auf der Mauer. Hier ist es so hoch wie auf dem Fernsehturm, den ich sehen kann. Aber ohne Fangschutz.

Die Welt bricht vor und doch in mir zusammen. Kann die Tränen nicht mehr stoppen, will nicht. Hasse die Beraterin für den letzten Fetzen Hang zum Leben. Weine und weine. Ich süßer Held. Ein Taumel der Erkenntnis. Die Wunden sind nicht neu. Ich muss die Verantwortung tragen, die ganze. Bin super, aber.

Auf dem Hinabweg: Gefühle, für die ich Bilder finde. Ein Aufzug in mir, quadratischer Schacht, Fahrt nach unten. Durchs blanke Fleisch. Fahre nach unten. In mir. Alles rot. Draußen Dunkelheit, Ruhe, Tränen.

Bin super, aber.

Nach einer halben Stunde Tränen erschaffe ich mir meine Erlösung, meine Befreiung. Hinauf die kalten, starken Mauern, hinauf ums warme, schmerzende Herz. Hinauf den Spott über mich selbst."

Solche extremen Gefühle können nur kurz gut „ankommen"; der Misserfolg ist programmiert. Die Enttäuschung ist dann umso tiefer. Nicht selten entwickelt sich dann die Überzeugung, sich „nie wieder" auf jemanden einzulassen, um nie mehr enttäuscht zu werden.

Der Wunsch, akzeptiert zu werden – um jeden Preis
Wiederholen sich solche Erfahrungen – speziell in der kritischen Phase zwischen 13 und 18 Jahren – und gibt es niemanden, der empathisch, einschätzbar und warmherzig für den

Jugendlichen mit ADHS eine „Coachfunktion" übernimmt, beginnt der Jugendliche entweder, die extreme Überzeugung zu bekommen, dass ihm sowieso alles egal ist (meist bei den Jungen), oder es wird um jeden Preis versucht, akzeptiert zu werden. Dahinter steht die Annahme, nur abgelehnt zu werden, weil man nicht perfekt aussieht (vor allem bei Mädchen). Es kommt zu einer ausschließlichen externalen Attribution, d. h. zu einer Fixierung auf das Äußere. Hieraus kann z. B. eine heftige Ess-Störung entstehen. Es kann aber auch das Bedürfnis entstehen, sich körperliche Verletzungen zuzufügen, um die Spannung zu reduzieren, bis hin zum versuchten Suizid im Affekt. Andere Ausdrucksformen sind das spontane Anbringen von Verzierungen am eigenen Körper, wie Tattoos oder Piercing (natürlich immer in extremer Form).

Um „geliebt" zu werden und sich zu integrieren, lässt sich der Jugendliche auf höchst zweifelhafte Dinge ein.

„An mir hat noch nie jemand etwas hübsch gefunden. Dafür hasse ich mich. Ich bin ja auch viel zu dick! (45 kg bei 180 cm Körpergröße!) Ich habe keine Ess-Störung! Ich esse doch jeden Tag Magerquarkbrot und Glasnudeln mit Salat!"
Karin, 18 Jahre

Um akzeptiert zu werden und dazuzugehören, entsteht häufig eine frühe Bereitschaft zu sexuellen Kontakten. Diese erfolgen spontan und unvorsichtig, d. h. ungeschützt.

„Ich weiß ja, dass ich selber an der ungewollten Schwangerschaft schuld bin, aber ich habe halt nachgegeben, als er mich bedrängte. Ich hatte Angst, er könnte sonst sauer sein."
Mona, 16 Jahre

„Mein Freund will täglich Sex mit mir. Und wenn ich nicht mag, sagt er, dass ich ihn wohl nicht richtig liebe!"
Carolin, 17 Jahre

Die gerade bei Männern mit ADHS sehr ausgeprägte sexuelle Appetenz kompliziert das ohnehin schwierige Miteinander oft zusätzlich.

„Warum ich nicht mit dir rede? Wenn du keine Lust hast, mit mir zu schlafen, habe ich keine Lust, mit dir zu reden."
Robert, 23 Jahre, zwei Tage nach dem letzten Intimkontakt mit seiner Freundin

Probleme in der Kommunikation

In einer Beziehung wird immer stärker ein extremer Wunsch nach Harmonie verspürt. Dabei wird aber nur die eigene Perspektive gesehen, die Bedürfnisse des anderen finden keine Berücksichtigung. „Kommunikationsunfälle" sind so programmiert.

Die mangelnde Fähigkeit, sich in den anderen einzufühlen und seine Bedürfnisse auch mal vor die eigenen zu stellen, führt zu großen Beziehungsproblemen.

Er will sie sehen, obwohl er „nicht gut drauf" ist – im Gegensatz zu ihr. Sie fragt ihn, was er hat. „Nix!", ist die Antwort. 3½ quälende Stunden folgen. Mit schlechtem Gewissen geht er auf ihren Wunsch nach Zärtlichkeiten ein. Das Telefon klingelt – sie geht dran. Seine Stimmung sinkt sofort auf den maximalen Nullpunkt. Jetzt hatte er sich überwunden – und nun geht sie einfach weg?!

Wenn der junge Erwachsene mit ADHS abends nach Hause kommt, braucht er seine Ruhe. Er möchte abschalten und jede Frage ist ihm zu viel.

Martin, 23 Jahre, zu Anne, 21 Jahre: „Wenn ich nach Hause komme, sollst du da sein mit unserem Baby. Da will ich nur dich und das Kind und einen Kaffee und Zeitung lesen. Aber ich will nicht, dass du mich gleich zutextest mit dem, was du erlebt hast!"

Anne: „Du meinst, ich soll jeden Tag um 14.00 Uhr, wenn du kommst, da sein? Aber wenn ich was vorhabe?"
Martin: „Wenn du mich gern hast, bist du da."
Anne: „Und wenn ich was erzählen möchte, ist es dir zu viel? Aber du redest sofort los, wenn was ist und hörst dann nicht mehr auf!"

Gerade im Jugendlichenalter und jugendlichen Erwachsenenalter wird der zunehmend schwierige Tonfall kaum selbst registriert. Es besteht die Meinung, das Gegenüber solle sich doch nicht so „anstellen".

Die Gefahr des Rückzugs

Die Beziehungen des ADHS-Jugendlichen zu seinen Mitmenschen sind schwierig. Immer wieder wird er – aus seiner Sicht – enttäuscht und zurückgewiesen. Solange er seinen eigenen Anteil an dem Verhalten der Mitmenschen nicht erkennen kann, wird es ihm auch nicht gelingen, gleichberechtigte Beziehungen aufzubauen. Je älter er wird und je mehr Enttäuschungen er erlebt, desto stärker entwickelt sich eine Schwellenangst bis hin zur sozialen Phobie. Er beginnt, sich zurückzuziehen, um Negativreaktionen gar nicht erst aushalten zu müssen.

„Ich kann mit meinem ADHS nicht umgehen, wie der Mitstudent im Polnischkurs, der zuckerkrank ist, aber die meiste Zeit nicht daran denkt, sondern eben damit lebt und das in seinen Tagesablauf integriert."

Es gibt auch positive Eigenschaften!

Ich weiß nicht, wie und wer ich ohne ADHS wäre. Es liegt nicht nur an der Vergangenheit. Was ich liebe oder hasse wäre an-

ders. Was ich kann und nicht kann auf jeden Fall. Dass ich nur glücklich bin, wenn etwas los ist. Wenn meine Augen, meine Beine, mein Mund etwas zu tun haben. Dass ich nie genug kriege. Dass ich in der Zeit stehe wie ein Kleinkind.

All das ist ADHS und all das bin ich auch. Auch mein Frust, meine Abneigung und meine Zuneigung, meine Verzweiflung, meine Erinnerungen. Alles muss bunt und grell sein, sonst ist es ja öde. Ich liebe die Autobahn, ich hasse Bahnfahren.

Immer muss sich etwas bewegen, das ist ADHS und das bin ich. Ich habe kein anderes Leben. Ändern kann ich da nicht viel. Nur mein Bewusstsein und das, so hoffe ich jedenfalls, so, dass ich mir selber kein Bein mehr stelle und anderen nicht auf den Zehen herumtrample, dass ich das sage, was ich sagen will, und nicht immer das, was mir gerade einfällt.

Wichtig ist es, gerade in der Pubertät auch die besonderen Begabungen, die oft im kreativen Bereich liegen, zu fördern.

Bei dieser von Mara beschriebenen Wahrnehmung geraten die positiven Eigenschaften, die mit diesem Wahrnehmungsstil untrennbar verwoben sind, wie die oft ungeheure Kreativität, Fantasie und interessierte Offenheit, die Fähigkeit, im Notfall aus nichts etwas schaffen zu können, allzu oft in den Hintergrund. Dabei könnte durch die Förderung dieser Eigenschaften eine positivere Selbstwahrnehmung erreicht werden.

Viele Jugendliche zeigen eine ausgeprägte schauspielerische Begabung, können gut moderieren oder sind gute DJs.

Viele haben ein Faible für fein abgestimmte Farben, Gerüche, Töne, Licht und werden künstlerisch aktiv. Spontan empathisch und in sehr schwierigen Situationen äußerst zuverlässig reagierend, sind diese Jugendlichen unersetzliche Helfer, Schlichter und Berater – und zeigen damit hohe soziale Kompetenz. Bei hoher Motivation besteht eine enorme Fähigkeit, Verblüffendes zu bewegen.

Als Beispiel ein Auszug aus dem Abiturzeugnis einer Internatsschülerin (19 Jahre):

A. kreiste vorübergehend vorwiegend um ihre persönlichen Probleme und konnte zeitweise launisch wirken. Als sie diese Entwicklungsphase überwunden hatte, kamen vor allem im letzten Jahr ihre positiven Eigenschaften voll zur Geltung: ihre Warmherzigkeit, ihr echtes soziales Empfinden, das sie aktiv im Krankenhausdienst und bei der Hilfe jüngeren Kameradinnen gegenüber bewies, ihre Einsatzbereitschaft.

... Künstlerisch begabt, arbeitete sie mit Geschick und Geschmack in der Batik- und Malgruppe, war ein wertvolles Mitglied des Schulchors, betätigte sich bei Theateraufführungen engagiert bei der Kostüm- und Bühnenbildanfertigung mit großer Handfertigkeit.

A. ging vielen wertvollen Interessen nach, wie Fragen der Medizin und Psychologie. Ihre Neigung galt neben der Kunst der Literatur. Im Wort reif und lebensklug, fand sie leicht Zugang zu Erwachsenen, wurde in seltenen Fällen als etwas anmaßend empfunden. Durch ihre starke Sensibilität machte sie es sich nur manchmal etwas schwer ...

Da Jugendliche und junge Erwachsene mit ADHS oft charmant, verbal versiert und eloquent sind, können sie z. B. auch gut verkaufen. Grundsätzlich sind sie, wenn sie für andere im Einsatz sind, immer wesentlich besser und deutlich erfolgreicher als in der Selbstorganisation.

Körperliche und psychosomatische Beschwerden

In der Auseinandersetzung mit ihrer Umgebung fahren ADHS-Jugendliche täglich gefühlsmäßig Achterbahn. Sie wirken unter den heutigen Umfeldbedingungen immer früher angespannt und irritiert. Oft entwickeln sich Somatisierungsten-

Immer wieder kommt es zu „Erschöpfungs- zuständen" – eine kurze Auszeit ist dann durchaus erlaubt.

denzen, die immer extrem geschildert werden, wie fürchterliches Kopfweh oder dauernde Verdauungsbeschwerden, Schwindelgefühle usw. Oft folgen vielfältige medizinische Abklärungsversuche. Dann kann allerdings die Symptomatik schlagartig wechseln, wenn z. B. ein unangenehmer Eingriff, wie eine Darmspiegelung, anstehen sollte. Der Arzt ist dann nicht selten hoch irritiert, wenn nun gar keine Bauchschmerzen mehr bestehen, dafür bohrender Kopfschmerz ...

Besonders der Jugendliche und junge Erwachsene zeigt in mehr oder minder großen Abständen immer wieder eine Erschöpfungsphase, in der er tatsächlich auch den Alltag nicht mehr bewältigen kann und Rückzug braucht.

M. Denckla nennt dies den „Shut-down"-Effekt, der meist nur einen Tag anhält. Bei manchen ist dies an einen Migräneanfall, an eine Infektion oder plötzlich einsetzenden Durchfall gekoppelt. Das muss aber nicht sein. Nur: Die „Batterien" scheinen leer zu sein – Effekt des Lebens immer im Extrem?

Eine eigentümliche, unerklärliche Schwäche lähmt die Person mit ADHS und nichts geht ohne große Mühe – eine Auszeit, z. B. ein Tag im Bett oder auf der Coach, schafft Abhilfe.

Es sollte allerdings nicht die Möglichkeit bestehen, sich zu lange zurückziehen zu können. Denn sonst besteht die Gefahr, dass aus dieser Empfindung heraus das Vermeiden schwieriger Situationen gelernt wird.

Der Alltag mit dem schwierigen ADHS-Jugendlichen

Auch wenn Eltern „theoretisch" wissen, warum ihr Jugendlicher oft „anders" reagiert, und sie viel Verständnis zeigen – immer mal wieder sind sie der Verzweiflung nahe. Denn manche Situationen führen sie an ihre Grenzen.

Vieles ist ja ganz normal ...

Bestimmte Konflikte gibt es in jeder Familie, in der Jugendliche leben – auch ohne ADHS.

Das Heranwachsen und Sich-Abgrenzen der Sprösslinge ist für alle Eltern mit Umorientierung, aber auch mit Ärger verbunden. Es gibt ganz typische Konfliktbereiche.

Der amerikanische Psychologe Dr. Th. W. Phelan benennt geringfügige, aber ärgerliche Probleme in seinem Büchlein zum Thema „Surviving your Adolescents" (1993).

Die „Pubertäts-Telefonitis", unaufgeräumte Zimmer, extravagante – laute – Musikvorlieben, wenig Lust auf Mithilfe im Haushalt, eigenwillige Essgewohnheiten, eigenwillige sprachliche Formulierungen, wenig Lust auf Familienfeiern, dafür große Lust zum spontanen Benutzen des elterlichen Eigentums, Diskussionen um Bettgehzeiten und das Nachhausekommen sowie Geschwisterstreit kommen in jeder Familie vor, in der gesunde Jugendliche heranwachsen. Eltern kommen damit besser oder schlechter zurecht.

Dabei kann, laut Phelan, der „Verärgerungsgrad" der Eltern keinesfalls immer das „absolute Maß" der Ernsthaftigkeit und der Bedeutsamkeit dieser Probleme sein.

Entsprechend schlägt Phelan vor, nicht nur das Problem zu betrachten, sondern auch die ganz individuellen Stärken des Jugendlichen.

Er rät zur Einschätzung der Beziehung, die man zum Jugendlichen grundsätzlich hat und zur neutralen Einschätzung der eigenen Befindlichkeit und Gefühlslage.

... aber wie soll man reagieren?

Ist der Jugendliche im Grunde recht vernünftig und die Beziehung zu den Eltern grundsätzlich gut, die Eltern aber selbst in einer schwierigen Lage, sollte möglichst wenig Kritik erfolgen.

Geht es den Eltern persönlich gut, ist die Beziehung grundsätzlich okay, aber der Jugendliche in desolater Verfassung, könnte von elterlicher Seite positive Unterstützung erfolgen.

Werden alle Bereiche mit der Note „befriedigend" eingeschätzt, sollte man wenig Grund zur Klage sehen.

Hat der Jugendliche eine schwierige Phase, ist die Beziehung nicht mehr ganz so toll, aber den Eltern geht es grundsätzlich nicht schlecht, sollte beobachtet werden, wie lange dieser Zustand anhält, da dies eine typische Pubertätskrise darstellen kann.

Geht es dem Jugendlichen und den Eltern sehr schlecht und ist die Beziehung gerade noch ausreichend, scheint Hilfesuche nötig. Dies ist auch der Fall, wenn die Beziehung zwar sehr gut ist, es allen Beteiligten aber sehr schlecht geht.

Krisenbedingt kann es auch sein, dass eine extrem schlechte Beziehung bei grundsätzlich guter Befindlichkeit sowohl der Eltern wie auch des Jugendlichen besteht. Wenn es dem Erwachsenen schlecht geht und auch die Beziehung zum Jugendlichen schlecht ist, der Jugendliche aber keinerlei Schwierigkeiten hat, sollte man ihn einfach in Ruhe lassen.

Immer ernst zu nehmen ist es, wenn heftige Ängste, deutliche depressive Verstimmungszeichen mit und ohne Suizidwünsche, andauernde Antriebsschwäche, vermehrter Rückzug, Leistungsabfall, Ess-Störungen, anhaltender Drogenkonsum (auch weiche Drogen), Erlebnisse von Grenzüberschreitungen und vor allen Dingen dissoziales Verhalten, spürbar heftige Auswirkungen nach Trennung und Scheidung der Eltern sowie gravierende Schulprobleme, egal ob im Leistungs- oder im Sozialbereich, auftreten.

111

Die Eltern sehen sich ständig vor die Frage gestellt, ob ein bestimmtes Verhalten alterstypisch oder ADHS-typisch ist.

Schwierig für Eltern von Jugendlichen mit dem Syndrom der Extreme ist, dass „die geringfügigen, aber ärgerlichen Probleme" nach Phelan eben recht schnell nicht mehr geringfügig sind: Desorganisiertheit mit Vergesslichkeit und chaotischer Unordnung (oder selten – im völligen Gegenteil – penible Ordentlichkeit), Schulschwierigkeiten mit heftigst schwankenden Leistungen, Anecken im Kontakt mit Lehrern und gleichaltrigen Mitschülern, ein ständiger Kampf um die Vorbereitung von Klassenarbeiten und Lernen allgemein belasten die Eltern und geben großen Grund zur Sorge.

Und warum argumentieren die Jugendlichen wegen jeder Kleinigkeit extrem schnell abwehrend? Warum geraten sie dabei so leicht in Rage und zeigen eine extreme Gnadenlosigkeit im Umgang mit den Eltern?

Ist es normal, dass man diese Jugendlichen nicht dazu bekommt, ein „Nein" zu akzeptieren?

Wie soll man mit dem Jugendlichen diskutieren, wenn er nicht „ordentlich diskutieren will", immer sofort einen Standpunkt und eine Bewertung hat und andere Meinungen einfach nicht „einsehen will"?

Ist es normal, dass es Rücksichtnahme überhaupt nicht gibt?

Rücksichtnahme und Einsicht

Der Jugendliche muss doch sehen, wann der Vater „an der Wand steht". Nein, jeden Tag fliegen Türen erneut im Wutanfall. Das Haus geht schneller kaputt, als man es abbezahlen kann. Respektlos, so scheint es, sieht der Jugendliche nur sich und seine Bedürfnisse. Dabei hat er offensichtlich das Gefühl, alle zielten mit Kritik nur auf ihn, so extrem gekränkt, wie er reagiert.

Unkooperativ und brummig oder aggressiv wird immer wieder geäußert, dass eine Tätigkeit schon „gleich" erledigt werde. Es erfolgt aber nichts, bis man es schließlich selber macht, um sich dann vorhalten lassen zu müssen, man sei ja selber blöd, wenn man den Wäschekorb nach oben trage. Wiederholt man Aufforderungen, kommt sofort „Meint ihr, ich bin ein Idiot?" oder „Ich bin doch nicht dein Sklave" oder „Ich bin doch nicht dein Hiwi". Daneben hören Eltern aus dem Umfeld (in dem der Jugendliche nicht ständig ist) von anderen nicht selten, wie hilfsbereit und charmant der Jugendliche sei. Manchmal haben Eltern das Gefühl, zwei verschiedene Kinder zu haben – immer im extremen Bereich: besonders beschützend und gerechtigkeitsfanatisch, bei Interesse hoch engagiert und auch durchsetzungsfähig – andererseits stark stimmungsschwankend, explodierend, beleidigt, Unangenehmes aufschiebend, trödelnd, ständig in Opposition oder ständig mit einem verhandelnd – ist das nun alles nur die normale Ablösung in der Pubertät?

Aber das ist noch nicht einmal alles. Und das Ganze beginnt oft schon früh:

Es ist oft zum Verzweifeln – egal, wie man mit dem Jugendlichen umgeht, man macht es falsch.

Michael, 13 Jahre, produziert zu Hause, in der Schule und im Umfeld fast nonstop Sätze, in die er sexistische Formulierungen einbaut. Er onaniert in der Englischstunde zusammen mit vier weiteren Schülern zum allergrößten Entsetzen der Lehrerin.

Felix, 12 Jahre, sehr begabt, aber tollpatschig im Umgang mit anderen, beschließt trotz hervorragender Noten, einfach nicht mehr in die Schule zu gehen und nur noch Computer zu spielen. Er widersetzt sich hartnäckig mit Suiziddrohungen über 1½ Jahre hinweg und über mehrere Therapieansätze hinaus der Wiedereingliederung in die Schule.

Kriminelles Verhalten

Der Jugendliche erscheint unerreichbar, noch mehr als es häufig in Kindertagen schon der Fall war. Viele Eltern fühlen sich dazu ständig belogen. Oft wird auch das Entwenden von Gegenständen oder Geld ein Problem, ebenso das selbstverständliche Benutzen von persönlichem Eigentum der Eltern (der Pulli wird aus dem Schrank der Mutter geholt, Schminkutensilien finden sich im Zimmer der Tochter, der Sohn brauchte nur kurz die Bohrmaschine in seinem Zimmer – seitdem ist sie wie vom Erdboden verschluckt).

Robert, 15 Jahre, entwendet Geldbeträge, wo immer er eine Gelegenheit vermutet. Nichts ist vor ihm sicher.

Jörg, 12 Jahre, bricht zusammen mit einem Kumpel in das Gartenhaus seines Onkels ein und entwendet aus einer großen Flasche das darin gesammelte Münzgeld im Wert von 900 DM.

Patrick, 14 Jahre, liebt technische Gegenstände und entwendet aus einem Museum zwei Periskope aus einem Panzer.

Alle drei wissen eigentlich nicht so genau, warum sie das getan haben.

Markus, 15 Jahre, ist in einer schweren Pubertätskrise auf rechtsradikale, ältere Jugendliche getroffen. Er hat in seinem Zimmer einen Hitleraltar erbaut und hört schon frühmorgens laut und donnernd Nazilieder.

Aus einer Eskalation heraus setzt sich ein Jugendlicher spontan ins Auto (mit 15), um den Freund (der 500 km weit weg wohnt) zu besuchen. Er hat solche Sehnsucht nach ihm, weil er den Umzug der Eltern einfach nicht verkraftet hat.

Diese Krisen sind sicher nicht mehr allein mit der Pubertät zu erklären.

Die Sorgen der Eltern

Angesichts dieser Erlebnisse kommt bei den Eltern die bange Frage auf, wann der Jugendliche denn nun endlich Verantwortung für das eigene Leben übernehmen wird. Und warum erscheint der Jugendliche so chronisch unzufrieden? Dabei wirkt er oft noch so kindlich!

Selbst täglich aufs Neue verletzt und doch die Verantwortung tragend, fragen sich viele Eltern, wie ihr Kind die Zukunft meistern soll.

Es besteht aber nicht nur Sorge um die Zukunft, sondern es entwickelt sich nicht selten auch eine konkrete Angst vor dem Jugendlichen, wenn die Auseinandersetzungen immer härter werden.

Die Eltern fragen sich, ob sie denn alles schlucken müssen – den fordernden Ton, das Bedrängt-Werden, das endlose, oft unverschämte Argumentieren („Mein Zimmer gehört mir, kann doch dir egal sein, wie's da aussieht, mach halt die Tür zu!").

Im Spannungsfeld zwischen den Sorgen um die persönliche, schulische und später auch berufliche Entwicklung des Jugendlichen und den heftigsten Konflikten in der Kommunikation entstehen zunehmend Selbstzweifel, Schuldgefühle und auch Ängste bei den Eltern, bis hin zu enttäuschter Abkehr, Abwertung oder auch vollständiger Resignation in dem Glauben, für „das große Kind" wohl das ganze eigene Leben aufgeben zu müssen.

Was kommt denn noch alles?

Die Konfrontation mit immer neuen Ereignissen, wie das plötzliche Abhauen des 13-jährigen Jugendlichen angesichts der Tatsache, in den Herbstferien das bisher nicht geführte Erdkundeheft vom Mitschüler abschreiben zu müssen, oder

der Anruf aus dem Krankenhaus, dass der Jugendliche beim Herunterfahren einer steilen Treppe mit dem Fahrrad gestürzt sei und beide Handgelenke gebrochen habe usw., und gleichzeitig der Wunsch des Jugendlichen, möglichst schon mit 12 oder 13 Jahren das Leben vollständig in die eigene Hand zu nehmen, überfordert die meisten Eltern von Jugendlichen mit ADHS.

> *Irgendwie scheint diese schwierige Phase nicht enden zu wollen. Aus Erfahrung lernt der Jugendliche offensichtlich nichts. Man kommt nicht an ihn heran, Gespräche, so selten wie sie zu Stande kommen, führen zu nichts.*

Die „falschen" Freunde

Verzweiflung entsteht bei den Eltern auch, wenn sich der Jugendliche ausgerechnet Freunde sucht, die sicher keinen günstigen Einfluss auf ihn haben.

Er scheint regelrecht von „Exoten" angezogen zu sein und lässt offensichtlich wirklich nichts aus, womit man Schwierigkeiten bekommen kann!

Oft zu Älteren hingezogen, wird bei Faszination alles „nachgemacht", vom frühen sexuellen Kontakt bis hin zur Spritzfahrt mit einem geklauten Auto, oder dick gepolstert eine Prügelei mit anderen Extremen, einfach „nur so", total überzeugt – in der begründenden Argumentation jedoch nur wenig überzeugend („Weil halt ...", „Ich weiß nicht, warum ich das gemacht habe").

Konflikte des selbstbetroffenen Elternteils

Die elterlichen Insuffizienzgefühle verstärken sich, wenn der Verdacht besteht, dass man eventuell selbst oder auch andere Familienmitglieder von ADHS betroffen sind. Ist auch die Partnerschaft instabil, eventuell auch durch die Schwierigkeiten mit dem Kind stark belastet oder gar zerbrochen, wird es noch problematischer.

Die Situation wird dadurch nicht gerade einfacher, dass in der Regel mindestens ein Elternteil auch ADHS hat.

Bei selbstbetroffenen Elternteilen bestehen oft ihrerseits schwierige Kommunikationsmuster, die zu Partnerschaftskonflikten führen. Außerdem hat der Jugendliche eine treffliche Art, die Eltern zu „spalten". Meist ist ein Elternteil mitleidig und nachgiebig, was den anderen zu zunehmender Härte treibt – der Konflikt wird unausweichlich.

„Es geht mit Michael immer wieder ganz leidlich, aber wenn er vom Besuchswochenende bei seinem Vater zurückkommt, ist er unerträglich. Er lässt den ganzen Ärger an mir aus, weil er sich mit der neuen Frau meines Ex-Mannes nicht verträgt."

Eine solche Klage ist natürlich nicht ungewöhnlich – aber Michael, 13, brüllt die Mutter heftigst an und beschimpft sie auf übelste Weise mit fäkalsprachlichen und sexistischen Worten. Gegenstände gehen zu Bruch.

Sarah, 15 Jahre, bricht den Kontakt zum Vater, der nach dreijähriger Trennung von ihrer Mutter mit Freundin und deren Kind zusammengezogen ist, völlig enttäuscht ab. Ihre Begründung: Dieses andere Kind werde völlig bevorzugt, sie selbst sei ja nur noch das fünfte Rad am Wagen. Sie belegt die Mutter nun völlig mit Beschlag, denn „ich habe ja sonst niemand, auch keine Freunde, weil ich denen wohl zu anstrengend bin, aber ich brauche wenigstens einen am Tag, mit dem ich mindestens 3 bis 5 Stunden meine Probleme besprechen kann".

Bei Trennung und Scheidung in ADHS-Familien schwelt der Trennungskonflikt oft jahrelang weiter.

Dagegen überrascht die 17-jährige Cindy ihre schon seit 14 Jahren getrennten (und wieder in festen Beziehungen leben-

den) Elternteile bei einem gemeinsamen Treffen mit der spontanen Aussage: „Ich hätte echt nichts dagegen, wenn ihr wieder heiraten würdet!"

Die Reaktionen der konsultierten und auch ungebeten kommentierenden Umgebung verunsichern die ohnehin schon oft weitgehend hilflos gewordenen Eltern zusehends. Nicht selten fühlen sie sich nicht ernst genommen, unverstanden und abgekanzelt von Behörden. Irgendwann fühlen sie sich auch unter Druck gesetzt.

Problematische Kommunikationsstrategien

Ständige Vorhaltungen und Ermahnungen führen überhaupt nicht weiter.

Ohne dies vorsätzlich zu planen, entwickeln die Eltern Kommunikationsstrategien, die für jeden Jugendlichen schwierig sind, auf die der Jugendliche und junge Erwachsene mit ADHS jedoch hoch explosiv oder vollständig zusammenklappend reagiert.

Krieg entsteht mit jedem Jugendlichen, wenn man ihn regelmäßig kritisiert (er verlässt dann prompt den Raum), ihn ständig überwacht, auf spontan geäußerte „Probemeinungen" abwehrend oder negativ bewertend reagiert oder sofort Besorgnis äußert. Jeder Jugendliche reagiert überempfindlich, wenn man hintergründig ständig misstrauisch ist und schlecht von ihm denkt. Kein Jugendlicher erträgt ein erwachsenes Gegenüber, das ständig leidet oder jammert und mit der eigenen Jugendzeit vergleicht. Der Jugendliche erträgt es nicht, wenn man ihm ständig vorhält, alles doch nur für ihn zu tun. Es nutzt gar nichts, ihm immer wieder zu erzählen, wenn er auf den elterlichen Rat gehört hätte, dann hätte er diese oder jene Erfahrung nicht machen müssen.

Für Jugendliche mit ADHS gilt all dies in besonderer Weise.

> *Jeder Jugendliche muss Erfahrungen selber machen, aus-probieren, experimentieren – und das ist in jeder Epoche kein einfaches Unterfangen, heute weniger denn je.*

Heftige Ausfälle

Die Eskalationen ziehen in der Routine des Alltags oft notorisches Nörgeln in immer schwierigerem Tonfall seitens der Eltern nach sich.

Der Jugendliche und junge Erwachsene entwickelt oft schlicht und ergreifend eine „Mama- oder Papa-Stimmenallergie".

Hypersensibel reagiert der Jugendliche mit ADHS auf leiseste Anzeichen des „genervten Schnaufens", wenn ein Elternteil mühsam versucht, doch ruhig und geduldig zu sein. Selbst hat er bei allen „Kommunikationsfehlern" aber schnell einen Tonfall, der äußerst übel werden kann. Unflätig, fordernd, überheblich, abkanzelnd, nicht selten durchsetzt von massiven, fäkalsprachlichen Äußerungen, erfolgen verbale Angriffe, die zum Teil bösartig erscheinen und Eltern fassungslos machen können. Im schlimmsten Fall kommt es zu Tätlichkeiten den Eltern gegenüber. Derselbe Jugendliche kann dann aber auch vollständig zusammenbrechen und heftig weinen wie ein kleines Kind.

Ist ihm eine Sache wichtig, wird er immer wieder hartnäckig bei seiner Fragestellung bleiben. Dabei scheint er völlig vergessen zu haben, dass vor ein paar Stunden noch ein größerer Eklat stattfand. Dieses Verhalten wirkt auf das Gegenüber regelrecht unverschämt oder maßlos – und ist vom Jugendlichen gar nicht so gemeint.

Weitere Kommunikationsfallen

Der Jugendliche mit ADHS kann überhaupt nicht mit resignierendem Jammer umgehen. Es entsteht ein hintergründiges Schuldgefühl bei ihm, weil er ja eigentlich nicht will, dass es

119

jemandem wegen ihm schlecht geht. Das verstärkt sich noch, wenn Vorhaltungen gemacht werden in der Form: „Weißt du eigentlich, wie viel Geld ich für deine Nachhilfe bezahlt habe?", „Soll ich denn noch mehr arbeiten?", „Du siehst doch selbst, wie fix und fertig ich bin!"

Verheerend wird es, wenn der Jugendliche schulmeisternd oder übererregt mit „Etiketten" („dumm", „faul", „schlampig", „unmöglich", „rücksichtslos" usw.) versehen wird. Diese verletzen den hypersensiblen Jugendlichen tief – mit sofort heftiger Gefühlsantwort.

Der Jugendliche mit ADHS reagiert darüber hinaus genauso wie das Kind hoch empfindlich auf Mimik und Gestik, vor allen Dingen aber auf den Tonfall. Nichts ist ihm verhasster als appellierendes Moralisieren. Ein hoch impulsives, sofortiges Explodieren, zunehmende Opposition, bis hin zur Entwicklung von regelrechten Hassgefühlen werden die Folge sein.

Der selbstbetroffene Elternteil läuft besonders Gefahr, sich in einen solchen Dialog zu verstricken, da auch er, genau wie sein Jugendlicher, die Perspektive nur wenig wechseln kann und, einmal richtig in Fahrt, kaum zu stoppen sein wird.

Die Kommunikationsstruktur in der ADHS-Familie

Bei verbalen Auseinandersetzungen mit dem Jugendlichen mit ADHS und dem selbstbetroffenen Elternteil kommen in der Regel beide von einem ins andere. Jeder hat ein immenses Elefantengedächtnis für Kleinigkeiten aus der Vergangenheit.

Beide müssen immer das letzte Wort haben, laufen sich gegenseitig von einem Raum in den anderen hinterher – wäre es nicht so bitter in den Auswirkungen, könnte es fast wie ein „Slapstick" aussehen.

Bei all diesen Problemen steigert sich der selbstbetroffene Elternteil in seiner Verzweiflung rasch in schwindelnde Höhen der Negativempfindung hinein. Er sieht nur noch rabenschwarz. Damit kann der Jugendliche überhaupt nicht mehr umgehen. Er entwickelt Abwehr, Abwertung – oder Angst. In der „Abwärtsspirale" kommt es dann nicht selten zu erschreckenden Aussagen wie „Ihr wärt doch eh' froh, wenn ich tot wäre!" oder „Also gut, dann ziehe ich eben aus!" (in der Wut geäußert), bis hin zu „Dann tut mich doch in ein Heim, dann seid ihr mich los!"

Auch die Kommunikation zwischen den Eltern ist oft sehr schwierig. Wenn der Partner nach Hause kommt, wird er vom selbstbetroffenen Elternteil mit Berichten und der Einforderung von Unterstützung überfallen. Erfolgt keine prompte Umsetzung, wird verärgert oder gekränkt reagiert – der Familienkrach ist programmiert. Gegenseitige Vorwürfe oder auch ein einseitiger Rückzug machen den selbstbetroffenen Elternteil seinerseits immer angespannter. Er merkt nicht, wie er schulmeistert, monologisiert, mit spitzen Bemerkungen nur aus seiner Sicht „sticht".

Es ist leicht vorstellbar, was in einer Familie passiert, in der beide Eltern ADHS haben!

Die Bedeutung der Erziehungshaltung

Obwohl die Symptomatik von ADHS keinesfalls durch falsche „Erziehungsmethoden" oder Bindungs- und Beziehungsstörungen verursacht wird, haben die elterlichen Reaktionen eine direkte Auswirkung auf das sich entwickelnde Kind und den Jugendlichen. Die angewendeten Strategien, die aus einer spezifischen „Grundeinstellung" heraus zum Einsatz kommen, der Kommunikationsstil, die Techniken der Bestrafung

Jugendliche mit ADHS brauchen eine konsequente, klare Führung – kein Laisser-faire, kein Zick-zack-Kurs!

beeinflussen das Verhalten dieses extremen und hypersensiblen Kindes selbstverständlich. So können Überkontrolle, überzogene Strafmaßnahmen, Ironie oder Sarkasmus die Situation weit schlimmer machen, als sie tatsächlich sein müsste. Dies gilt genauso für ständig wechselnde Methoden oder resignierendes Nachgeben aus der Überzeugung heraus, dass der Jugendliche ohnehin nicht erziehbar ist.

Gerade der selbstbetroffene Elternteil mit ADHS weiß an sich schon, dass das Kind bzw. der Jugendliche und oft auch noch der junge Erwachsene Einschätzbarkeit und Geradlinigkeit in der Führung braucht. In einer entspannten Situation ist der Elternteil jedoch schnell sehr liebevoll-empathisch und dann großzügig zugewandt, nachgiebig – ebenso wie der Jugendliche mit einem Zeitfenster nur im Hier und Jetzt – und reagiert rein emotional. Es erfolgt dann spontan eine finanzielle Zuwendung, eine Erlaubnis usw. Gleich hinterher wird klar, dass das wohl nicht so gut war – aber leider eben erst hinterher.

Das elterliche Vorbildverhalten

Das elterliche Modell spielt eine sehr große Rolle!

Die Eltern erleben, dass der Jugendliche und junge Erwachsene mit ADHS einerseits sein Entwicklungstempo völlig selbst bestimmen will, andererseits noch sehr kindlich erscheint. Sie erleben ihn als nicht belehrbar und beobachten mit Schrecken, wie er sich unter Umständen auch unter Einsatz körperlicher Gewalt das holt, was er zu brauchen meint – natürlich alles nicht die Regel, aber immer wieder vorkommend.

Je instabiler dabei der familiäre Rahmen ist und je schwieriger das vorgelebte Modell, desto problematischer wird die Entwicklung.

„Könntest du mir einmal sagen, warum ich nicht mit 12 rauchen soll, wenn du doch fast zwei Schachteln am Tag rauchst, Dad?"

122

„Red mir doch nicht in meine Beziehungskiste hinein, du hast es ja selber nicht geschafft, mit Papa auszukommen!"

„Bring doch erst mal selbst dein Arbeitszimmer in Ordnung, bevor du hier an meinem Zimmer rummeckerst, das gehört mir, du hast mir überhaupt nichts zu sagen."

„Warum soll ich dich nicht am Telefon sagen lassen, dass ich nicht da bin, wenn du dich doch auch ständig verleugnen lässt?"

Die eigene Modellvorgabe muss also kritisch überprüft werden, damit die Eltern für den hoch sensitiven Jugendlichen mit ADHS glaubhaft sein können – denn das Fehlverhalten anderer ist spannend und entsprechend konzentriert wird dieses beobachtet!

Wo bleibt denn nur die Einsicht?

Eltern fragen sich, wann der Jugendliche denn endlich mal etwas „einsehen" wird. Doch dieses Einfordern von Einsicht ist meist hoch problematisch, vor allem, wenn es mit dem Vergleich mit Geschwistern oder gleichaltrigen Jugendlichen verbunden ist. Aussagen wie „Du strengst dich einfach nicht genügend an" oder „Du denkst nur an dich, alles andere ist dir egal!", wirken zerstörend.

Dass ihr Jugendlicher etwas einsieht und aus Einsicht lernt – das ist der große Wunsch vieler Eltern.

Der Jugendliche und junge Erwachsene schreit (oder würde dies am liebsten tun): „Aber ich will doch, ich kann nur nicht, egal wie ich mich anstrenge, es klappt einfach nicht" – nur wird das nicht verstanden.

Um Einsicht zu erreichen, lassen sich die Eltern oft auf lange Grundsatzdiskussionen ein. Es entstehen ausführliche Gespräche mit allen möglichen Plänen. Hierbei kann es durchaus sein, dass der Jugendliche „einsichtig" ist, und sich bereit zeigt, an der Entwicklung verbesserter Abläufe mitzuwirken. Das stimmt Eltern hoffnungsvoll – aber sofort am nächsten Tag kann alles wieder schief gehen. Bei einer Rückfrage bekommen die Eltern höchstens zu hören: „Ich weiß nicht, warum das jetzt so gelaufen ist."

Für Eltern ist eine solche Äußerung eine Art „Ohrfeige", und es ist dann unerheblich, dass es offensichtlich ein „garantiertes Gesetz der Psychologie der Jugendlichen mit ADHS" ist, dass appellierendes Moralisieren die Situation nur noch schlimmer macht.

„Wie oft hat mir mein 13-jähriger Philipp nun schon versprochen, dass er bei den Hausaufgaben zwischen den einzelnen Fächern nur fünf Minuten Pause macht. Er entwischt, geht Fahrrad fahren oder Fußball spielen und jedes Mal muss ich ihn nach 20 bis 40 Minuten mühsam wieder zurückholen." (Philipp ist halt so charmant als jüngster Spross der Familie – und wickelt Mama als einziger Bub bei vier großen Schwestern immer wieder um den Finger ...)

Derselbe Jugendliche kann aber z. B. beim Besuch in einem Restaurant oder beim Kleiderkauf sein Elternteil ernst gemeint fragen: „Was soll ich essen?", „Sag du, was ich anziehen soll."

Wenn er gerade positiv gestimmt ist, will es der Jugendliche gerne rechtmachen (der selbstbetroffene Elternteil dann unter Umständen genauso), was die Entscheidungsschwäche

Es hilft nichts: Rücksicht, Einsicht, Übersicht und Nachsicht entwickeln sich erst spät im Leben.

noch verstärkt und nicht selten sofort wieder zu kontroversen Diskussionen führt.

Strafen – sinnvoll oder nutzlos?

Wie sollen Eltern auf das oft untragbare Verhalten ihres Jugendlichen reagieren? Ignorieren oder strafen? Aber wie? Strafandrohungen ohne Konsequenz werden rasch ignoriert und das Elternteil einfach nicht ernst genommen („Meine Alte labert mal wieder irgendwelchen Scheiß"). Ungerechte Strafen aus Sicht des Jugendlichen oder auch überzogene Strafmaßnahmen erzeugen heftige Abwehr bis hin zu kompletter Ablehnung.

Konventionelles Strafen bringt überhaupt nichts – außer Bockigkeit.

Der 17-jährige Jürgen bekommt von seinem ihm zugewandten, aber sehr autoritären Vater ein halbes Jahr Ausgehverbot wegen deutlich abgesunkener Leistungen und häufigem Zu-spät-Kommen. Er mag seinen Vater, bewundert ihn auch, hält es aber einfach irgendwann nicht mehr aus. Trotz Verbot geht er mit sehr schlechtem Gewissen doch aus. Danach kommt es zum Eklat.

Psychische Sanktionen, wie Verzweiflung und Resignation der Eltern oder enttäuschtes Loslassen mit Liebensentzug, sind für den Jugendlichen und jungen Erwachsenen mit ADHS vernichtend und geben nicht selten Anlass zu neuerlichen Verhaltensexzessen.

Es ist aber auch nicht sinnvoll, sich einfach mit dem Jugendlichen und seiner Art „zu arrangieren" und jedes Verhalten zu akzeptieren. Dieses völlige Nachgeben führt zu einer unbewussten Verstärkung der Desorientiertheit und Opposition (bis hin zu schwer wiegenden Übergriffen und Verweigerungen). Die beste Möglichkeit, auf falsches Verhalten zu reagieren, besteht darin, die Situation konsequent und ruhig zu beenden und sich und dem Jugendlichen eventuell zunächst eine „Auszeit" zu geben, damit man „wieder zu sich kommt". Später wird dann kurz und ruhig über das Fehlverhalten und die sich daraus ergebenden Konsequenzen gesprochen, je sachlicher, desto besser.

> *Eltern können mit ruhiger, freundlicher, einschätzbarer und klarer Direktivität, mit angemessenen Konsequenzen und positiven Rückmeldungen auch in unserer für Jugendliche mit ADHS immer schwieriger werdenden Zeit die Entwicklung positiv beeinflussen. Aber sie müssen dazu die Schwierigkeiten akzeptieren und brauchen positive Hilfe, um die Situation meistern zu können.*

Warum ist es heute so schwierig für Jugendliche mit ADHS?

Ein Überangebot an – medialen – Reizen, fehlende Grenzen und Strukturen, ein hoher Leistungsanspruch – wo sollen Jugendliche mit ADHS Orientierung und Halt finden?

Jugendliche mit ADHS sind offen für alles und da unser heutiges Leben ständig mehr und neue Reize bietet und immer unübersichtlicher wird, werden für sie die Orientierungsmöglichkeiten immer geringer und die Versuchungen immer größer.

Die Gesamtproblematik des ADHS verschärft sich in unserer heutigen Gesellschaft durch die unendlichen Modelle unterschiedlichster Art, die u.a. in den Medien vorgeführt werden. Es entsteht immer früher Gelegenheit, sich mit allen Perversionen, Brutalitäten und Gewaltakten auseinander setzen zu können. Rasch verlieren die Eltern auch den Überblick, was ihre Kinder und Jugendlichen eigentlich schon alles wissen und können, da sie vor allem immer das mitbekommen, was sie nicht mitbekommen sollen.

126

> *ADHS muss als ernste und chronische Entwicklungsstörung erachtet werden, die alle Facetten des Lebens betrifft.*
> *Sie schafft speziell in unserer Gesellschaft, in der ein Kind bzw. ein Jugendlicher immer früher eigenständig, teamfähig, anpassungsbereit und leistungsstark sein soll und muss, immer größere Probleme.*
> *(R. Barkley auf der 11. CHADD-Konferenz, Oktober 1999, Washington D.C.)*

Reizüberflutung

Es steht außer Frage, dass wir in einer Zeit der Reizüberflutung leben. Wer dies leugnet, kennt die Realität – gerade für Jugendliche mit ADHS – nicht. Der Jugendliche „braucht" das Handy, den Internetzugang und ist ohne PC krank. Am liebsten stundenlang spielend und nachts im Internet surfend, dröhnen sich Jugendliche mit ADHS intensiv mit Reizen zu. Da sie alles haben und überall mitmachen müssen, manövrieren sie sich oft schon früh in die Verschuldung.

Schulsituation

Die Methodik und Didaktik des Schulunterrichts wird leider zunehmend diffuser. Die Klassen werden größer und im Unterricht ist es meist viel zu laut. Das ist schon für normgesteuerte Kinder und Jugendliche schwierig.

Sehr früh schon werden in der Schule eigenständiges Arbeiten und Teamfähigkeit eingefordert. Basisfertigkeiten werden zu wenig geübt und damit nicht automatisiert. Es kommt immer häufiger zu Lese- und Recht-Schreibschwächen und später auch zu einer „Fremdsprachenlegasthenie".

Gleichzeitig steigen die Ansprüche im Leistungsbereich. Eigenorganisiertes Lernen wird erwartet. Die Anforderungen

Kinder und Jugendliche mit ADHS sind empfänglich für alles Schwierige und Negative – und sie sind gefährdet, einmal zu den 20 Prozent auffällige und vielfach behandlungsbedürftige Jugendlichen zu gehören.

127

in der Mittel- und Oberstufe sind hoch. Um gute Berufsaussichten zu haben, werden Kinder früh auf Leistung „getrimmt" – bei Jugendlichen mit ADHS kann dies gründlich schief gehen.

> *Menschen mit ADHS gab es schon immer. In unserer Lebenswelt heute führt der Wahrnehmungsstil bei ADHS aber immer häufiger zu Problemen und früher Auffälligkeit.*

Kann man denn mit ADHS alles entschuldigen?

ADHS ist keine Entschuldigung, ADHS ist eine Erklärung.

Immer wieder fragen Eltern und auch Lehrer, ob denn das Kind und der Jugendliche sich hinter dieser Diagnose nicht regelrecht verstecken könne. Sie äußern die Befürchtung, dass man mit dieser Krankheit auch jedes „unbotmäßige" Verhalten akzeptieren müsse.

Hinter dieser Befürchtung steht immer wieder die sehr problematische Auffassung, dass der Jugendliche ja könnte, wenn er wollte. Es ist für Außenstehende sehr schwierig zu verstehen, dass der Jugendliche hoch motiviert bei einer Sache sein kann oder auch mit einer bestimmten Person hoch konzentriert arbeiten kann und dann zum Teil perfekte Ergebnisse erbringt – in der Regel aber trödelt und schlampig arbeitet.

Es kommt auch Argwohn auf, wenn im Verlauf der Entwicklung des Jugendlichen Tendenzen zu „berechnendem Verhalten" registriert werden. Der ADHS-Jugendliche versteht es meisterhaft, Situationen geschickt auszunutzen, sich Vorteile zu verschaffen, zu tricksen und anderen ständig die Schuld zuzuweisen.

128

Außerdem beobachtet niemand Unregelmäßigkeiten des Gegenüber, Eigenheiten, Macken und Schwächen so genau wie ein Kind und vor allen Dingen wie ein Jugendlicher und junger Erwachsener mit ADHS.

„Meine Mutter hält mir Vorträge über die Ordnung in meinem Zimmer, aber neben ihr Bett darf man nicht schauen, da stapeln sich Bücher, zum Teil auch aufgeschlagen, und Zeitschriften, weil sie abends im Bett zu lesen pflegt. Da kann man weder saugen noch Ordnung machen. Das nervt meinen Vater unheimlich, aber sie meint, das sei ihre Schlamperecke, und die sei ihr eben heilig."
Tobias, 16 Jahre

„Ich soll mir das Lernen auf Sachfächer einteilen und jeden Tag zwei Stunden arbeiten – wenn mein Vater ein Seminar halten muss, bereitet er sich aber auch erst in der Nacht vorher darauf vor. Er sagt auch, dass er das gar nicht anders könne, denn erst dann kämen ihm die zündenden Ideen, so sei er halt. Ich bin doch genauso!"
Max, 15 Jahre

Bei anderen erkennen sie Schwächen und Probleme sofort – bei sich selbst jedoch nie.

Die Informationsverarbeitung an sich ist nicht gestört. Bei ungerecht empfundenen Reaktionen, überzogenen Maßnahmen ist der Jugendliche sehr wohl leistungsstark, da hoch motiviert und völlig „wach", wenn es um das gezielte Umgehen mit aus seiner Sicht schwierigen und unangenehmen Situationen geht. Wenn die Rahmenbedingungen „stimmen", er sich nicht überfordert oder in die Enge getrieben fühlt, sondern sich angenommen fühlt und sich für eine Sache interessiert, dann „funktioniert" er.

Je feindseliger das Umfeld, desto ablehnender ist er, je verzweifelter, umso heftiger in der Reaktion. Je stärker er ausgegrenzt wird, umso problematischer werden seine „Taten".

Michael, 19, seit der Kinderzeit mit ADHS diagnostiziert und gut behandelt, erlebt im Zuge der Trennung und Scheidung seiner Eltern eine schwierige Pubertät. Er eckt an, kommt mit der neuen Partnerin des Vaters nicht zurecht, begeht kleinere Eigentumsdelikte. Ab dem 18. Lebensjahr stabilisiert er sich sichtlich.

Beim Bummel in der Stadt ist ihm kalt. Er spricht einen jüngeren Jugendlichen an, will dessen Pullover. Der will ihm einen geben, aber eben bei sich zu Hause. Die Mutter des Jugendlichen findet das komisch, auch die ganze Art von Michael, der sich da so ungeniert benimmt. Sie ruft die Polizei. Michael versteht das absolut nicht und äußert Heftiges. Die Beamten lassen sich dies wiederum nicht bieten, einer fasst Michael an, der nun komplett ausrastet – er muss mit auf die Wache. Dort wird er tätlich und wird in die Psychiatrie eingeliefert. Er versteht das nicht. Er hat doch nichts getan und sich nur gezielt gewehrt.

Nicht entschuldigen oder hart bestrafen, sondern helfen, Selbststeuerung zu erlernen – so lautet die Maxime für den Umgang mit dem Jugendlichen. Dazu gilt es, Problemverhalten zu erkennen und zu benennen, eine der „Tat" oder dem Vorhalt angemessene Konsequenz zu finden und ohne Wenn und Aber umzusetzen.

Konkrete Hilfen für den Umgang mit dem Jugendlichen

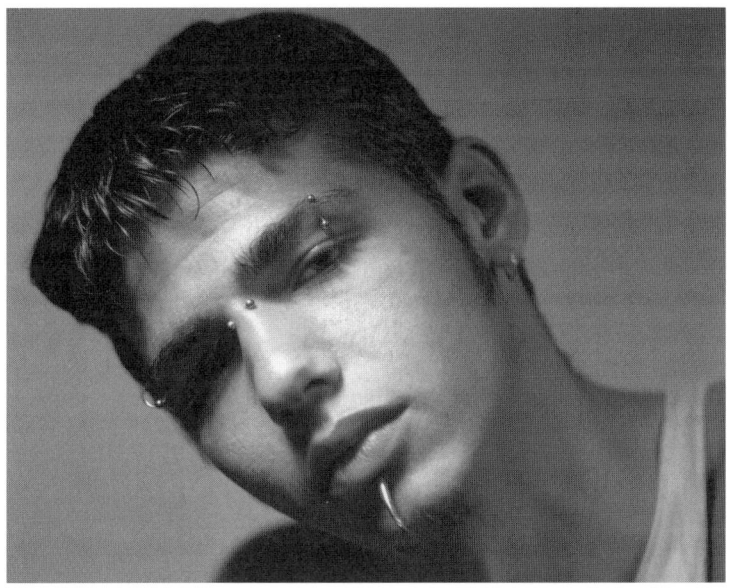

Was nun? Die Eltern kennen die Probleme. Sie wissen, warum ihr Jugendlicher so und nicht „normal" reagiert. Doch was können sie tun? Müssen sie mit dem täglichen Chaos leben oder gibt es Auswege?

Die persönliche Aufklärung

Der Jugendliche sollte unbedingt wissen, was mit ihm „los" ist – und zwar nicht erst, wenn der Leidensdruck übergroß ist.

Der jüngere und ältere Jugendliche kommt sicherlich nur in den allerseltensten Fällen von sich aus auf die Idee, dass er Hilfe braucht (außer er steckt in einer tiefen Krise). Doch meist ist die Kommunikation mit den Bezugspersonen sehr „verhakt", sodass Hilfe von außen dringend erforderlich wird.

Am besten wendet man sich in diesem Fall an eine Elterninitiative; dort kennt man kompetente Ansprechpartner.

Eine Diagnostik oder ein Hilfegespräch scheitert allerdings sofort, wenn der Helfer es zulässt, dass die Eltern endlos Negatives über den Jugendlichen in dessen Beisein vorbringen oder der Therapeut selbst aus Sicht des Jugendlichen nicht „echt" ist (d. h. süßlich, zu forsch, unklar usw.).

Als sinnvoll erweist es sich, die Bezugspersonen und den Jugendlichen getrennt zu hören. Junge Erwachsene haben häufig schon ab dem 18. Lebensjahr einen heftigen Leidensdruck, Mädchen manchmal auch schon früher. Die Kontaktaufnahme geht im Einzelgespräch viel leichter.

Nach der entsprechenden Diagnostik ist die persönliche Aufklärung des Jugendlichen über seinen Wahrnehmungsstil auf seiner Entwicklungsebene der erste und wichtigste Ansatz.

Dabei sind grundsätzlich zunächst seine positiven, syndromtypischen Eigenschaften zu benennen, seine Leistungsinseln der Kompetenz und seine individuellen Stärken (d. h. seine Fähigkeiten, Talente, Fertigkeiten). Dies gebietet schon die Höflichkeit und der Respekt vor einem Menschen. Außerdem ist der Jugendliche sonst gar nicht erreichbar, da er nur bei guter emotionaler Befindlichkeit überhaupt aufnahmebereit sein wird. Mancher Jugendliche hat zunächst Mühe, positive Äußerungen überhaupt anzunehmen. Nach all seinen Erfahrungen kann er möglicherweise schon gar nichts Positives mehr an sich sehen und ist misstrauisch, wenn ihm jemand „so kommt". Meist muss ein neutraler Dritter, z. B. der diagnostizierende Arzt oder Psychologe, diese Aufklärung übernehmen.

Mit Abwehr ist zu rechnen!

Speziell beim „schwierigen Jugendlichen" ist damit zu rechnen, dass bei diesem Gespräch sehr problematische Situationen entstehen können. Die Skepsis und der angespannte Missmut sind oft schon von weitem an der Mimik und Gestik erkennbar und werden auch ausgedrückt!

„Was meinst du, warum du heute da bist?" – „Damit ich mir von irgendeiner Psychotante doofe Psychokacke anhören muss!"

„Sie reden im Jugendlichenjargon, um sich bei mir einzuschleimen – das können Sie sich abschminken!"

Die oft sehr ausfallenden Äußerungen dürfen keinesfalls persönlich genommen werden.

Die Missbefindlichkeit muss kurz und freundlich, aber knapp thematisiert werden. Der Aufklärende muss wissen, dass er nicht in seiner Person gemeint ist, sondern in der Rolle, die er gerade für den Jugendlichen spielt. Der Jugendliche, der sich nach einer oft langen Odyssee und vielen Negativetiketten bloßgestellt und ausgeliefert fühlt, ist möglicherweise in totaler Abwehrhaltung.

Allmähliches Benennen von allgemeinen Problemen

Öffnet sich der Jugendliche etwas, weil ihn die Sache nun doch interessiert, kann man allmählich Schwierigkeiten benennen, die er noch relativ leicht akzeptieren kann, wie z. B.:

- „Kennst du von dir, dass du beim Lesen eines nicht besonders interessanten Textes Schwierigkeiten hast, Wort für Wort, Zeile für Zeile sinnerfassend zu lesen?"
- „Kennst du es von dir, dass deine Schrift bei längerem Schreiben immer krakeliger, verkrampfter und langsamer wird?" usw.

> *Die bekannten Probleme müssen benannt werden. Dann muss der neurophysiologische Hintergrund dieser Störung entsprechend dem seelischen Entwicklungsniveau und den kognitiven Fähigkeiten des Jugendlichen sachlich und einfach erklärt werden. Hilfreich ist dabei eine Visualisierung.*

In einfachen bildhaften Erklärungen sollten die neurophysiologischen Besonderheiten verständlich gemacht werden.

Benjamin, 12½ Jahre, ist bei der Schilderung „Kennst du von dir, dass ...“ völlig verblüfft, dass die Psychotherapeutin ihn so gut kennt. Hoch motiviert und zunehmend zugewandt, möchte er nun doch wissen, was bei ihm nicht so richtig funktioniert.

An einem einfachen Modell der neurophysiologischen Grundlagen wird für ihn verständlich, was die Wissenschaft weiß. Benjamin versteht: „Aha, also mitten im Kopf fehlt mir so eine Art Melitta-Filtertüte und vorne in der Birne so 'ne Art Bremsflüssigkeit!“

Genau so kann man das Problem tatsächlich sehen. Dieses Bild bleibt beim Jugendlichen haften. Wenn er nun etwas entspannter ist, weil es keine Vorhaltungen gibt, und erleichtert, dass es für sein „Anderssein“ tatsächlich eine Erklärung gibt, kann er nun unter Umständen auf Nachfrage auch noch weitere „Probleme“ zugeben oder berichtet sie spontan.

„Raste ich deswegen so tierisch aus, wenn jemand was Blödes über meine Mutter sagt? Ich kann mich dann einfach nicht beherrschen!“
Luca, 14 Jahre

„Es ist mir oft peinlich, aber ich muss so leicht weinen, wenn mich was berührt – im Kino oder im Fernsehen. Ich heule sogar bei einer Taufe.“
Nadja, 18 Jahre

„Das Gemeine ist, dass ich mich ja schon irgendwie anstrengen will. Ich habe sogar in letzter Zeit freiwillig gelernt. Aber mir ist dann vor der Arbeit ganz komisch gewesen und ich wusste gar nichts mehr – hinterher fiel mir dann wieder alles ein!"
Sven, 14 Jahre

„Mich halten alle für arrogant – dabei bin ich nur unsicher!"
Marion, 16 Jahre

Vorsichtiges Erfragen der Familienproblematik

Behutsam sollte auch nach dem Umfeld gefragt werden – wie ist das Verhältnis zu den Eltern, wie ist das Verhältnis der Geschwister zueinander? Leiden mehrere Geschwister an ADHS und wie nehmen sie sich gegenseitig wahr?

Ganz wichtig ist es, die oft verfahrene Familiensituation aufzubrechen.

„Mein Bruder bringt mich zum Weinen, weil ich nicht weiß, wie ich mit ihm umgehen soll. Er lässt mich nicht in Ruhe, wenn ich nichts mit ihm machen will. Er flippt sehr schnell aus, wenn ich ganz normal mit ihm rede. Keiner merkt, was Philipp mit mir macht, denn er macht das hinter dem Rücken der anderen. Er sagt sehr, sehr böse Dinge zu mir, schlägt mich und keiner sagt was. Er macht die Mama ganz kaputt. Er will alles, was ich will, macht aber nie etwas. Es kostet mich viel Energie, wenn wir uns streiten, und er leidet nie darunter, sondern nur ich. Er nervt mich sehr, lässt mich nicht in Ruhe, er sagt, er würde mich hassen. Das tut mir so weh. Ihm macht es nichts aus, wenn wir streiten, ich glaube, er will den Streit. Er will nie wahrhaben, dass er streitsüchtig ist, er will immer Recht haben, er ist sehr hinterhältig und entschuldigt sich nie."
Ina, 14 Jahre

Manche Eltern (ob nun selbstbetroffen oder nicht) sind völlig am Ende. Auch hier können im Gespräch schwierige Si-

135

tuationen entstehen, die empathisch – gelassen und zugleich sachlich – zu meistern sind.

„Warum erfahren wir das denn alles erst heute? Als Mutter fühle ich mich so unendlich schuldig, weil ich der Überzeugung war, die Schwangerschaftsprobleme wären an den Schwierigkeiten unseres Sohnes maßgeblich schuld."

„Das kann er nur von dir haben – in deiner Familie gibt es ja noch mehr üble Chaoten!" (Sie zu ihm ...)

Eine gute Hilfestellung für die Familie ist nur möglich, wenn beide Eltern das Syndrom akzeptieren.

Eine gegenseitige Schuldzuweisung muss unbedingt gestoppt und die Symptomatik funktionell erklärt werden. Dabei muss Verständnis für die Wünsche der Eltern gezeigt werden: Sie hätten gern Kinder, die nicht missgelaunt sind, die prompt auf eine Bitte reagieren, die sauber und ordentlich sind und pünktlich, die ihr Geld zuverlässig einteilen können, nicht telefonieren, wenn sie eigentlich arbeiten sollten ...

Vom Verständnis eines grundsätzlich akzeptierenden Umfelds, das auch einmal etwas übersieht und nicht feindselig ist, ist der Jugendliche mit ADHS völlig abhängig. Je einschätzbarer das Gegenüber, je klarer, freundlicher und ruhiger es ist, desto eher kann der Jugendliche einen Tipp akzeptieren, einen Kompromiss schließen und Unterstützung annehmen.
Das gilt zu Hause wie auch in der Schule und in der Lehre.

Aufklärung in der Schule

ADHS-Jugendliche haben in aller Regel in der Schule Probleme, die störungsbedingt sind. Daher muss auch in der Schule über die ADHS-Problematik aufgeklärt werden, weil Lehrer sonst nie Verständnis für diese andere Reaktionsweise aufbringen können – auch wenn diese Aufklärungsarbeit manchmal etwas mühsam ist.

„Jedes Schuljahr renne ich nun zu den Lehrern und sage mein Sprüchlein auf und bringe Infomaterial mit! Kann man denn nicht mehr in der Lehrerfortbildung machen? Und reden die denn im Lehrerzimmer nicht auch mal miteinander?"
Mutter eines 14-jährigen Jugendlichen

„Es ist bei aller Aufklärungsarbeit wie verhext. Mag sie einen Lehrer, arbeitet sie gut, oft sehr gut. Dann sind auch ihre Hefte top – aber wenn sie einen Lehrer nicht mag, klappt einfach gar nichts und sie kann ihre Schrift in diesem Fach selbst nicht lesen!"
Mutter einer 13-jährigen Jugendlichen

Kommunizieren und diskutieren – ein bisschen anders!

Eine ewige Diskutiererei, die zu nichts führt oder im Eklat endet – das kennen alle Eltern eines Jugendlichen mit ADHS. Da will man sachlich, vernünftig und ganz ruhig argumentieren – und dann klappt es wieder nicht. Doch man kann mit dem Jugendlichen diskutieren – es geht nur ein bisschen anders.

Kein „Vielleicht"
Besonders problematisch sind relativierende Ankündigungen in Form eines „Vielleicht". Durch den Wahrnehmungsstil bedingt, mit einem Zeitfenster nur im „Hier und Jetzt", der extrem schnell hochschießenden, emotionalen Reaktion und der syndromtypischen seelischen Entwicklungsverzögerung von mindestens 30 Prozent, kommt der Jugendliche und junge Erwach-

Wer ein paar Grundregeln beachtet, muss nicht jedes Mal wieder in die „Diskussionsfalle" geraten.

sene noch lange in seiner Entwicklung nicht mit einem Vielleicht zurecht. Bei einer in Aussicht gestellten Vergünstigung nimmt er die einschränkende Relativierung gar nicht wahr, sondern nur das Angekündigte, aus seiner Sicht Wichtige:

„Vielleicht könnten wir heute Nachmittag in der Stadt nach den Jeans schauen. Voraussetzung ist aber, dass ich das Auto bekomme."

Wie das Kind mit ADHS hört auch der Jugendliche nur „in die Stadt gehen, Jeans kaufen". Schließlich wünscht er sich diese Jeans schon lange. Die Abhängigkeit der Aktion von der Bereitstellung einer Fahrmöglichkeit, die die Mutter sieht, ist für ihn nicht wichtig und wird nicht wahrgenommen. Beim Mittagessen muss ihm die Mutter leider sagen, dass der Vater das Auto bis abends braucht und der Einkaufsbummel verschoben werden muss. Das empfindet der Jugendliche sofort als absolut gemein, hinterhältig und mal wieder typisch. Und das äußert er auch deutlich.

> *Der Jugendliche kommt mit einem Versprechen, das nicht gehalten wird, nicht klar – eigentlich etwas „völlig Normales". Durch die mangelnde Fähigkeit zum Perspektivenwechsel gelingt es ihm aber leider noch lange nicht, zu erkennen, dass manchmal etwas nicht klappen kann, weil ernst zu nehmende Gründe vorliegen. Es gelingt ihm dann natürlich auch nicht, sich entsprechend zu „beherrschen".*

Alternativen festlegen

Empfehlenswert ist es, in diesem Fall gleich eine Alternative einzuplanen („Wenn Papa das Auto braucht, gehen wir am

Samstag") und den Jugendlichen durch eine Rückfrage aktiv einzubeziehen: „Geht das für dich in Ordnung?"

Bitte nicht gereizt reagieren, wenn spontan geantwortet wird: „Soll Papa halt heute auf seine Schüssel verzichten!"

Die beste Reaktion: „Du kennst es ja von dir selber, manchmal weiß man nicht, was am Tag alles dazwischenkommt." Ohne ein weiteres Eingehen auf die vorherige Aussage wird der Jugendliche nun zwar noch brummeln, die Tatsache dann aber schlucken.

> *Durch das beiläufige Bestätigen des Wunsches, mit einem gleichzeitigen – kumpelhaften – Hinlenken auf die Erinnerung möglicher Widerstände, die der Jugendliche selbst erfahren hat, gelingt es, das Erregungsniveau niedrig zu halten. Dann hat der Jugendliche Zugriff auf seine Eigenerfahrungen. Setzt man hingegen sofort etwas dagegen, wie „Na, hör mal!", erfolgt eine prompte Opposition.*

Die Informationsverarbeitung bei Motivation (und damit positiver Stimmungslage) ist ungestört! Der Jugendliche mit ADHS weiß in aller Regel genau, wie etwas abläuft und funktioniert. Er hat nur nicht spontan in jeder Situation Zugriff darauf, schon gar nicht bei Erregung.

Vertrauen ist gut, Kontrolle muss sein

Besonders wichtig ist, dass sich die Eltern bewusst machen, dass der Jugendliche tatsächlich nur im Hier und Jetzt lebt. Er ist noch lange auf das Festlegen klarer Regeln und deutlicher Strukturen angewiesen. Keinesfalls darf er zu früh „in die vollständige Selbstständigkeit" entlassen werden. Ein „Auflaufenlassen" in der Hoffnung, der Jugendliche würde aus den

Aus den Folgen lernen – das gilt bei ADHS nur sehr begrenzt.

139

„natürlichen Konsequenzen" seines Tuns lernen, führt unweigerlich ins Desaster.

Eine Mutter klagt: „Die Lehrer reden immer wieder auf mich ein, ich solle meinen nun 13½-jährigen Sohn die Hausaufgaben ganz allein machen lassen. Er müsse das jetzt können, nur dann könnten die Lehrer erkennen, wo seine Schwierigkeiten liegen. Das Dumme ist nur, dass die Lehrer wohl doch nicht richtig mitkriegen, was er nun weiß und was nicht, denn er ist in den letzten Monaten extrem abgesackt. Jetzt ist seine Versetzung gefährdet. Ich weiß jetzt auch nicht mehr, was ich tun soll, vor allen Dingen will mein Junge ja auch schon lange gar keine Hausaufgaben mehr mit mir machen. Soll ich ihn nun gängeln, wie sein Klassenlehrer sagt, oder einfach alles laufen lassen? Ich bin so durcheinander, weil der eine das sagt und der andere jenes. Seine Klassenkameraden können das offensichtlich schon alles ganz gut, auch in unserer Verwandtschaft machen gleichaltrige Jugendliche ihre Hausaufgaben tadellos allein. Warum kann mein Kind das nicht?"

Gängeln ist sicher nicht gemeint und keinesfalls eine Überkontrolle in Form von ständigem „Hinterhersein" von morgens bis abends – vor allem beim älteren Jugendlichen. Unabdingbar nötig ist aber eine Kontrolle, ob Verlangtes durchgeführt wurde, ebenso wie das Festlegen von Settings, z. B. wo, wann und wie Hausaufgaben erledigt werden oder das Abfragen erfolgt.

Über bestimmte Grundregeln braucht nicht diskutiert zu werden – sie gelten einfach!

Klare, knappe Vorgaben

Je älter der Jugendliche wird, desto wichtiger ist es, ihm ab und an – eher selten – ohne große Appelle klar zu sagen, dass man von ihm einen ordentlichen Schulabschluss und eine erfolgreiche Berufsausbildung erwartet. Die Gesetze des Jugendschutzes gelten. Grundsätzlich sollte klar sein, dass die Eltern noch bis zum vollendeten 18. Lebensjahr wissen, wo er sich aufhält und wann er zurückzukehren gedenkt (die so genannte „akademische Viertelstunde" als Toleranzspielraum sollte natürlich gelten). Die Eltern müssen dies wissen, falls doch irgendwann einmal etwas passieren sollte. Mehr ist als Begründung nicht notwendig.

Daneben gelten einige Ordnungsregeln im familiären Zusammenleben, die einfach bestehen und nicht weiter zu diskutieren sind. Diese orientieren sich an den familiären Gegebenheiten und sind in jeder Familie unterschiedlich.

Eltern haben gesetzlich ein „Aufenthaltsbestimmungsrecht".

Es geht nur mit Gelassenheit

Die wichtigste Eigenschaft im Umgang mit dem ADHS-Jugendlichen ist Gelassenheit. Um diese freundliche Gelassenheit zu erlangen, müssen Eltern einige grundlegende Einstellungsänderungen vornehmen.

Für diese Gelassenheit gibt es „Vorbilder":
- die Vorstellung von Balou, dem Bären, am Fuße der „Erregungspalme" (Neuhaus, 1996)
- das HB-Männchen, das nicht gleich in die Luft gehen will
- die humorig-klare Persönlichkeit des „Paukers" im alten Film mit Heinz Rühmann in der Hauptrolle
- der Lehrer im Film „Der Club der toten Dichter"

Sehen wir es einmal anders ...

Wie das Kind mit ADHS ist auch der Jugendliche ständig für „Überraschungen" gut. Am weitesten kommt, wer optimistisch und humorvoll eine „Umbewertung" der Symptomatik vornimmt. In schwierigen Phasen grenzt diese Einstellung gelegentlich an „Galgenhumor", aber sie hilft, innerlich die nötige Distanz herzustellen, um einigermaßen gelassen und direktiv sein zu können.

Wenn es gelingt, die täglichen Probleme mit etwas Distanz und Humor zu sehen, bleiben viele Konflikte aus.

- So ist die Tendenz zum Kommandieren anderer möglicherweise im späteren Leben eine Eigenschaft, die man als Führungspersönlichkeit durchaus nutzen kann.
- Die Unruhe, das ständige „Unter-Strom-Stehen" und der Erlebnishunger ermöglichen später vielleicht, lang und intensiv zu arbeiten (und auch einmal zehn Projekte gleichzeitig zu managen).
- Die Eigenwilligkeit und die oft als sehr schwierig empfundene Sturheit können später zu Beharrlichkeit und Hartnäckigkeit werden, Eigenschaften, die man in manchen Lebensfeldern sehr wohl brauchen kann.
- Zwar ist die Handschrift schlecht – aber erfreulicherweise gibt es Computer für die Arbeitsbewältigung und außerdem war es schon immer etwas Besonderes, eine „Doktorschrift" zu haben.
- Das Vor-sich-Hinträumen, das Abdriften und die Eigenschaft, in der Diskussion vom Hundertsten ins Abermillionste zu kommen, ergeben möglicherweise später, oft schon im Jugendlichenalter und im jungen Erwachsenenalter erkennbar, die Begabung zur Kreativität, zur Innovation und auch zur künstlerischen Gestaltung.
- Das ständige Hinterfragen wird später nicht selten zu einem kritischen Sich-Auseinandersetzen mit Sachverhalten und zu Reflexionsfähigkeit und Entscheidungsfähigkeit.
- Das mangelhafte Einschätzenkönnen von Gefahren mit sofortigem Reagieren entwickelt sich vielleicht im Erwachsenenleben zu einem im Notfall prompten Reagierenkönnen, zur Bereitschaft, ein Risiko einzugehen und sich mit neuen Dingen auseinander zu setzen.
- Das ewige Argumentieren schleift die verbale Ausdrucksfähigkeit. In manchen Berufen ist es unerlässlich, eloquent zu sein, z. B. als Verkäufer, Vertreter, Lehrer, Anwalt ...

- Die Angewohnheit, „faul zu sein, bevor man müde ist", und geistige Anstrengung zu vermeiden, ist in der Schule problematisch. Später können eine gewisse Gelassenheit und ein Vermeiden von Unwichtigem aber durchaus nützlich sein.
- Ein problematischer Jugendlicher und impulsiver „Anstifter", dem immer wieder etwas Neues einfällt, kreiert später vielleicht interessante Ideen und schwimmt gegen den Strom.
- Die Angewohnheit, lästige Pflichten abzuwehren, äußert sich später möglicherweise in der Fähigkeit, Aufgaben delegieren zu können.
- Die Hypersensibilität und hohe Verletzlichkeit ermöglichen das sofortige Registrieren einer Stimmung oder einer Hilfsbedürftigkeit. Die Folge ist ein engagiertes Eingreifen bis an die Grenze der Selbstaufgabe.

> *Erhält ein Jugendlicher die Rahmenbedingungen, die er braucht, und hat er wenigstens einige tragfähige Beziehungen, d. h. ist in jeder krisenhaften Phase zumindest eine Person da, die ihn „coacht", d. h. mit liebevoller Annahme lenkt und ihn ab und zu auch ein bisschen zurechtstutzt, ist eine positive Sozialisation durchaus möglich.*

Die 20 eisernen Regeln des Verhaltensmanagements

Wenn man weiß, warum der Jugendliche immer wieder so und nicht anders reagiert, und man die syndromtypischen Reaktionsabläufe versteht, sind die eisernen Regeln des erfolgreichen Verhaltensmanagements bei ADHS leicht nachvollziehbar:

Durch ein klares, ruhiges Handeln lassen sich viele Problemsituationen umgehen.

1. Klares Festsetzen, welches Verhalten erwartet wird – in ruhigem, festem, aber grundsätzlich freundlichem Ton (niemals „süßlich", latent aggressiv, jammernd, resignativ ...).

   - *„Carla, heute Abend um 18.00 Uhr werde ich dich abfragen, bitte richte dich drauf ein."*

     Nicht: *„Carla, ich hoffe, du bist einverstanden, wenn ich dich heute abfrage."*

     Nicht: *„Carla, mach heute Abend bitte mal ausnahmsweise kein Theater beim Abfragen!"*

     Nicht: *„Carla, ob du einmal mit mir Erbarmen hast und mir erlaubst, dich abzufragen?"*

2. Ankündigen, welche Tätigkeiten zu erledigen sind. Dabei sollte alles angeführt werden, was an diesem Tag anfallen könnte. Nichts fordert mehr Widerstand heraus, als immer noch einmal eine Tätigkeit einzufordern. Eine kleine Liste mit diversen Jobs, morgens hingelegt, wirkt Wunder (da man sich darauf einstellen kann). Dabei ist allerdings von vornherein mit Widerstand, vor allem mit verbaler Abwehr, zu rechnen.

3. Kein Eingehen auf „Motzen" oder verbales Verweigern („Ist doch mir egal", „Mach doch deinen Mist alleine" usw.). Die Missbefindlichkeit muss gegebenenfalls von vornherein thematisiert werden.

   „Ich weiß, es nervt dich jetzt wieder einmal sehr, wenn ich möchte, dass du dein Zimmer aufräumst. Aber wir hatten ausgemacht, dass dies bis Freitagabend um 20.00 Uhr geschehen muss."

   Beim jüngeren Jugendlichen hilft auch „Mitbrummeln", Parallelreden oder einfach das „Setzen" der Verhaltenserwartung.

4. Bei Kritik und Erörterung eines Problems unbedingt immer im Hier und Jetzt an der einen Situation bleiben, nicht ausholen, nicht ausfern!

144

- *„Philipp, dein Fahrrad liegt im Gras, bitte stell es in die Garage!"*

  „Aber ich brauche es doch nachher wieder, das ist doch doof!"

  „Du hast gehört, was ich gerade von dir wollte, okay?"

  Nicht: *„Und die Luftpumpe ist auch schon wieder weg, du bist so schlampig, schau mal deinen Schreibtisch an, mach mal wieder deine Hasen sauber ..."*

  Nicht: *„Du hast immer ein Widerwort, egal was ich von dir will, helfen, Hausaufgaben. Wer glaubst du eigentlich, wer du bist? Warte nur, das erzähle ich heute Abend deinem Vater ..."*

- *„Ich möchte heute nicht, dass du sofort um 14.00 Uhr zum Jugendtreff fährst. Wir müssen erst zusammen den Sperrmüll rausstellen, da brauche ich deine Hilfe."*

  Nicht: *„Du musst nicht jeden Tag nur tun, wozu du Lust hast, ich lasse dich ja auch, denk an gestern, da habe ich den ganzen Großeinkauf gemacht, du musst ja nur ganz selten mal für mich da sein ..."*

Prompt wird empört rückgemeldet werden, wann das letzte Mal eine aufopfernde Hilfsaktion stattfand!

5. Nicht an Kleinigkeiten herummeckern, sondern nur Wesentliches einfordern. Dabei eine sofortige, häufige Rückmeldung geben mit klarer, vorher abgesprochener Konsequenz. *„Bitte bring mir deine Wäsche in die Waschküche, vielen Dank"* – *„Gleich ...!"*– *„Nein, bitte jetzt, okay!?"*– *„Hey, muss das ausgerechnet jetzt sein, reicht doch auch heute Abend!"*– *„Nein, sofort bitte, wie abgesprochen, sonst wasche ich dein Zeug nicht."* Wenn der Jugendliche brummend losgeht und seine Sachen bringt, nur noch „Oh, danke!" sagen – mehr nicht!

6. Die Anstrengungsbereitschaft muss verstärkt werden und nicht nur das Handlungsergebnis.

- *„Eva, ich kann verstehen, dass du enttäuscht bist, dass es trotz der Lernerei nur eine Drei geworden ist. Du hast dich ja richtig hingesetzt. Bleib dran, es lohnt sich!"*
  Nicht: *„Na ja, eine Drei, und das bei dem Lernaufwand?"*
  Nicht: *„Eine Drei ist ja schon ganz okay, aber das muss noch besser werden, du musst eben noch mehr lernen!"*

7. Dabei nicht extrem loben oder extrem strafen, da dies wieder extreme Reaktionen hervorruft.

8. Bei Erregungssteigerung: Blickkontakt wegnehmen, Stimme senken!
   Dies ist auch beim Abfragen von Lerninhalten gut zu praktizieren. Ohne jedes Werten und Kritisieren sollte am Thema entlang gefragt werden. Auf diese Weise ist es leichter, die Contenance zu wahren. Speziell der selbstbetroffene Elternteil profitiert davon, da er selbst schnell hochgeht.

Kinder und Jugendliche mit ADHS sind blitzschnell nur an Mimik, Gestik und Tonfall orientiert – und gehen dann sofort auf Konfrontation oder Abwehr.
Daher: In der Krise keine Fixierung in Blickkontakt und kein Heben der Stimme!

---

9. Wichtig: häufiges nonverbales oder sehr verkürztes Korrigieren, durchaus auch mit Körperkontaktaufnahme in Form des Berührens der Schulter. Dies löst eine Orientierungsreaktion aus.
   Verhaltensverschreibungen und appellierendes Moralisieren sollten absolut tabu sein („Du solltest jetzt wirklich mal ...", „Könntest du nicht wenigstens ...", „Ich möchte, dass du jetzt endlich ...").

> *„Vieles hätte ich verstanden, wenn man mir es nicht
> erklärt hätte." (Stanislav Jerzy Lec)
> Auf ADHS abgewandelt: Das ständige „Erklären" ruft nur
> Abblocken hervor.*

10. Wenn Lautwerden nötig ist, sollten keinerlei Etikettierungen erfolgen, wie „Aus dir wird höchstens mal ein Hilfsarbeiter", „Du endest noch in der Gosse", „Du bist das Hinterletzte" usw. Ein kurzes „Hey!" oder „Halt!" reichen als Signal aus!

11. Extremadverbien wie „ständig", „immer", „nie" sollten vermieden werden.

    Gerade der selbstbetroffene Elternteil hat diese Wörtchen schnell auf den Lippen und zementiert damit das Verhalten, das so schnell zu einer sich selbst erfüllenden Prophezeiung wird („Wenn ich schon nie den Mund halten kann, dann wird das eben mein Markenzeichen!").

12. Über das Zustandekommen einer Streitigkeit bei den Geschwistern gibt es niemals eine „richtige" Aussage – die Kinder trennen, kein Petzen zulassen.

    Dabei muss kurz Blickkontakt aufgenommen werden und mit tiefer Stimme fest und fixierend „stopp" gesagt werden. Die anderen müssen „aus dem Feld" geschickt werden.

13. Im Eklat ist rasches, direktives Eingreifen mit Trennen und Auszeit dringlich nötig. Eine klare Signalgabe muss erfolgen.

    Cornelius, 12 Jahre, will sich aus der Therapie abmelden. Er habe jetzt alles im Griff. Nach dieser Unterhaltung will er den Raum verlassen und reagiert nur mit provokativem Grinsen auf das erstaunte „Wie bitte?". Er macht die Tür auf und will gehen. Ein donnerndes „Halt" erfolgt, der Thera-

peut geht entschlossen auf ihn zu und erwischt ihn am Är-
mel. Cornelius wehrt sich, der Therapeut rutscht mit ihm an
der Tür entlang auf den Boden und hält Cornelius' Hände,
die ihn kratzen wollen. Cornelius brüllt wild, hier würden
Kinder misshandelt, er brauche die Polizei!
In einer Atempause meint der Therapeut – der wirklich nicht
*„zucken" darf –, er könne ruhig **nach** der Stunde die Polizei*
anrufen.
Weiter redet er nicht auf den Jungen ein, der sich so beruhigen
kann. Er wird nur mit einer Geste auf den Stuhl gewiesen ...
Er bekommt sein Arbeitsblatt hingelegt mit der ruhigen Auf-
forderung: „Okay, leg bitte los!"
Nach der Stunde, ohne jegliche Ironisierung aufgefordert,
jetzt zu telefonieren, meint der Junge: „Nö, heute sehe ich
noch mal von einer Anzeige ab. Tschüß!"

14. Unmittelbar nach einer Eskalation und Erregungssenkung sollte niemals ein verbales Aufarbeiten erfolgen. Man sollte vielmehr zum normalen Tagesablauf übergehen und das Problem deutlich später thematisieren (da sonst die Erregung sofort wieder steigt!). Es darf keinesfalls nachgehakt werden, z. B. „Hättest du nicht ...", „Hätte ich nicht ..."

15. Im „grundsätzlichen" Gespräch sollte immer erst etwas Positives vor Negativem benannt werden. Sonst setzt sofort Abwehr ein! Ebenso, wenn nach einer positiven Formulierung der nächste Satz mit „aber" beginnt! Es sollte folgendermaßen formuliert werden:

    „Ich finde, wir kommen in letzter Zeit besser miteinander
    *aus **und** ich wünsche mir, dass wir uns noch einigen bei ..."*

16. Gegebenenfalls sollte der Versuch einer schriftlichen Kommunikation erfolgen – ein Zettel mit den zu erledigenden Tätigkeiten morgens auf dem Frühstücksteller ist wesentlich weniger konfliktträchtig als das ständige Einfordern von Hilfsarbeiten im Tagesablauf.

17. Ein Jugendlicher kann nicht mehr „erzogen" werden – aber er braucht „Supervision" und muss bei anstehenden Problemen als geschätzter Partner einbezogen werden.
18. Auch noch der Jugendliche lernt am Modell! Zeiteinteilung, Ordnung, den Umgang mit Geld kann man zum Teil durch „Abgucken" lernen.
19. Das Verhalten des Jugendlichen ist nicht persönlich zu nehmen, gemeint ist immer nur die Facette der Rolle, die man gerade für den Jugendlichen spielt. In der Vergebung zeigt sich der Meister, bereit, jeden Tag aufs Neue zu beginnen, tolerant zu sein und fest wie ein Fels in der Brandung der Stimmungslabilitäten zu stehen.
20. Je mehr Humor für Syndromtypisches entwickelt werden kann, desto besser ist es. Eine paradoxe Intervention mit Humor wirkt oft Wunder!

Was tun bei Geschwisterstreit?

Ein harmonisches Zusammenleben der Geschwister wünschen sich alle Eltern. Doch wenn eines der Geschwister an ADHS leidet – oder sogar mehrere –, dann sieht die Realität meist ganz anders aus.

Am besten ist es, wenn die Eltern die Geschwister so oft wie nötig trennen.

Eine Mutter beklagt sich völlig entnervt: „Schon morgens, wenn die beiden aufstehen, geht die Gifterei los. Ein Blick genügt. Martin braucht ewig im Bad, sein Bruder wird dann natürlich ungeduldig, obwohl er sonst eigentlich grundsätzlich anders ist.

Er beklagt sich dann natürlich, worauf sich Martin sofort schreiend wehrt. Das sei doch alles überhaupt gar nicht wahr. Martin hat ständig das Gefühl, zu kurz zu kommen, zumindest benimmt er sich so. Aber das entspricht überhaupt nicht der Realität."

Um mit diesen Konflikten umgehen zu können, müssen die Eltern verstehen, warum es immer wieder zu diesen Situationen kommt:

Martin, ein 13-jähriger ADHS-Jugendlicher des Mischtypus, fordert seine Eltern schon seit vielen Jahren. Er hat immer den Mund auf, platzt immer dazwischen und erhebt sofort die Stimme. Dabei erkennen die Eltern seine ausgeprägte Fürsorglichkeit für seine chronisch kranke Mutter wie auch für seine Tiere. Der tägliche Kleinkrieg zwischen ihm und seinem zwei Jahre jüngeren Bruder verdirbt ihnen jedoch oft schon morgens den Tag, den sie beide eigentlich gern mit einem ruhigen, harmonischen Familienfrühstück beginnen würden. Der Bruder, Tom, wird ruhiger und ausgeglichener erlebt. Er müsse sich aber offensichtlich zunehmend wehren und habe, so die Eltern, inzwischen von Martin schon einiges an Unflätigkeit abgeschaut.

Tom ist für die Eltern im Umgang angenehmer, weil er leichter zu steuern ist. Im Alltag registrieren die Eltern aber zu wenig, dass sich ihre erzieherischen Korrekturen auf Martin konzentrieren. Martin kann sich zwar selbst nicht einschätzen und überwachen, registriert bei seiner Hypersensibilität aber sehr genau, dass er einfach „mehr Schimpfe bekommt". Aus Martins Sicht ist das ungerecht.
• Aber das passiert nun mal. Zu ändern ist das nicht.

Noch ungerechter findet Martin, dass die Eltern „immer nur ihn" als den Schuldigen betrachten, wo doch Tom ganz genauso oft anfängt. Tom hat natürlich längst erkannt, dass das Hauptaugenmerk der Eltern auf Martin liegt, und dass Martin so schnell hochgeht, und das aus kleinsten Anlässen heraus. Tom genießt es natürlich, der „Gute" zu sein. Er findet es maßlos gemein, wenn Martin einfach in sein Zimmer kommt und ihm etwas wegnimmt oder ihn boxt. Dann

150

rennt er zu den Eltern, beklagt sich bitter und Martin wird wieder mal geschimpft – obwohl der Anlass vielleicht nichtig war.

> *Wenn die Eltern wissen, dass sie nie bestimmt sagen können, wer der Schuldige ist, und petzen nicht zulassen, sondern die Streithähne einfach trennen, beruhigt sich die Lage bald merklich!*

Andernfalls geht es weiter:

Tom kann nicht verstehen, warum Martin durch die – aus Martins Sicht subjektiv ungerecht erlebte – Behandlung durch die Eltern sofort stinkwütend wird und dann hoch motiviert auf Rache sinnt. Das wiederum ärgert Tom besonders.

Tom kann auch nicht nachvollziehen, dass es Martin ganz schnell langweilig wird. Am Wochenende und in den Ferien oder nachmittags geht Martin deswegen einfach zu Tom ins Zimmer, wirft sich auf dessen Bett, sieht etwas, was er dann sofort in die Finger nimmt, ohne Tom vorher zu fragen. Er macht das nicht vorsätzlich, aus „Bosheit", sondern einfach, weil ihm der Gegenstand gerade in den Blick kommt und er (impulssteuerungsschwach) danach greift.

Ein Streit entsteht oft aus kleinstem Anlass heraus.

• Es sollte „Zimmerregeln" geben, mit festen Zeiten, gegebenenfalls auch der Erlaubnis, vorübergehend abzuschließen, wenn man seine Ruhe anders nicht bekommt. Denn sonst wird die Situation eskalieren:

Martin seinerseits kann nicht verstehen, warum Tom sich da so anstellt. Er hatte nur in dem Heft blättern wollen, weil er das einfach noch nicht kannte. Die überzogene Reaktion von Tom

151

ist für ihn sofort Anlass, den „blöden Bruder" nun natürlich erst recht ein bisschen zu ärgern, indem er kichernd etwas in die Hand nimmt, von dem er sicher weiß, dass es Tom besonders wichtig ist, z. B. die ausgeliehene Lieblings-CD. Die mopst er sich, hüpft behänd von der Bettcouch, flitzt durch die Tür in sein eigenes Zimmer und wirft die Tür zu. Die Tür hält er zu, damit der tobende Tom nicht reinkommen kann. Tom ist jetzt natürlich auch wütend und verzweifelt und fordert die CD brüllend wieder ein, nicht zuletzt, weil er weiß, dass Martin nicht besonders vorsichtig ist und einiges schon regelrecht „geschrottet" hat.

Als „eiserne Regel" bei Geschwisterstreit gilt:
Kein Kind oder Jugendlicher darf ungefragt etwas wegnehmen, denn sonst entsteht ein Teufelskreis.

Die Mutter kommt irgendwann dazu, Tom petzt, was Martin ungeheuerlich findet. Er bricht sofort in eine wilde Verteidigungsrede aus. Er habe das doch nur zum Spaß getan, außerdem nehme ihm Tom doch auch immer wieder was weg – die Diskussion kann endlos werden. Schlussendlich wird die Mutter einfach einfordern, dass die CD sofort zurückgegeben wird. Brummig kommt Martin dieser Aufforderung nach – noch verstimmter, noch saurer. Beim Abendessen trifft er diesen „dummen Bruder" wieder, schneidet ihm eine Fratze, äußert giftig etwas Abwertendes, wenn Tom gerade etwas erzählt. Tom wendet sich mit einem eher hilflosen Blick an den Vater, der Martin wiederum scharf zurechtweist. Und jetzt gibt die Mutter Tom auch noch das ein klein bisschen größere Fleischstück – das ist aus Martins Sicht einfach der absolute Gipfel der Unverschämtheit.
Emotional immer extrem empfindend, steigert sich Martin nun richtig hinein und empfindet, dass „immer" Tom bevorzugt

wird. Und er hat doch Recht: Nach dem Abendessen wird er dann auch noch aufgefordert, sein Zimmer aufzuräumen. Warum denn nur er? (Martin registriert nicht, dass es bei Tom zwar auch nicht so besonders ordentlich aussieht, aber längst nicht so chaotisch wie bei ihm.) Martin wehrt sich impulsiv, die unwilliger werdenden erzieherischen Reaktionen sind nachvollziehbar.

„Immer ich"

Durch die Auswirkungen der mangelhaften automatischen Verhaltenskontrolle, dem nicht ausreichend stabilen Realitätsabgleich, dem nur mühsamen Lernenkönnen von Regeln und den vielen kleinen, sich daraus ergebenden Misserfolgen entsteht beim Kind und vor allen Dingen auch beim Jugendlichen im häuslichen Miteinander das Grundgefühl: „Immer bin's ich." Besteht erst einmal diese Überzeugung, ist es sehr schwer, ein friedvolleres Miteinander zu erreichen. Damit es nicht so weit kommt, müssen klare, feste Regeln für den Umgang miteinander und für die häuslichen Abläufe existieren. Deren Einhaltung muss strikt, ohne Diskussionen, eingefordert werden.

Der Jugendliche mit ADHS entwickelt bald das Gefühl, immer an allem schuld zu sein – und reagiert nur noch aggressiv.

Die hierfür notwendigen Maßnahmen müssen in dieser Entwicklungsphase meist „sanft-autoritär", besser „liebevoll-stur" und sehr konsequent sein, sonst gibt es kein Halten!

Ständiges Kritisieren

Mit zunehmendem Alter empfindet der Jugendliche die Diskrepanz zwischen seinem Verhalten und dem seiner Geschwister immer deutlicher. Zwischen 13 und 14 Jahren beginnt auch der Jugendliche mit ADHS allmählich zu dezentrieren, d. h. er kann zunehmend besser unterscheiden zwischen einer Person und deren Verhalten – und diese Unterscheidung kann er vor allem bei seinen Mitmenschen treffen, nicht jedoch bei sich selbst. Die Perspektive wechseln kann er nicht,

ADHS-Jugendliche sehen immer alle Fehler beim Geschwisterkind. Den eigenen Anteil am Streit können sie nicht erkennen.

d. h. ein Verhalten aus der Sicht des anderen beurteilen. So benennt er nun ganz genau die Schwächen beim Bruder oder der Schwester, versucht diese den Eltern ständig zu erklären, erkennt aber nicht, was er selbst „produziert".

Die Pubertät mit ihren ganzen Auswirkungen verschärft außerdem zusätzlich die ADHS-Problematik.

Überscharf wird registriert, wie die Eltern auf das Geschwisterkind reagieren.

„Ich finde es einfach so gemein. Der Philipp (13 Jahre) braucht einfach nur sagen, dass er etwas nicht macht und schon gibt die Mama nach. Ich bin schon fertig mit den Hausaufgaben, Philipp natürlich noch nicht. Auf der Fahrt zur Therapie soll er noch Vokabeln lernen und er sagt dann, das würde er nur machen, wenn ich auch Vokabeln lernen würde. Dann sagt doch die Mama tatsächlich, ich solle halt auch noch Vokabeln lernen, ich könnte ja welche wiederholen, damit der Philipp lernt, sonst wäre der wieder so bockig.

Immer soll ich nachgeben, Mama und Papa kriegen gar nicht mit, wie fies der immer ist. Der macht doch eigentlich immer nur, was er will."
Ina, 14½ Jahre

Ina hat auch ADHS. Sie ist aber leichter zu lenken, da sie den vorwiegend unaufmerksamen, emotional impulsiven Typ repräsentiert. Dennoch ist sie genauso empfindlich wie ihr Bruder und kommt überhaupt nicht damit zurecht, dass sie als die Ältere nun die Einsichtigere und Nachgiebigere sein soll. Ina hasst Philipp – und Philipp hasst Ina –, dennoch können sie nicht ohne einander sein und vermissen sich bei Ferienaufenthalten immer schrecklich.

In solchen Fällen gilt es, die Situation genau zu analysieren, um zu verstehen, warum jeder genau so und nicht anders reagiert. Danach ist das Verhaltensmanagement (siehe Seite 143ff.) konsequent umzusetzen.

Petzen muss unterbunden werden. Man ist als Erwachsener nicht in der Lage, die tatsächlichen Vorlaufkonstellationen wirklich beurteilen zu können, d. h. wer was gesagt oder getan hat. Konfrontiert ist man nur mit dem Ergebnis des Streits, der am besten zu beenden ist, indem man die Kinder sehr direktiv, freundlich, kurz und knapp, auseinander dividiert und auch Diskussionswünsche zunächst nicht zulässt.

Leicht gesagt – aber schwer getan?

„Eine Stimme kam aus dem Chaos und sprach zu mir: Freue dich und sei heiter, es könnte schlimmer kommen. Und ich freute mich und war heiter – und es kam schlimmer."

Man muss ständig darauf gefasst sein, dass es in Geschwisterkonstellationen, in denen ADHS vorkommt, immer wieder zu Eskalationen kommt. Wenn man dies weiß, ist man flexibler und reagibler – dies gilt für den selbstbetroffenen wie auch für den nicht betroffenen Elternteil.

Wer auf Harmonie hofft, vor allen Dingen auf eine friedliche Geschwisterkonstellation (nicht zuletzt vielleicht aus dem Wunsch heraus, dass man es in der eigenen Familie anders erleben möge als in der Herkunftsfamilie), lebt zwischen Selbstbetrug und Selbstdemontage.

Wesentlich ist, wirklich bestimmt aufzutreten, unerschrocken und klar. Wem dies schwer fällt, sollte sich unbedingt die entsprechende Signalgebung aneignen, sei es nun im Selbstverteidigungskurs oder in der Hundeschule (nicht erschrecken, Kinder und Jugendliche sind natürlich keine Tiere – aber dort lernt man die kurze, knappe und eindeutige Signalgabe, die einen so starken Reiz darstellt, wie es ein Kind, vor allen Dingen aber ein Jugendlicher mit ADHS, braucht).

Wie Eltern nicht reagieren sollten

Andauernde Negativäußerungen setzen sich in der Seele des Jugendlichen fest – auch wenn es nach außen gar nicht so aussieht.

Das „Timbre" der Stimme, das innerliche Zittern, der Tonfall werden sofort registriert und führen zu extrem emotionalen Reaktionen. Eltern sind irgendwann auch nicht mehr in der Lage, die ruhige Gelassenheit an den Tag zu legen, die sinnvoll wäre. Sie verlieren dann selbst die Beherrschung und werden giftig – mit sofortiger, wiederum heftiger Verhaltensreaktion des Jugendlichen mit ADHS.

Äußern die Eltern dann in ihrer Verzweiflung „Immer wegen dir gibt es Unfrieden in der Familie" oder „Wenn du so weitermachst, stecken wir dich in ein Internat" oder „Du bringst uns noch um mit deiner dummen Art", erhält der Jugendliche mit ADHS einen tiefen Stich mitten in seine Seele. Sofort entstehen heftige Verstimmungen und Ängste – die man allerdings im Verhaltenskorrelat nicht erkennen kann.

Wie ein Widerhaken sitzt aber eine solche Äußerung im „Herzen" des Jugendlichen und er wird alle möglichen „Aktionen" starten, um sich zu vergewissern, ob man ihn tatsächlich abschieben oder loshaben will – das ist aber nicht unbedingt bewusst geplant.

Es kann aber auch sein, dass der Jugendliche regelrecht „klebrig" wird und immer wieder fragt, ob man ihn eigentlich noch leiden kann. Er kann auch immer wieder dumpf äußern, dass er „ja eh nur ein lästiges Anhängsel der Familie" sei usw.

Im schlimmsten Fall wendet er sich in irgendeiner Entwicklungsphase ab und sucht sich eine Gruppe, die alles andere als erwünscht ist. Damit zeigt er der Familie, dass er sich ja mit diesen Menschen ganz prächtig versteht und dort überhaupt nie Schwierigkeiten hat, während es in der Familie unerträglich ist.

Solche Reaktionen verstärken sich natürlich durch die physiologischen Ablösungswünsche in der Pubertät.

Mit dem Jugendlichen allein reden

Allgemeine Diskussionen über den Egoismus des Jugendlichen und der ständige Appell, man sei „doch eine Familie", führen nicht weiter und sollten unterlassen werden. Überhaupt sollte nicht vor allen Geschwistern, sondern mit dem betroffenen Jugendlichen allein über die Problematik gesprochen werden. Dann steht er nicht unter ständiger Anspannung und Abwehr, sondern ist eher bereit, Argumente aufzunehmen.

Ein konstruktives Gespräch ist nur möglich, wenn der Jugendliche nicht in „Verteidigungsposition" ist.

Eine solche ruhige 1:1-Situation könnte z. B. beim Spaziergang oder beim gemeinsamen Autofahren, wenn man sich nicht in die Augen schauen muss, genutzt werden. So kann man dem Jugendlichen signalisieren, dass man ihm jetzt zuhört und es einen wirklich interessiert, was er denkt. Beginnt er, sich zu beklagen, sollte keinesfalls sofort ein abwertendes Benennen erfolgen, sondern zunächst eine Rückfrage gestellt werden, etwa: „Wie meinst du das, wie darf ich das verstehen?" oder „Verstehe ich richtig, dass du meinst, dass ..."

Aktives Zuhören

Hilfreich ist das „Spiegeln" der Gefühle, die man wahrnimmt. Damit hilft man dem Jugendlichen, bei dem Thema, das ihm besonders unter den Nägeln brennt, zu bleiben und nicht gleich wieder abzuschweifen.

Ist der Tonfall dabei freundlich und wirkt der Erwachsene annehmend, reagiert er nicht sofort auf eine vielleicht etwas pampige Art des Jugendlichen, wird eine Zusammenfassung der Situation und ein Abchecken von gegebenenfalls notwendigen Verbesserungsstrategien möglich sein.

Die Mutter zu Ina: „Was können wir denn machen wegen der ständigen Streiterei zwischen dir und Philipp?" – „Ach, der nervt mich einfach bloß. Das ist ja euer Lieblingskind, der darf ja immer alles!" – „Du meinst, wir bevorzugen Philipp?" – „Ja, und wie! Merkt ihr das eigentlich gar nicht, dass der Philipp immer alles darf und ich überhaupt nicht? Wisst ihr eigentlich, was der tut, wenn ihr mal nicht da seid? Und hinterher bin immer ich verantwortlich für alles. Das ist so gemein!" – „Du weißt ja, wie schwierig der Philipp ist, es ist so anstrengend, mit ihm Hausaufgaben zu machen. Ich weiß, du kommst da manchmal ein bisschen zu kurz, es tut mir wirklich Leid." – „Toll, dass du das einsiehst, aber warum greifst du dann einfach nicht durch?" – „Du hast das Gefühl, ich müsste strenger zu Philipp sein?" – „Ja, unbedingt! Merkst du denn überhaupt nicht, wie der dich dauernd an der Nase rumführt? Der lügt doch dauernd." – „Was meinst du mit ,Der lügt doch dauernd'?" – „Merkst du das denn gar nicht? Der sagt, er würde jetzt in sein Zimmer gehen und Hausaufgaben machen und dabei setzt er sich doch einfach hin und spielt bloß, und wenn du reinkommst, dann sagt er, er hätte die ganze Zeit gelernt. Oder er kommt einfach in mein Zimmer und stört mich, und wenn du dann reinkommst und fragst, was los ist, dann sagt er doch, er hätte überhaupt nichts gemacht. Und du glaubst ihm noch!" – „Ich gebe schon zu, dass ich vieles wohl nicht so mitkriege, was meinst du, was könnten wir ändern?"

Ein solches aktives Zuhören ohne „Abtöten" der Konversation verlangt ein hohes Maß an Selbstdisziplinierung, ist aber für die Beilegung heftiger Konflikte unabdingbar notwendig.

Keine Verhaltensverschreibung

Beim Erarbeiten einer gemeinsamen Lösung darf bei einem Jugendlichen mit ADHS keinerlei „Verhaltensverschreibung", d. h. Verhaltensanweisung, erfolgen („Du solltest ihn einfach

158

links liegen lassen", „Ignorier ihn doch einfach", „Gib doch einfach um des lieben Friedens willen nach" usw.).

Sehr wichtig ist auch, ganz genau zu wissen, dass das Problem nicht Lösung ist. So sind Familiendiskussionen möglich, geraten aber leicht in ein endloses Diskutieren, wenn man versucht, ein Problem aus der Perspektive von jedem Beteiligten anzuschauen. Der Jugendliche (genauso wie das Kind) und der selbstbetroffene Elternteil sehen das Problem immer nur aus ihrer Sicht und brauchen Hilfe, vorsichtig in den Perspektivenwechsel geleitet zu werden.

Dies geht aber in der Familiensituation in aller Regel nicht; hier ist die 1:1-Situation notwendig: Ist man wirklich bereit, mit dem Jugendlichen eine Lösung zu erarbeiten, muss man selbst gewillt sein, ebenfalls an der Veränderung der Situation mitwirken zu wollen.

Nicht predigen oder moralisieren, sondern Fakten schaffen und Regeln setzen – so lassen sich Konflikte am besten beenden.

Rahmenbedingungen verändern

Eine Lösung vieler Konflikte könnte darin bestehen, die Rahmenbedingungen zu verändern. So können für viele Tätigkeiten Regeln für Ort und Zeit festgelegt werden. Es muss z. B. das Betreten des Zimmers der Schwester bzw. des Bruders tabuisiert werden. Auch Haushaltspflichten sollten fest eingeteilt werden; so hat z. B. ein Kind in der einen Woche Getränkedienst, das andere Kind in der anderen Woche. Bei gemeinsamen Fahrten darf abwechselnd der eine und der andere vorne sitzen. Wenn in der Familie immer wieder Geld „verschwindet", müssen gegebenenfalls abschließbare Geldkassetten angeschafft werden, für die der Schlüssel um den Hals zu tragen ist.

Hilfen für die Streitkultur

für den selbstbetroffenen Elternteil im Umgang mit dem Jugendlichen und jungen Erwachsenen:

Situation	Was tun?
Ärgerliche Ausbrüche	❏ STOPP mit der Unterhaltung – kein weiteres Aufschaukeln, kein „Nachlaufen"
Übermäßige Emotion	❏ 20 Minuten „Auszeit" – so lange braucht das Gehirn, um „runterzufahren"
Unterbrechen	❏ STOPP – akzeptieren, dass jeder reden darf
„DU-BOTSCHAFTEN" („Du hörst nie zu!")	❏ „ICH-BOTSCHAFTEN" – („Mir geht es nicht gut, wenn du nicht zuhörst.")
Automatische, negative Gedanken („Ich kann nie auf ihn zählen!")	❏ einen positiven FOCUS in der Beziehung suchen – („Du rufst oft nicht an, wenn du zu spät kommst. Aber ich freue mich, wenn du es tust!")
Hypersensibilität (Tonfallempfindlichkeit)	❏ dem Partner sagen, was man empfindet – aber kurz, knapp und niemals vorwurfsvoll!
Impulsivität	❏ Selbstbeobachtung lernen – STOPP!

Problemlösungsstrategien bei alltäglichen Problemen

Auch mit dem ADHS-Jugendlichen kann am konkreten Konflikt gearbeitet werden – nur etwas anders: Man sollte ihn zunächst fragen, was er davon „hat", wenn er so reagiert wie bisher, und was eine andere Reaktionsweise „bringen" würde. Allerdings gelingt dies nur, wenn man dabei selbst sehr sachlich bleibt.

Dieses Erarbeiten von Problemlösungen im so genannten „sokratischen Dialog" bewirkt, dass der Jugendliche sich ernst genommen fühlt. Er ist dann wacher und natürlich auch motivierter und kann vorsichtig zu einem Perspektivenwechsel hingeführt werden.

„Ina, was hast du davon (oder „was nützt es dir ...?"), wenn du gleich schreist, wenn der Philipp in dein Zimmer kommt? Was passiert dann?" – „Er rennt gleich zu dir!" – „Und dann?" – „Dann denkst du wieder, ich hätte ihm was getan!"

Durch sensibles, aber gleichwohl festes Vorgehen kann der Jugendliche zu einer differenzierteren Wahrnehmung von Problemsituationen hingeführt werden.

Mithilfe dieses Durchspielens der Situation kann sich der Jugendliche orientieren; er kann sich die Situation vorstellen. Dieses Vorgehen bewährt sich bei allen Konflikten, nicht nur im Geschwisterstreit.

Haben die Eltern zum entsprechenden Thema selbst eine interessante Anekdote aus der eigenen Vergangenheit, weckt dies schnell das Interesse des Jugendlichen. (Bedingung ist allerdings, dass man zu ihm eine gewisse Grundbeziehung hat.) Oder die Eltern haben bei anderen beobachtet, dass ...

Besonders wichtig ist diese Vorgehensweise, wenn vom Jugendlichen ganz spontan kommt: „Das lass' ich mir aber einfach nicht gefallen."

Schritt für Schritt

Wenn man behutsam, schrittweise vorgeht, besteht durchaus die Möglichkeit, dass der Jugendliche eine alternative Lösung ausprobiert. Möglicherweise kommt „Okay Mama, ich kann ja mal versuchen, nicht gleich hochzugehen, aber wie soll ich das bloß hinkriegen, wenn der mich einfach so nervt?!"

„Das Petzen von Philipp nervt dich maßlos, das erkenne ich!" – „Gut, dass du das einsiehst!" – „Was meinst du, würde passie-

> 1. *Über den Ärger reden und nicht über die Person,*
> 2. *aktiv zuhören, ohne abzukanzeln,*
> 3. *als Rückmeldung stärkende Botschaften geben, wie „An sich ist es ja eigentlich nicht deine Art, dass ...",*
> 4. *erarbeiten, was passiert, wenn man sich anders verhalten könnte,*
> 5. **ohne** *zum Schluss appellierend zu sagen „So, jetzt weißt du ja, wie das besser gehen könnte, halt dich eben dran!",*
> 6. *den Ausgang offen lassen und dem Jugendlichen selbst den Handlungsvorschlag überlassen.*

ren, wenn du nicht gleich losschreist, wenn er in dein Zimmer kommt?" – „Dann nimmt er was oder schmeißt sich auf mein Bett!" – „Hm, und wenn du ihm nur sagst, dass er gehen soll?" – „Dann hört der nicht auf mich!" – „Und wenn du dann bestimmter wirst?" – „Dann ruft er dich um Hilfe!" – „Und wenn du dann nichts weiter sagst, ihn auflaufen lässt?" – „Dann kommst du doch und meckerst mich an!" – „Aber ich sehe dann doch, dass du ruhig bist und nur er schreit!" – „Bist du sicher?" – „Wir können es ja mal so ausmachen, oder?"– „Oh, aber er ist und bleibt ein Nervbolzen!"– „Du kannst dir ja überlegen, ob du Lust hast, ihn erst mal ein bisschen auszuhalten und ich versuche, nicht gleich ‚Ina!' zu sagen. Ich weiß ja, dass er nervt."

Jetzt sind Interesse und Aufnahmebereitschaft vorhanden. Beiläufig Erwähntes zur Verbesserung der Verhaltenssteuerung kann nun mit Erfolg platziert werden:
- Erwähnen der Möglichkeit, innerlich auf 3 zu zählen, bevor man reagiert,
- der Hinweis, sich einfach abzuwenden,

- der Tipp, dass manche ganz gute Erfahrungen gemacht haben mit einem lässigen Spruch wie „heute nicht mit mir". Wenn die Eltern dabei den Blickkontakt meiden, werden diese Hinweise am ehesten angenommen.

Wichtig: der richtige Ort und der richtige Zeitpunkt

Eine solche Diskussion sollte niemals spontan aus der Situation heraus entstehen, sondern zu einem festgesetzten Termin geplant werden. Es kann empfehlenswert sein, einen „sicheren Ort" aufzusuchen, an dem eine Eskalationen nicht so schnell entstehen (z. B. im Café).

Sobald die Situation angespannt wird, ist jede Form von paradoxer Intervention mit Humor hilfreich, gegebenenfalls auch beim dazwischengestreuten Erklären, warum das Gegenüber so reagiert (das muss nicht nur den Bruder / die Schwester, sondern kann auch den selbstbetroffenen Elternteil betreffen).

Eine beratende Funktion der Eltern kann vom Jugendlichen durchaus akzeptiert werden, wenn sie nicht in Überfürsorglichkeit und Bevormundung ausartet.

Dabei darf keinerlei Ironie oder Sarkasmus auftauchen, weil dies, aktiv vom Jugendlichen als „Waffe" eingesetzt, verheerende Folgen nach sich ziehen kann. Eher liebevolle Bezeichnungen, wie „Du kennst doch unseren Explosivi" oder „Ein kleiner ADHS-Unfall war das wohl", sind wesentlich hilfreicher.

Am richtigen Platz, zum richtigen Zeitpunkt und unter klarer Definition des Problems ist auch das Aushandeln von Kompromissen möglich. Dies geht auch in der Familiendiskussion, wenn eine klare Tages- und Redeordnung eingehalten wird.

> *Oberstes Gebot bei ADHS:*
> *Nie im akuten Konflikt diskutieren oder verhandeln!*

In besonderen Krisenzeiten sollten die Eltern dem Jugendlichen vor einem Gespräch – sozusagen als erste „Kontaktaufnahme" – ein Briefchen schreiben. Natürlich muss darin auf Vorhaltungen verzichtet, sondern nur das Problem klar benannt werden. Dabei, und auch in jedem Gespräch, ist unabdingbar nötig: immer zuerst Positives benennen!

Die typischen Streitpunkte

Die Frage von Bettgeh- und Ausgehzeiten, die Taschengeldbemessung und die Erledigung von Alltagspflichten sollte in solchen Gesprächen regelmäßig im halbjährlichen Rhythmus neu erarbeitet und festgelegt werden. Sobald eine solche Unterredung jedoch zu eskalieren droht, sollte die Diskussion – nach vorheriger Ankündigung – möglichst rasch beendet und auf einen späteren Zeitpunkt verschoben werden.

Kommunikations-„Lieblingsspiele" von Menschen mit ADHS – und was man anders machen kann

1. Erheben der Stimme und Schimpfen
   - Versuche in jedem Fall, die Stimme zu kontrollieren!
2. Das „Warum-Spiel" : „Warum hast du schon wieder ...?"
   - Halt! Nur einfache Rückfragen: „Hast du es gemacht oder nicht?"
3. Das Ritual des Vergleichens:
   „Wenn Rita das so macht, mache ich es auch so ..."
   Lege die Ziele und Regeln von vornherein fest und bleib dabei!
4. Das Überforderungslied: „Ich brauche doch nicht noch zusätzlich ... tun?" – „Auch das noch?" – „Nein, das ist aber viel zu viel!"
   - Nicht so viel Zeit mit Diskussionen verschwenden – tun!
5. Vom Thema ablenken: „Aber da fällt mir noch ein ..."
   - Achtung, ganz gefährlich! Beim Thema bleiben!

6. Der arme Unwissende: „Das hast du mir alles so nicht gesagt!" – „Du hast gesagt, ich soll sortieren, aber nicht, dass ich auch noch helfen soll!"
   - Das ist mentales Hinausschieben und reine Zeitverschwendung!
7. Andere vorschieben: „Aber der X hat gesagt ..."
   - Achtung, das kann sogar als Lügen verstanden werden, nicht nur als Verzögerungstaktik!
   Stattdessen: Problem erkennen und benennen – Kontrakte schließen
8. Aufschiebe-Taktik: „Das kann ich später noch erledigen."
   - Gemeint ist oft: Nie! Deshalb: „Tu es sofort!"
9. Die „Leider-Ausrede": „Aber ich habe das leider gerade nicht dabei ..."
   - Hier muss vorgebeugt werden (mit Arbeitsplänen, Listen usw.).
10. Die „Wenn-dann"-Falle: „Wenn das noch lange so geht, dann ..."
    - Das ist nichts als Miesmacherei, deshalb:
    STOPP damit.

Das leidige Thema Aufräumen und Helfen

Bevor Eltern mit ihrem Jugendlichen Grundsatzentscheidungen zum Thema „Aufräumen und Helfen" treffen wollen, sollten sie zunächst eine Selbsteinschätzung ihres eigenen Anspruchniveaus vornehmen.

Wie wichtig sind ihnen Ordnung, Sauberkeit, Pünktlichkeit und Zuverlässigkeit in ihrer Familie?

Um diese Einschätzung vorzunehmen, sollten sich die Eltern folgende Fragen stellen:
- Bin ich selbst penibel – und gegebenenfalls, warum?
- Möchte ich es sehr ordentlich haben, weil ich sonst Angst habe, den Überblick zu verlieren?

Eltern müssen sich zunächst klar machen, welchen Stellenwert Ordnung und Zuverlässigkeit für sie selbst haben.

- Gehe ich immer vorsichtshalber schon früher zu einem Termin, um ja nicht zu spät zu kommen?
- Ist es mir wirklich wichtig, von meinem gesamten Umfeld als ein Mensch betrachtet zu werden, auf den man sich 100%ig verlassen kann?

Oder:

- Ist mein Reich eben mein Reich und wie es in meinem Arbeitszimmer aussieht, geht niemanden etwas an?
- Okay, ich bin vielleicht nicht der Zuverlässigste, aber „eine akademische Viertelstunde muss im Zeitrahmen natürlich immer drin" sein.

Der Unterschied zwischen Vorgabe und selbst Praktiziertem wird genau erkannt ...

„*Wenn mein Vater nach einer längeren Strecke von der Autobahn kommt, rennt er erst mal im ganzen Haus 'rum. Dann leert er jeden einzelnen Papierkorb in der Garage und flucht dabei die ganze Zeit vor sich hin, wie furchtbar unordentlich unser Haushalt sei – dabei haben wir gerade gestern sauber gemacht. Ein Haus ist doch zum Bewohnen da und kein Museum.*"

„*Mein Vater kommt immer zu spät zum Essen. Wenn man ihn ruft, dann hat er gerade noch etwas anderes zu tun oder macht sich gerade noch etwas zu tun. Er schaut dann entnervt, wenn wir schon angefangen haben. Aber dann isst er so schnell, dass er trotzdem als Erster fertig ist. Und dann fängt er gleich an, das Geschirr abzuräumen.*"

Die „Messies"

Messies sind Menschen, die im extremen Spannungsfeld zwischen „Ordnungsfanatiker" und „Totalchaot" leben.

Selbstorganisation ist für das Kind, den Jugendlichen und den Erwachsenen mit ADHS ein ausgesprochen heikles Thema. Wie viele Menschen dieses Problem betrifft, zeigen die nun auch in Deutschland entstehenden Gruppen der „anonymen Messies". „Messies" sind Erwachsene, die Schwierigkeiten mit dem Ordnunghalten haben. Sie können ihr Eigentum nicht verwalten. Viele sammeln alles, um nichts zu vergessen – manchmal so viel, dass die Wohnung nicht mehr begehbar ist. Dann versinken sie in ihrem eigenen Chaos, verlieren den Überblick über ihren Besitz, nicht selten auch über ihr Geld. Sie geraten in Zeiteinteilungskrisen, entweder weil sie in viel zu kurze Zeiträume viel zu viel hineinpacken oder weil sie endlos trödeln. Sie leben in einem eigentümlichen extremen Spannungsfeld zwischen „Totalchaoten" und „Ordnungsfanatiker".

Wann lernt man Ordnung?

In der Entwicklung eines Kindes ist typischerweise nur das Zweijährige wirklich ordentlich. Es erobert sich seine Welt durch Sortieren und Zuordnen: groß zu groß, klein zu klein, rot zu rot und blau zu blau. In der weiteren Entwicklung entsteht dann um einen kleinen Menschen herum immer wieder ein kreatives Chaos, wenn er zum Spiel noch diesen und jenen Gegenstand braucht, oder ihm eine neue Idee kommt. Beim normgesteuerten Kind und Jugendlichen wird allerdings irgendwann das Bedürfnis wach, erst einmal einen Platz leer zu räumen, bevor etwas Neues begonnen wird – allerdings muss es / er dabei auch erzieherisch unterstützt werden.

Dass dieser Erziehung zur Ordentlichkeit heute keine sehr große Bedeutung zukommt, ist hinlänglich bekannt. Für Kinder und Jugendliche mit ADHS ist dies bestimmt kein Vorteil.

Ordnung lernt man vor allem durch das elterliche Vorbildverhalten.

> *Grundsätzlich gilt: Ich kann nicht etwas von meinem Jugendlichen mit ADHS verlangen, was ich selbst nicht tue. Und ich kann nicht verlangen, dass er etwas unterlässt, was ich selbst nicht unterlasse. Diese vielleicht überzogen wirkende Aussage gilt leider für das Syndrom der Extreme genau in dieser Form.*

Aber es kann wirklich klappen!

Wenn die Eltern selbst Ordnung und Pünktlichkeit vorleben und bei ihrem Jugendlichen mit Konsequenz auf die Einhaltung bestimmter Grundregeln achten, sind Fortschritte möglich.

„Ich hätte es nie geglaubt. Er war so schwierig und ließ sich nichts sagen. Er war nur negativ drauf und immer übelst gelaunt.

Doch dann habe ich die Ratschläge des Verhaltensmanagements befolgt und nichts mehr persönlich genommen. Eine Weile bin ich ihm sicher sehr lästig gewesen, als ich manche Routinen auch noch in seinem Alter streng kontrolliert habe, z. B. ob er die Zahnspange drin hat. Doch jetzt ernte ich die Früchte. Wenn ich heute sage: ‚Was liegt denn da im Flur?‘, kommt er tatsächlich und meint, das sähe wohl nach Sporttasche und Tennisschläger aus. Wir grinsen dann beide – und er räumt es weg. Unsere Beziehung ist so viel besser geworden!“
Die Mutter von Dennis, 14 Jahre

> *Die Klarheit, die man braucht, die Entschlossenheit, etwas durchzusetzen, beherrschen alle Eltern und sie haben es auch schon erfolgreich bewiesen: bei der Verkehrserziehung ihrer Kinder!*

Das Management der Zeit

Alle Menschen mit ADHS haben Schwierigkeiten, Zeit einteilen und einschätzen zu können. Die mangelnde Fähigkeit zur Selbstüberwachung und Selbstmotivation und die vielen Misserfolge haben oft zur Folge, dass sich der Jugendliche gar nicht mehr damit auseinander setzen will, was er wann machen soll. Auch das andere Extrem ist möglich: Eine bestimmte Zeiteinteilung wird überwichtig („Ich bin immer pünktlich und ich werde fast verrückt, wenn mich jemand warten lässt!").

Um Zeiträume abschätzen und beobachten zu können, ist eine Analoguhr (keine Digitaluhr!) wichtig:

- Wie lange brauche ich für einen Weg (einschließlich Staus, Ampelphasen usw.)?
- Wie lange brauche ich für eine Routineaufgabe wie Duschen, Kaffeekochen usw.?
- Wie lange brauche ich, bis ich morgens „angelaufen", d. h. wach-aktiv bin?
- Wie lange brauche ich, bis ich etwas aufgeräumt habe?

Durch die Vorstellung solcher Zeiträume gelingt auch der Umgang mit der Zeit zwischen zwei Aktionen besser. Mit diesen „Zwischenräumen" können Menschen mit ADHS oft wenig anfangen, weil sie sich dabei „immer verplant" und „eingespannt" fühlen. Doch auch Zwischenräume kann man mit Positivem und Entspannendem füllen – man muss nur wissen, wie viel Zeit dafür zur Verfügung steht!

Der Umgang mit Zeit muss dem Jugendlichen „vorgelebt" und später explizit erklärt werden.

Das „24-Stunden-Rad"

S. Ledingham empfiehlt in seinem Fertigkeitentraining für Erwachsene mit ADHS ein 24-Stunden-Rad zur Basiseinschätzung. Um eine Übersicht zu erhalten, werden folgende Routinevorgänge eingetragen:

- wann man normalerweise schlafen geht
- wann man normalerweise aufstehen muss
- wann man normalerweise am produktivsten arbeitet
- wie oft und wann man isst
- wie man sich erholen will
- wann man lesen, sich vorbereiten, Sport machen, Hobbys betreiben möchte

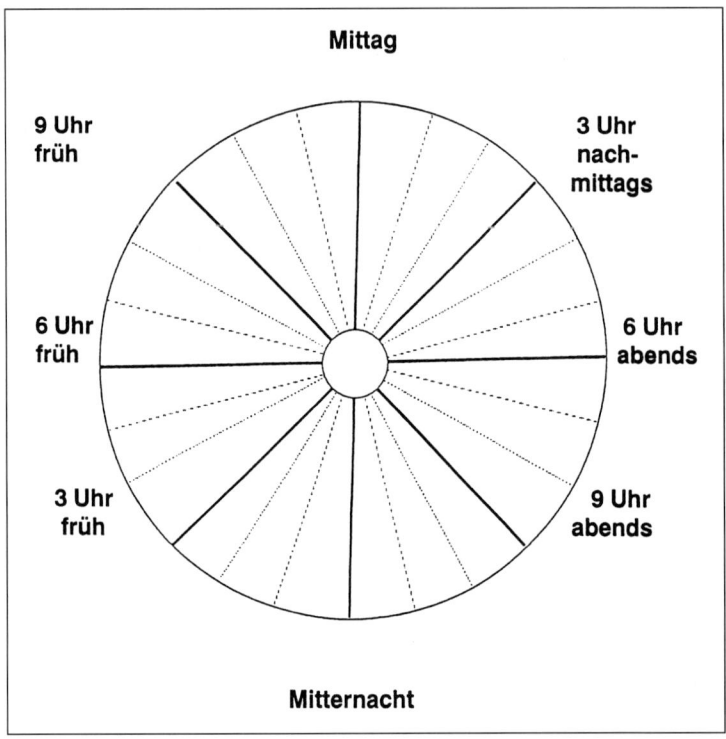

Das 24-Stunden-Rad

Ledingham empfiehlt bei der Bearbeitung, entsprechende Zonen anzufärben, um sich einen Überblick zu verschaffen und sich auf den Zeitablauf einstellen zu können.

Zu dieser Planung sollten zusätzlich ein Jahresüberblickterminer und ein Wochenplan mit der Zeitplanung für jeden Tag herangezogen werden. Nur so können das Zeitchaos und die damit verbundene Hektik (unerträglich für ADHS!) entzerrt werden.

Zeit sichtbar machen

Zentral für das Zeitverständnis und die Zeitplanung ist es, Zeit sichtbar zu machen! Im Jahresüberblickterminer werden

170

alle Daten, wie Geburtstage, Arzttermine, Ferien usw., festgehalten. Im Wochenplan stehen die Fixpunkte, die erledigt werden müssen, beim entsprechenden Wochentag, wie Mülleimer rausstellen, zur Reinigung gehen, Bücher in die Bibliothek zurückgeben usw. Solche Terminpläne sind auch für den selbstbetroffenen Elternteil hilfreich.

Es ist unerlässlich, Terminpläne für die kurz- wie langfristige Planung zu führen. Dort werden alle Termine eingetragen.

Zeit	Mo	Di	Mi	Do	Fr	Sa	So
7.^{00}	Bücher zurück- geben		Müll				
8.^{00}							
9.^{00}						Großein-	
10.^{00}						kauf	Regelplan-
11.^{00}				Reinigung		-"-	konferenz mit Sebastian
12.^{00}						-"-	
13.^{00}							
14.^{00}					Zahnarzt		
15.^{00}							Karins
16.^{00}	Sebastian		Sebastian				Geburts-
17.^{00}	Therapie		Abhören f.				tagskaffee
18.^{00}			Englischtest				
19.^{00}							
20.^{00}		Volkshoch-					
21.^{00}		schule					

Je feiner strukturiert der Wochenzeitplan ist und je genauer er eine Zeit lang geführt wird, desto schneller entdeckt man die „Zeitfallen", z. B., dass man in der Mittagszeit viel zu viel auf einmal erledigen möchte, wie kochen, telefonieren, aufräumen, nebenher die Kinder zu den Hausaufgaben treiben, weil man bereits um 14.00 Uhr wieder einen Termin wahrnehmen muss.

Die Folge ist, dass man sich gehetzt fühlt und entsprechend reagiert. Das Kind oder der Jugendliche spürt diese Hektik – wehrt sich und wird noch langsamer.

Ältere Jugendliche profitieren von exakt ausgearbeiteten Zeitplänen, auch wenn sie diese zunächst nur murrend und knurrend akzeptieren.

Terminpläne müssen sichtbar bleiben – elektronische Notebooks sind nicht effektiv, da man die Termine immer wieder wegklickt – sie sind dann weg!

Florian, 14, meint: „Weißt du, es ist schon ätzend mit den Plänen, aber ohne ein bisschen Druck geht bei mir nix."

Jens, 23 Jahre, arbeitet im Studium nur noch mit Plan (und Eigenbelohnung), nachdem er tage- und wochenlang nur am Computer gespielt hatte (und sich selbst als spielsüchtig bezeichnete).

Zeitplanung und Zeiteinteilung werden am besten gelernt, wenn man sie als Kind und Jugendlicher am Modell erlebt – ohne ständige Belehrung in Form „leerer Worte".
Je früher dies beginnt, desto besser, denn sonst entsteht – zusammen mit der Vergesslichkeit – das chronische Gefühl des „Hinterherseins".

Mara, 30 Jahre, fährt jeden Samstag in die Anwaltskanzlei, um noch mal abzuchecken, ob sie in allen Akten alle Fristen eingehalten hat, da sie es nicht fertig bringt, diese sofort im Zeitplaner einzutragen.

Das Management der Gegenstände

Die „ewige Sucherei" – das kennen wohl alle Menschen mit ADHS.

Das Kind, der Jugendliche und auch der Erwachsene mit ADHS haben etwas in der Hand, etwas anderes fällt in ihren Blick, der vorige Gegenstand wird irgendwo abgelegt, nicht „bewusst" registrierend, wo. Danach erfolgt die Suche nach Schlüssel, Heft, Brille usw. – weil man schon wieder woanders war oder etwas drübergelegt hat und der Gegenstand im wahrsten Sinn des Wortes „aus dem Sinn" ist.

Ein chaotisches Zimmer oder ein chaotischer Schreibtisch, mit Bergen zu sortierenden oder abzuarbeitenden Dingen überwältigen einen Jugendlichen oder Erwachsenen mit ADHS völlig. Bei diesem Anblick wird er schlagartig müde und erschöpft oder empfindet den dringenden Wunsch, etwas anderes zu tun, wegzulaufen, zum Fernseher, an den Kühlschrank, in den Garten ...

Anleitung zur Einteilung

Angesichts dieser Überforderung hat die Anleitung zur Einteilung oberste Priorität: Eine To-do-Liste muss angefertigt werden. Dabei muss die zu bewältigende Arbeit nach Aufwand und Wichtigkeit „portioniert" werden.

J. J. Mayer spricht 1997 von der „Master-Liste", auf der alle zu erledigenden Aktionen aufgeführt werden:

- Schreibtischplatte aufräumen
- Schreibtischschubladen „ausmisten"
- Strumpfschublade sortieren
- Zeitschriften im Schlafzimmer sichten
- Zeitschriften im Wohnzimmer sichten usw.

Diese Liste wirkt erst mal erschreckend – aber sie verschafft den Überblick. Dann werden die Arbeiten auf die Wochentage verteilt – eine Tätigkeit pro Tag – und diese Einteilung in den Wochenplan eingetragen. Entsprechend wird die Liste abgearbeitet.

Eines nach dem anderen – das muss unbedingt gelernt werden.

Belohnung muss sein!

Nach einer halben Stunde Aufräumen oder Sortieren muss zur Selbsterholung eine kleine Pause mit einer angenehmen Tätigkeit erfolgen (aber nicht eine Stunde Computerspielen!). Dann kann ein erneuter Anlauf genommen werden. Es sollte aber nicht länger als zwei Stunden am Stück „gearbeitet" werden.

Erledigtes muss abgehakt werden! Dieses Abhaken belohnt sehr – und eine bewusste und aktive Selbstbelohnung muss sein, weil das von allein im ADHS-Gehirn nicht klappt!

Kinder und Jugendliche mit ADHS brauchen für die erfolgreiche Bewältigung der gesetzten Aufgabe unbedingt eine Belohnung.

173

Der jüngere Jugendliche braucht eine Belohnung von außen in Form von Punkten oder Computerspielminuten, die er sich verdienen kann (vgl. Regelpläne, Neuhaus 1996).

Der „Aufräumwahn"

Gelegentlich kann es vorkommen, dass den Jugendlichen ein „Aufräumwahn" packt: Freiwillig geht er mit Mülltüten bewaffnet in sein Zimmer und räumt über Stunden verbissen auf, maßlos stolz über sein dann sehr gelungenes Werk.

Mädchen entwickeln nicht selten eine Vorliebe, ihr Zimmer immer wieder anders zu dekorieren oder umzustellen.

Bei so viel investierter Anstrengung und Hingabe sind Eltern aber nicht selten genauso verblüfft wie der / die Jugendliche, dass das Zimmer innerhalb kürzester Zeit ganz ähnlich aussieht wie vor der Aktion – der Jugendliche weiß selbst nicht, wie das kommt. Die Anleitung gelingt beim Jugendlichen nicht selten nur unter Medikation, weil er sich sonst überhaupt nicht „aufraffen" kann.

> *Das „strategische Aufräumen" sollte schon ein Kind mit ADHS lernen. Es sollte dabei freundlich und ruhig dazu angeleitet werden, sich vom Größten zum Kleinsten hinzuarbeiten.*
> *Auch der Jugendliche profitiert von dieser Anleitung, allerdings muss ihm vor allem in Form von Tipps und Tricks vermittelt werden, wie man sich am besten durch das Chaos wühlt.*

Mithilfe im Haushalt

Zum Erwerb einer kompetenten Selbstorganisation gehört natürlich auch das Erledigen von langweiligen Alltagsroutinen, u. a. auch die Mithilfe im Haushalt. So muss die Wäsche einsortiert werden, ein Gang erledigt werden, der Mutter eine Tätigkeit abgenommen werden usw.

Solche Aufgaben müssen im ruhigen Gespräch besprochen werden.

Möglicherweise muss schriftlich ein bestimmter Zeitpunkt festgelegt werden, bis zu denen sie erledigt sein müssen.

Gelingt es dann, den Jugendlichen nicht ständig daran zu erinnern oder ihn immer wieder zu drängen oder ihm immer noch neue Pflichten aufzubürden, wird hier durchaus ein Erfolg zu verzeichnen sein.

Aber Achtung, hier steckt die Tücke im Detail:

„Jetzt haben wir uns eine Liste gemacht, aber meine 18-jährige Tochter erledigt sie einfach nicht. Immer wieder muss ich sie daran erinnern, dass sie mir doch zugesagt hatte, die Liste abzuarbeiten. Ich rufe deswegen extra mehrfach aus dem Geschäft an, aber sie wird immer giftiger, obwohl sie eigentlich versprochen hatte, das zu tun."
Mutter von Lena, 18

Keine Frage: Gerade wegen der Anrufe geht es schief! Dies ist besonders gefährlich, wenn bereits eine lange Vorgeschichte der Nörgelei besteht.

Viel erfolgversprechender ist es, wenn von vornherein Belohnungen für erfolgreiches Arbeiten festgelegt werden! Außerdem muss es egal sein, wann der Jugendliche – im Rahmen seines Zeitplans – eine Aufgabe ausführt.

Wichtig ist nur, dass er sie überhaupt erledigt. Wichtig ist dabei auch, dass unter Geschwistern Aufträge möglichst gleichmäßig – natürlich angepasst an das Entwicklungsalter – verteilt werden. Denn Gerechtigkeit geht über alles!

> *Sich selbst organisieren bedeutet, einen willentlichen Sieg über die mangelhafte automatische Verhaltenskontrolle zu erzielen. Außerdem muss es gelingen, die Aufmerksamkeit auch bei diesen „langweiligen" Aufgaben aufrechtzuerhalten. Das ist anstrengend. Deshalb muss auch in diesem Alter mit Konsequenzen – positiven wie negativen – gearbeitet werden.*

Organisation in allen Lebensbereichen

Wird die Regeleinhaltung schon früh eingeübt, d. h. angekündigt, eingefordert und kontrolliert, erfolgt im Laufe der Zeit eine Automatisation.

Es führt nicht weiter, wenn man Ordentlichkeit nur in einem Bereich einfordert, denn dann wird die willentliche Selbststeuerung nicht automatisiert.

Ein Vater: „Aber das ist ja schrecklich. Ich finde das kreativ, wenn mein Jugendlicher eigentlich nur dann etwas tut, wenn er wirklich Lust dazu hat. Er soll doch keine Maschine werden. Seine Jugend soll er doch genießen können. Die einzige Verpflichtung, die mein Jugendlicher hat, ist, dass er seine Schulangelegenheiten ordentlich in den Griff bekommt."

Dieses scheinbar einfühlsame und verständnisvolle Argument ist tückisch: Wenn im Alltag bei uninteressierenden Kleinigkeiten großzügig gewaltet wird, ist für den Jugendlichen überhaupt nicht vorstellbar, warum er sich im noch uninteressanteren Schul-Lernleistungs-Bereich, der ihm nur „kostbare" Freizeit stiehlt, anstrengen soll. Das Leben sonst ist ja angenehm, man kann vorwiegend das tun, was man möchte und das ist das oberste Lebensprinzip des Jugendlichen mit ADHS. Also wird das „Schulzeug" ganz ähnlich behandelt, Kritik hieran wird nicht verstanden oder wird abgewehrt. Wozu soll der Schulranzen aufgeräumt werden? Man braucht ihn

Matzis Arbeitswochen im Monat .... 200...

ZEIT	MONTAG	DIENSTAG	MITTWOCH	DONNERSTAG	FREITAG	SAMSTAG	SO
S	Reli	-	Gemeinschaftsk.	Physik	Deutsch		
C	Englisch	Deutsch	Mathe	Geschichte	Englisch	F	F
H	Erdkunde	Mathe	Englisch	Chemie	[Engl.-HA]	R	R
U	Mathe	Physik	Reli	Mathe	Technik	E	E
L	Bio	Geschichte	-	Englisch	Technik	I	I
E	-	-	-	Deutsch	Technik		!!!
13.00	Mittagessen	Mittagessen	Mittagessen	Mittagessen	Mittagessen	Mittagessen	
14.00	Bildende Kunst	** Deutsch / * Heftordnung	** [Gem.kunde] / ** Engl.-HA / * Engl. Vok. Wdh. / * Mathe-HA / * Geschichte-Wdh. / * [Chemie üben]	14.30 Uhr / *** Engl.-HA / * Geschichte-HA / *Mathe-HA+üben / * [Technik]	**Deutsch-HA / * [Geschichte fertig] / * [Mathe fertig] / *** Engl.-HA / * [Physik üben]	LERNZEIT / vor einer Klassenarbeit / In 2 Blöcken / *** 14 – 15.30 h / ***17 – 18.30 h	
15.00	Bildende Kunst	Sport				Chemie üben / Technik üben	
16.00	-	Sport		Fahrt	-	Physik üben / Geschichte-Wdh.	
17.00	** Engl. Vok. 20' / + 10' Abfragen / * [Physik üben]	-		Therapie	Pfadfinder	Reli	
18.00	Freundeskreis	-	-	Fahrt	Pfadfinder	-	
19.00	Freundeskreis	-	-	-	Pfadfinder	-	
20.00		-	-	-	Pfadfinder	-	

ABRECHNUNG

ZEIT	MONTAG	DIENSTAG	MITTWOCH	DONNERSTAG	FREITAG	SAMSTAG	SO
Max.	***	***	********	******	********	******	
Min.	**	***	*****	*****	*****	*****	
Wenn < Min., pro * 20 Min. Verlängerung	um 18.00 Uhr	um 18.00 Uhr	um 18.00 Uhr	um 17.00 Uhr oder bei Therapie um 19.00 Uhr	um 16.00 Uhr	um 19.00 Uhr	
Σ 1 Wo. =							
Σ 2 Wo. =							
Σ 3 Wo. =							
Σ 4 Wo. =							
Σ 5 Wo. =							

Arbeit in Fächern, die mit [] = bei Bedarf! gekennzeichnet sind, werden mit * honoriert, wenn mindestens 20 Min. dafür gearbeitet werden musste.

Pro * erhält Matzi DM 0,50! Die Auszahlung findet wöchentlich am Samstagabend statt. Matzi verpflichtet sich, für jeden fehlenden * 20 Min. nachzuarbeiten!

Datum: _____   Unterschriften der Vertragspartner: _____

doch morgen wieder. Wieso soll das Erdkundeheft sauber geführt werden? Hauptsache, es steht annähernd das drin, was drinstehen soll usw.

Ohne Pflichtbewusstsein kein Erfolg im Leben

Doch spätestens in der Ausbildung wird das zuverlässige Abarbeiten von Pflichten verlangt, ebenso wie die Fähigkeit, Kritik zu ertragen und entsprechende Verbesserungen umzusetzen. Für einen Jugendlichen, der dazu nicht von klein auf angeleitet wurde, ist das höchst schwierig.

> *Nur wenn der Jugendliche regelmäßig mit Hilfe eines Belohnungssystems zum Lernen, zum Aufräumen und zur Mithilfe angeleitet wird, übt er diese Routineaufgaben ein. Dann verfügt er im Erwachsenenalter über die Fähigkeit, von sich aus die Kontoauszüge abzuheften, die Bilder ins Album zu kleben, die Wäsche aufzuräumen, die Zeitungen auszumisten usw.*

Der Umgang mit Geld

Jeder Jugendliche mit ADHS hat (wie schon das Kind) große Schwierigkeiten mit dem Verwalten seines Geldes. Durch plötzlich aufkeimende, dringliche Wünsche einerseits und das Nicht-überblicken-Können, wie lang ein Monat nun wirklich ist, wird schnell die zur Verfügung stehende Summe ausgegeben.

Natürlich sollte auch ein Jugendlicher mit ADHS Taschengeld bekommen – im Rahmen der finanziellen Möglichkeiten der Eltern. Es sollte ihm aber keine größere Summe ausgehändigt werden in der Hoffnung, dass er dann schon lernen wird, sich das Geld einzuteilen. Denn das kann er noch lange nicht. Deshalb sollte er sein Taschengeld „portionsweise" bekommen. Wenn vereinbart, kann er zu bestimmten Zeitpunkten, an denen auch wirklich Kleider zu kaufen sind, zusätzlich Kleidergeld bekommen.

Wenn Geld da ist, wird es ausgegeben. Das „Einteilen" scheint ein Buch mit sieben Siegeln zu sein.

Keine Vorschüsse

Was der Jugendliche mit seinem Taschengeld macht, ist seine Sache. In Acht nehmen sollten sich Eltern allerdings vor dem syndromtypischen „Schnorren", dem Erbitten von Vorschüssen, die natürlich „ganz sicher" zurückgezahlt werden – was allerdings niemals erfolgt, weil der Jugendliche in aller Regel unter chronischem Geldmangel leidet. (Einige Jugendliche bieten genau das gegenteilige Bild – sie „sitzen" auf ihrem Geld.)

Kein Sinn für Wertvolles

In Ermangelung des „Überblicks" können Jugendliche mit ADHS den Geldwert oft noch nicht richtig einschätzen; sie verlieren wertvolle Gegenstände und machen Wertvolles kaputt. Das ist leider so.

Die Devise lautet: weniger Wertvolles kaufen, teure Besitztümer entfernen, die Zimmereinrichtung des impulsiv-expansiven Jugendlichen erst nach der Pubertät neu anschaffen.

Mit Unfällen, Schlampigkeit und daraus folgenden Verlusten, wie auch mit der Zerstörung im extremen Affekt, kann man leider nur etwas „philosophisch" umgehen.

Eigentumsdelikte

Bei Eigentumsdelikten sollte niemals Taschengeldentzug oder Taschengeldsperre erfolgen, da dies in aller Regel genau das Gegenteil zur Folge hat von dem, was man bezweckt: Geld fehlt – man beschafft es sich ...

179

Ein konsequentes, „hartes" Durchgreifen ist bei Eigentumsdelikten unverzichtbar.

Wird der Jugendliche bei solchen Vergehen erwischt (und genau dies sollte der Fall sein), ist eine große Standpauke zwecklos. Denn der Jugendliche weiß sehr genau, dass dies ein „unerwünschtes" Verhalten ist. Und er kennt die Gründe (oder auch nicht) für seine Verfehlung.

„Ich habe einfach viel zu wenig Taschengeld im Vergleich zu meinen Kumpels. Mein Vater merkt sowieso nicht, wenn ich hier und da mal einen Zehner aus seiner Geldbörse nehme."
Matthias, 14 Jahre

Esther, 18 Jahre, einziges Kind geschiedener Eltern, beide Akademiker, anspruchsvoll und kritisch, versucht so gut es geht, sozial erwünscht zu sein. In der Schule ist sie bienenfleißig, höflich und zurückhaltend. Aber sie klaut regelrecht kleptoman alle möglichen Dinge in Kaufhäusern – wie sie später einmal gesteht, um sich ein bisschen für die Anstrengung zu belohnen. Sie benutzt die gestohlenen Sachen aber nie, das würde sie sich nie trauen.

„Es gibt mir einfach einen Kick, etwas wegzunehmen. Das ist für mich so richtig Abenteuer."
Patrick, 14 Jahre

Am wirksamsten ist es, wenn der Jugendliche tatsächlich erwischt wird, in das Polizeifahrzeug einsteigen muss und auf der Wache verhört wird.

Bei wiederholten Vergehen sind ein Jugendverfahren und soziale Arbeitsstunden richtig. Hier sollte nicht abmildernd eingewirkt werden. Denn nur so erhält der Jugendliche einen ausreichend starken „Reiz", um sich der Tragweite seines Vergehens bewusst zu werden.

Wird der Jugendliche zu Hause erwischt, ist es ebenso sinnvoll, im Gegenwert eines bestimmten DM-Betrages Arbeitsstunden anzusetzen und zwar mit sofortigem Beginn. Gleichzeitig sollten alle Vergünstigungen und Freizeitaktivitäten wegfallen, bis die Arbeitsstunden abgeleistet sind.

„Es ist schon echt ätzend gewesen, für die 100,00 DM 10 Stunden arbeiten zu müssen. Ich musste den ganzen Keller ausräumen, sauber machen und unter Kontrolle meines Vaters, der alle 20 bis 40 Minuten auftauchte, wieder einräumen. Und das, obwohl eigentlich am Wochenende Party angesagt war. Aber ich glaube, ohne ein bisschen Druck kapiere ich das sonst nie."
Jens, 15 Jahre

Yannick, 18 Jahre, hat bei seiner Oma 2.500,00 DM geklaut. Er will das ja schon zurückzahlen – eigentlich: Aber er hat ein Handy und damit jetzt schon zum dritten Mal eine Rechnung über 400,00 DM im Monat. Die Mutter will ihm „eine Brücke bauen" und schenkt ihm die Bezahlung der Handyrechnungen zum Geburtstag. Der Vater regt an, Yannick könne das geklaute Geld von seinem Guthaben, das er noch von der Konfirmation hat, bezahlen. Doch diese „Hilfestellungen" sind gefährlich, denn Yannick lernt so nur, dass sich „alles von allein erledigt".

Bei größeren Summen muss gegebenenfalls ein „richtiger" Job angenommen werden, dessen Ertrag der Abzahlung dient. Nach der Abzahlung ist das Thema aber vom Tisch, die Missetat ist dann „abgehakt".

Bei allen Verhaltensexzessen gilt, dass der Jugendliche immer wieder eine ganz neue Chance erhalten muss, unbelastet und vorurteilsfrei von vorn anzufangen.

181

Das Schwierigste ist dabei für die Eltern, mit dem eigenen Ärger und der eigenen Enttäuschung umzugehen und es immer wieder aufs Neue fertig zu bekommen, diesen „Mist" nicht als Affront gegen die eigene Person zu nehmen.

Richtig reagieren

Herausfordernde Verhaltensweisen des Jugendlichen und die mögliche Intervention:

- *Bei der Suche nach Unabhängigkeit und Freiheit: Ermuntern, vertrauen, bis sich herausgestellt hat, dass der Jugendliche nicht vertrauenswürdig ist. Dennoch beobachten, welche Aktivitäten und Freunde der Jugendliche hat. Immer wieder an Kompromisse denken, eine attraktive Alternative anbieten und auf jeden Fall Situationen schaffen, in denen beide Teile Gewinner sein können.*

- *Konflikte mit Erwachsenen: Regeln müssen klar aufgestellt werden, wobei der Jugendliche in das Erstellen der Regeln einzubeziehen ist, die dann niedergeschrieben und festgehalten werden müssen.*

Bei der syndromtypischen seelischen Entwicklungsverzögerung wird oft gehandelt, also ob der Jugendliche jünger sei – die Erwartungen an den Jugendlichen müssen angepasst werden. Das heißt konkret, ein Jugendlicher mit 16 Jahren ist in jeder Hinsicht ernst zu nehmen, aber er empfindet und reagiert noch wie ein Elfjähriger!

Besondere Probleme – Widerstände und Ablösungsversuche

In der „Superpubertät" bei ADHS entstehen Konflikte, die weit über den Rahmen typischer Pubertätskrisen hinausgehen. Aber auch damit kann man umgehen lernen.

„Ich lass' mir doch von dir nichts mehr sagen!"

Jugendliche mit ADHS erleben die Ablösungstendenzen in besonders intensiver Weise.

Diese Aussage kennen wohl die meisten Eltern von Jugendlichen. Sie gehört zum „normalen" Ablösungsprozess vom Elternhaus. Gleichzeitig orientieren sich die Jugendlichen immer stärker an Gruppierungen anderer Jugendlicher („peers").

Auch der Jugendliche mit ADHS sucht sich oft schon sehr früh seine eigenen Wege. Er orientiert sich aber nur sehr begrenzt an Gleichaltrigen, sondern viel stärker an wesentlich Älteren und wesentlich Jüngeren. Bei den älteren Jugendlichen findet er seine Interessenlage und seinen Selbstbestimmungswunsch wieder, bei den jüngeren befriedigt er seine Kontaktwünsche und sein „Helfersyndrom".

„Austesten"

Der Jugendliche mit ADHS setzt sich über Ver- und Gebote oft hinweg und testet immer wieder aus, wie weit er gehen kann. So probiert man immer wieder aus, wie lange man wegbleiben kann, vergisst den festgelegten Zeitpunkt, kann sich „einfach nicht trennen" oder kann es „einfach nicht bringen", jetzt schon gehen zu müssen, weil man sonst wie ein Wickelkind erscheint.

Bastian, 15½ Jahre, „musste" eben einfach mit den Zwölftklässlern in eine In-Disco der nächstgelegenen Großstadt. In Diskussionen versuchten die Eltern „vernünftig" auf ihn einzuwirken, aber sie scheiterten. Seine Mutter:

„Eigentlich habe ich eine gute Beziehung zu meinem Sohn, der ja seit seinem 3. Lebensjahr mit ADHS diagnostiziert ist. Mit Humor habe ich auch immer wieder einiges hingekriegt, wenngleich das Nervenkostüm doch recht dünn geworden ist. Aber in dieser Phase der Pubertät wusste ich zunächst auch nicht mehr weiter. Es war ihm einfach egal, dass wir uns sorgten, wie er

184

nachts wieder zurückkam. Das Jugendschutzgesetz gelte ja eh' nicht mehr, kein Mensch würde sich heute mehr daran halten, wir lebten hinterm Mond, er könne die Verantwortung für sich jetzt voll tragen.

Die letzte S-Bahn geht aber um 1.00 Uhr nachts. Wir wollen nicht, dass er mit einem angetrunkenen jungen Erwachsenen Auto fährt. In meiner Verzweiflung habe ich mich dann einfach zur vereinbarten Zeit auf den Weg gemacht und mich in der Disco neben meinen Sohn gesetzt und eine Cola bestellt. Er war so verblüfft, dass er ganz schnell bezahlte und mich drängte, nach draußen zu gehen. Wir sind relativ friedlich nach Hause gefahren. Er wünschte mir noch eine gute Nacht. Am nächsten Morgen fragte er, ob ich vorhätte, das wieder zu tun. Ich bejahte. Seither kommt er ganz pünktlich nach Hause."

Diese sehr souveräne Reaktion der Mutter ohne jede Vorwurfshaltung setzte ein eindeutiges Signal – der Jugendliche verstand mehr, als man ihm mit tausend Worten hätte erklären können.

Die Mutter und ihre 16-jährige Tochter sitzen beim Griechen. „Mami, ich glaube eigentlich nicht mehr an das Prinzip des Guten." Die Mutter stutzt sichtlich, erinnert sich davon gehört zu haben, eine „Probemeinung" eines Jugendlichen nicht sofort abkanzeln zu dürfen, und fragt vorsichtig: „Wie darf ich das verstehen?" Darauf erfolgt spontan die Antwort: „Ich bin überzeugt, dass das Prinzip des Bösen die Welt regiert." Der Mutter bleibt fast der Schafskäse im Hals stecken. Sie übt sich nach tiefem Durchatmen in Zurückhaltung und erfragt sachte, wie denn diese Überzeugung entstanden sei. Allmählich stellt sich heraus, dass die Tochter, die über das Wochenende bei einer Freundin war, mit dieser an einem Satanistenzirkel teilgenommen hatte. Die Mutter hatte vorher zufällig darüber gelesen, wie Kinder und

185

Jugendliche in solchen Kreisen missbraucht worden waren und erzählte der Tochter von diesem Fall – ein interessierter Disput entwickelte sich, ohne jegliche Eskalation und mit allmählichem Zurücknehmen der gemachten Aussage.

Eltern müssen informiert sein

Alle Eltern von Jugendlichen überleben diese schwierige Phase am besten, wenn sie sich auch wirklich informieren, was den Jugendlichen bewegt oder bewegen könnte, d. h. welche Musikrichtungen „in" sind, welche Themen ihn beschäftigen,

Jugendliche mit ADHS haben immer mehr konkrete Zukunftsängste!

mit was sich der Jugendliche heute auseinander setzen muss. Dabei zeigte die 12. Shell-Jugend-Studie „Jugend 97", dass die gesellschaftliche Krise die Jugend bereits erreicht hat. Viele Jugendliche stellen den Sinn ihres Lebens in Frage – vor allem natürlich Jugendliche mit ADHS. Vor allem auch Probleme der Arbeitswelt beschäftigen die Jugendlichen und nicht vorwiegend die alten, klassischen Lehrbuchprobleme der Identitätsfindung, der Partnerwahl und der Verselbstständigung.

Gerade der Jugendliche mit ADHS mit seiner schwierigen Schulkarriere hat heute einfach immer mehr Angst, später keinen guten Beruf oder gar überhaupt keine Arbeit zu finden.

Der Jugendliche mit ADHS in der heutigen Jugendszene

Um zu erkennen, wo für den Jugendlichen mit ADHS heutzutage die größten Gefahren liegen, ist es wichtig, den Lebensstil und die Lebenseinstellung der heutigen Jugendlichen zu kennen. Nach der Shell-Studie scheinen Jugendliche ihre Interessen durch die Politik der Erwachsenen nicht mehr gewahrt zu sehen. Sie haben das Gefühl, dass die Politik nicht an ihnen interessiert ist.

Allgemein, so die Studie, sind jüngere Jugendliche eher für eine Sache engagiert, wenn sie dafür mehr Spaß haben. Ältere Jugendliche wollen gerne mitbestimmen, was von ihnen erwartet wird, und sie wollen ihr Ziel bei angemessenem Aufwand erreichen. Dabei muss die „Kostennutzenanalyse" stimmen. Diese „Kostennutzenanalyse" ist dem Jugendlichen mit ADHS verwehrt. Er möchte am liebsten mit einem Schulabschluss geboren sein und gleich das lernen dürfen, wozu er wirklich Lust hat. Das schafft natürlich Probleme.

Jugendliche denken heute sehr pragmatisch und nüchtern. Eine wichtige Frage lautet immer: „Was bringt mir der Aufwand?"

Die Fun-Generation

Heute werden Gruppenstile bevorzugt, die „Fun" bringen, Zerstreuung und Unterhaltung bieten, einen unkomplizierten Umgang mit anderen ermöglichen, ohne dass die Notwendigkeit einer längerfristigen Verpflichtung besteht. Immer weniger Jugendliche identifizieren sich mit mehreren Stilen gleichzeitig. Früher eher Akteur und überzeugt von einem Trend, bildet sich heute eher die Position des Zuschauers, des begrenzten Nutzers mit der Möglichkeit, ausprobieren und experimentieren zu können. Dieses Ausprobieren dient als eine Art „Frust-Prophylaxe" und zeugt auch von der Notwendigkeit, sich in der modernen Gesellschaft immer schneller orientieren zu müssen.

Jugendliche mit ADHS, selbst in sich desorientiert, wirken in aller Regel auch im späten Jugend- und im frühen Erwachsenenalter noch nicht integriert. Seelisch entwicklungsverzögert, pubertieren sie lang und bleiben in dem besonders scharf erlebten Gegensatz der Generationen verstrickt. Häufig entwickeln sie das Gefühl „Ist ja eh' alles egal!" Sie bewerten zu schnell und reagieren nach wie vor übermäßig.

187

Gewaltbereitschaft und Suchtgefährdung

In jüngster Zeit wird verschärft die Gewaltbereitschaft der Jugendlichen beklagt. Die Täter sind oft Jugendliche mit ADHS, die nicht erkannt worden sind. Diese Jugendlichen werden aber schnell etikettiert, ausgegrenzt und auch oft falsch behandelt. Sie gehören zu den „Schlimmsten", über die fassungslos in der Presse berichtet wird. Wie kann man so früh schon so verdorben oder brutal aggressiv sein?

Offen für alles, was neu, spannend und interessant ist, wird natürlich auch problematisches Verhalten von Modellen sehr genau registriert und schnell extrem reagiert, bedingt durch die Impulssteuerungsschwäche. Gerade Jugendliche mit ADHS sind im Alter von 15, 16 Jahren in Geldnot eben einfach gefährdet, sich impulsiv etwas anzueignen oder auch einmal mit Motorradwollhaube und einer „besorgten" Waffe irgendwelcher Art eine Lottoannahmestelle zu stürmen, oder bei einer erlittenen Verletzung viel zu schnell wehrhaft zu sein.

Drogen und der Kummer damit

Im täglichen Kampf mit dem Umfeld, zu Hause und in der Schule, greift der Jugendliche gern zum Joint, nicht zuletzt, da er merkt, dass er dann richtig „cool" sein kann und weniger aneckt. Neugierig, wie er ist, beginnt er nicht selten „herumzugifteln" und wird polytoxikoman. Oft will er das gar nicht; weil er aber durch seine Reizoffenheit und Impulssteuerungsschwäche leicht zu beeinflussen und anzustiften ist, macht er

---

Jugendliche mit ADHS sind suchtgefährdet. Eltern sollten sich mit den gängigen Drogen vertraut machen, aber keinesfalls unablässig auf ihren Jugendlichen „mahnend einwirken"!

---

einfach mit – und wird dadurch, dass er zu Verhaltensexzessen neigt, meist zuerst erwischt.

Das „unauffällige Hinlegen" aufklärender Literatur wird genauso wenig gewünscht wie Aufklärungsliteratur zu „Safersex". Dies führt eher zu Widerstand und Ignoranz.

Kommt der Jugendliche betrunken oder bekifft nach Hause, hilft nur ein klares und deutliches, aber ruhiges Benennen des Problems und die weitere Beobachtung. Fast jeder Jugendliche trinkt und kifft **ab und zu.** Bei Anzeichen des **regelmäßigen** Drogenkonsums ist eine eingehende Zimmerdurchsuchung in Abwesenheit des Jugendlichen vorzunehmen – was sonst niemals erfolgen sollte. Wenn entsprechende Gegenstände bzw. Stoff gefunden wird, sollte eine knappe und gelassene Konfrontation erfolgen. Im späteren Gespräch müssen die Beweggründe erarbeitet werden. Möglichst sachlich sollte dann ein Plan erarbeitet werden, wie man das Problem in den Griff bekommen kann (unter Umständen mithilfe der Drogenberatung).

International sind sich die Fachleute zunehmend einig, dass die Diagnose ADHS keinesfalls eine Schuldunfähigkeit bedeuten darf, aber unter Umständen relativierend für das Strafmaß sein muss, z. B. durch eine Therapieauflage statt einer Gefängnisstrafe oder eine geeignete Unterbringung statt einer Langzeitpsychiatrisierung gemäß dem § 1663 des Strafgesetzbuches.

Weil er alles mal ausprobiert und überall mitmachen will, wird der Jugendliche mit ADHS auch an Drogen geraten. Eltern sollten sich auf diese Situation vorbereiten.

Wünschenswert ist: Ein möglichst frühes Erkennen des ADHS und eine frühzeitig einsetzende Beratung mit der Möglichkeit der Erhaltung einer ausreichend stabilen Familienbeziehung als beste Prophylaxe späterer hoch problematischer und teurer Entwicklung.

189

Andere Auffälligkeiten

*Immer im Extrem
– der Jugendliche
mit ADHS neigt
allgemein zu stark
beängstigenden
Verhaltensweisen.*

Doch nicht nur starke Suchtgefährdung und Gewaltbereitschaft können die „Abgrenzungsversuche" von Jugendlichen mit ADHS kennzeichnen. Es gibt auch andere sehr auffällige Verhaltensweisen:

Die völlig verzweifelten Eltern wünschen eine sofortige Wiederaufnahme der Beratung, da sie vom Rektor des Gymnasiums ihrer 15½-jährigen Tochter zum Gespräch gebeten wurden. Er zeigte den Eltern zwei Briefe, die das Mädchen älteren Schülern geschrieben hatte. Darin stand, dass sie sich verabschieden wolle, da das Leben keinen Sinn mehr habe. Sie sei schwer krebskrank, aber das mache nichts, da sie ohnehin allnächtlich von ihrem Vater im Heizungskeller gefesselt und ausgepeitscht werde.

Diese Briefe zeigten die entsetzten Schüler ihren Eltern, die sich daraufhin an die Schule wandten. Die junge Dame mit ausgeprägtem ADHS hatte schon in früheren Jahren für viel Wirbel gesorgt. Sie war immer extrem in den Emotionen, war ständig auf Konfrontationskurs mit Gleichaltrigen und ihren Eltern und hatte sich in dieser Phase gerade heftigst in die Sinnlosigkeit ihres Lebens hineingesteigert. Hilfsangebote des Vaters unterlief sie durch die beschriebenen Fantasien. Als ihr die Tragweite ihres Tuns bewusst wurde, brach sie vor Scham beinahe zusammen: Sie war kerngesund und liebte den Vater eigentlich heiß und innig.

Ess-Störungen

*Ess-Störungen
sind das große
Problem der
ADHS-Mädchen.*

Aber auch selbstzerstörerische Entgleisungen nehmen zu, unter anderem Ess-Störungen. Nur zu leicht probiert die Jugendliche nach dem Lesen eines Buches oder nach dem Anschauen eines Aufklärungsfilmes über Ess-Störungen eben auch mal aus, wie das ist, wenn man sich den Finger in den

Hals steckt. Angesichts all der Misserfolge, die sie erlebt, folgert sie sehr schnell, dass dieses Abgelehntsein vor allen Dingen mit dem eigenen Aussehen zusammenhängen könnte. Vielleicht kommt man besser an, wenn man dünner ist – und bei Frust schmeckt Süßes eben so gut ...

Spätestens bei Jugendlichen mit ADHS muss man sich dringend von dem Mythos trennen, dass ein Klein- oder Kindlichbleibenwollen immer nur mit einer Beziehungsstörung zu der Mutter zusammenhängt.

Das Erwachsenwerden an sich ist für Jugendliche mit ADHS oft extrem negativ besetzt. Eine Ess-Störung kann einem das grandiose Gefühl geben, wenigstens eine Sache „voll im Griff" zu haben, hoch motiviert ...

> *Bei schweren Auffälligkeiten von Jugendlichen sollte daher immer sehr differenziert und ausführlich diagnostisch vorgegangen werden, damit ein zielführender Behandlungsplan erstellt werden kann.*

Nichts ist weniger effektiv als Schuldzuweisungen oder die Aussage „Damit muss man jetzt eben zurechtkommen, da kann man nicht viel machen" – oder die düstere Prophezeiung des Knasts oder der Persönlichkeitsstörung.

Ist denn das nicht hoch pathologisch?

Manchmal kann es extreme Krisen geben. Tief durchatmen, eventuell professionelle Hilfe suchen und nicht verzweifeln heißt die Devise.

Verhaltensexzesse zum Teil bizarrer Art sind bei Jugendlichen und jungen Erwachsenen mit ADHS an der Tagesordnung. Sie empfinden immer im Superlativ: Ein Sachverhalt

Eltern müssen sich immer wieder auf Krisen gefasst machen.

191

wird als unerträglich empfunden, ein Wunsch ist überwältigend. Und entsprechend wird reagiert.

Simone, 16 Jahre, taucht beim allgemeinen sozialen Dienst des Jugendamts auf und möchte sofort in Obhut genommen werden, da sie sich vor ihrem zwei Jahre älteren Bruder „zu Tode fürchte". Der habe sie schon geschlagen, die Eltern unternähmen nichts, sicher fühle sie sich nur in der Schule und bei ihren Freunden. Das exotisch gekleidete Mädchen mit dickem Wollschal über dem Sommerkleid und Schlapphut auf dem Kopf bricht beim Erzählen in Tränen aus, klammert sich mit verkrampften Händen und weißen, hervortretenden Knöcheln am Sitz ihres Stuhls fest und äußert, auf gar keinen Fall mehr in die Familie zurückgehen zu können. Dort werde sie getötet. Ihr Bruder habe ihr das schon angedroht.

Die Aufregung ist nachvollziehbar – geistesgegenwärtig wenden sich die Eltern an die Therapeutin, die bei Simone bereits im Alter von vier Jahren ein ausgeprägtes ADHS festgestellt hatte – ebenso wie bei dem Bruder. Es war auch eine Behandlung erfolgt und zwar mit recht gutem Erfolg. Allerdings gab es in der Frühpubertät aufs Neue Schwierigkeiten und deshalb wurde eine analytische Therapie angesetzt, um noch einmal nach tieferen Gründen für das chronisch oppositionelle Verhalten des Mädchens zu forschen. Die Therapeutin hatte das Mädchen darin bestärkt, vorwiegend nur an sich selbst zu denken und das eigene Gefühl sehr ernst zu nehmen ...

Kein Kind in der Familie stand dem anderen in irgendetwas nach, immer wieder kam es zu verbalen Kollisionen, durchsetzt von Tätlichkeiten auf beiden Seiten.

Simone kam nun in eine neue Entwicklungsphase, in der sie sich an einem jüngeren Jugendlichen mit schwieriger Vorvergangenheit orientierte. Dieser Jugendliche war der festen Überzeugung, immer nur Opfer zu sein und schilderte drastisch die entsprechenden Umstände. So steigerte sich auch Simone immer stärker in eine Opferrolle hinein. Diese Haltung wurde dadurch begünstigt, dass sie sich verletzt fühlte, weil die eigene Mutter (selbst vorübergehend in einer Krise) abgelehnt hatte, dass Simone allein die Funktion einer besten Freundin für die Mutter übernahm.

In dieser Situation wurde eine Familientherapie als einzig möglicher Lösungsansatz gesehen – allerdings war dazu kein einziges Familienmitglied auch nur annähernd bereit. Daher erwies sich das vorübergehende Herausnehmen des Mädchens aus der Familie als sinnvoll. So konnte mit der Jugendlichen selbst aus der Distanz die Situation genau durchleuchtet – Wahrnehmung und Realität verglichen – werden. Die Konflikte und Widerstände konnten benannt werden. Rasch war der Bruder gar nicht mehr Thema, sondern der dringende Wunsch, mit dem Freund sobald als möglich nach Russland überzusiedeln, um dort in der Hauptstadt der GUS sorgenfrei in der Wohnung der Großmutter leben und dann Psychologie studieren zu können ...

Nach wenigen Wochen war das Leben in der Wohngruppe dann doch nicht mehr so interessant. Die Eskalation ist für die Jugendliche heute selbst nicht mehr nachvollziehbar – sie lebt wieder völlig selbstverständlich zu Hause und geht regelmäßig mit dem Bruder in die Disco.

Die Gratwanderung zwischen „kurz halten" und „loslassen"

Jugendliche mit ADHS haben einen besonders intensiven Freiheitsdrang. Sie wollen immer selbst bestimmen, was sie tun und wohin sie gehen. Eltern dagegen wollen diesen „unberechenbaren" und „unvernünftigen" Jugendlichen oft in besonderer Weise schützen und festhalten. Auch das führt zwangsläufig zu heftigsten Reaktionen.

Wenn die Eltern den Jugendlichen zu stark einschränken, sind extreme Ablösungsversuche vorprogrammiert.

Die 16-jährige Natascha tobt und schreit im Wohnzimmer, dass sie jetzt zu einer Verabredung wolle und keinesfalls auf ihre kleine Kusine aufpassen würde. Die Eltern haben sie mit diesem Job unangekündigt „überfallen". (Sie waren hintergründig dagegen, dass sie sich mit dem 21-jährigen Freund trifft.) Im vollständigen Ausrasten ruft die Jugendliche die Polizei und erklärt, dass ihr Vater sie schon seit Jahren schlage und misshandle. Da Natascha auffallend mager ist und mit großen flehenden Augen und intensiver Mimik artikuliert, werden die Beamten verunsichert. In seiner Not ruft der Vater die ehemalige Therapeutin an und bittet um Hilfe. Die Jugendliche verweigert sich zunächst völlig und vermutet eine Koalition der Erwachsenen. Dann beklagt sie sich aber ganz bitter, dass sie nie etwas dürfe, die Schwester aber immer alles, und sie deswegen sofort in ein Heim wolle. Es sei ihr sowieso alles egal.

Rasch stellt sich heraus, dass die Eltern, im klaren Wissen um die Gefährdung ihrer hoch beeinflussbaren Tochter, die Zügel zu kurz halten. Die Therapeutin bietet an, hier schlichtend einzugreifen. Daraufhin ist die Jugendliche überraschend schnell bereit, einzulenken. Ein Kompromiss wird gefunden – von In-Obhutnahme ist nicht mehr die Rede.

Wie entstehen diese extremen Reaktionen?

Jugendliche mit ADHS leben und erleben eine „Superpubertät", die sich durch eine extreme Affektlabilität auszeichnet. Sie verstehen sich und die Welt dabei oft nicht mehr. Manche „Episoden" deuten für Fachleute sehr auf eine schwere psychiatrische Erkrankung hin. Wenn kein tief gehendes Verständnis der Störung ADHS besteht, kann auch „falsch" reagiert werden – bis hin zu stationärer Unterbringung oder der Gabe von Neuroleptika, die das Verhalten deutlich verschlechtern können.

Tina kann schon gut berichten, wie es ihr geht:

„Ich verstehe es nicht, mir könnte es doch wirklich gut gehen. Ich habe nette Eltern. Gut, ich bin vielleicht genauso stur und dickköpfig wie mein Vater, der, wenn er wütend wird, ganz fürchterlich schreien kann. In der Schule bin ich anerkannt, auch in der Schüler-Mitverwaltung. Gut, ich packe es halt in der letzten Zeit nicht mehr so ganz in der Schule mit den Leistungen. Aber ich habe einen lieben Freund. Trotzdem bin ich immer wieder so unheimlich unglücklich. Dann werfe ich mich auf ein Bett und weine haltlos. Mein Freund weiß überhaupt nicht, was er dann mit mir anfangen soll. In dieser Situation verstehe ich mich und die Welt nicht mehr. Anlass ist meist nur eine ganz winzige Kleinigkeit. Kann es sein, dass ich erst jetzt richtig in die Pubertät komme?"
Tina, 18 Jahre

Wenn die Rahmenbedingungen stimmen und eine gute Begabung besteht, kann das ADHS lange gut kompensiert werden. Irgendwann im älteren Jugendlichen- oder jungen Erwachsenenalter tritt das Problem aber in aller Deutlichkeit zutage, es erfolgt eine Dekompensation.

Entweder, weil das eigene, in aller Regel sehr hohe Eigenanspruchsniveau nicht erreicht wird, oder weil die Auswirkungen der mangelhaften Selbststeuerung immer bewusster registriert werden – und nicht zuletzt auch deshalb, weil man sich manchmal noch vorkommt wie ein Baby.

Wird einem darüber hinaus gespiegelt, dass man auf andere „arrogant" wirkt, sitzt die Verletzungsnadel tief in der Seele.

Das Problem bei ADHS: Disposition, Kompensation und dann plötzliche Dekompensation mit heftigem „Einbruch"

Wie es der Jugendliche empfindet

Dabei hat der Jugendliche einfach Schwierigkeiten, Leuten, die im Denken so langsam sind und nicht so schnell mit Gedanken springen können, zuzuhören. Er wird vielleicht ein kleines bisschen ungeduldig, aber das können die anderen eigentlich doch gar nicht spüren? Außerdem kann man doch prima zuhören, wenn man daneben etwas anderes macht – warum versteht der andere das nicht? Und schließlich: Viel von dem, was er sagt, ist ja nun wirklich nicht so wichtig ...

Richtig problematisch wird es, wenn bei ungestörter Informationsverarbeitung das Wissen über das Wie im sozialen Kontext perfekt vorhanden ist und der Jugendliche und junge Erwachsene bei anderen ganz genau erkennt, was richtig und was falsch ist, bei anderen gern aufgesuchter Berater ist, es aber einfach für sich selbst nicht umsetzen kann.

Emotionale Turbulenzen

Unter den extremen Empfindungen und den Reaktionen der Umwelt leidet der Betroffene selbst am meisten.

Für andere sicher, für sich selbst unentschieden oder zu spontan, geht so viel schief. Von starken Emotionen erfasst, beutelt es den Jugendlichen hin und her, er fühlt sich allein und hilflos: Wenn man doch nur jemanden hätte, der einen wirklich verstehen könnte. Möglicherweise wird nun wieder der intensive Kontakt zu einem Elternteil aufgenommen, der dann nicht selten vollständig vereinnahmt wird.

> *„Ich will eigentlich nicht groß werden. Meine Familie ist völlig okay, ich will die nicht enttäuschen. Meine Eltern haben doch so viel für mich getan. Und mit vielen Mitmenschen komme ich nicht gut aus.*

196

Tiere, Kinder und Natur sind für mich alles. Von denen kriegt man zurück, was man ihnen gibt."
Anna, 16 Jahre

Immer extrem – auch in Beziehungen

Jugendliche und junge Erwachsene mit ADHS sind sehr darauf angewiesen, ein Gegenüber zu haben. Und diese Bezugspersonen werden sie sich suchen. Oft gehen sie dabei eine heftige intime Beziehung ein.

Sie vertreten dann oft einen sehr eigenwilligen Treuebegriff und sind von rasender, überkontrollierender Eifersucht. Bei Enttäuschungen leiden sie extrem, nicht selten bis hin zum Suizidwunsch – meist hängen sie aber viel zu sehr am Leben, um es ernsthaft zu beenden (was natürlich leider auch schief gehen kann).

Besonders gefährdet sind gut begabte „Träumerchen", die in tiefe depressive Löcher fallen können.

Genauso können sie sich vorübergehend auch ganz extremen Gruppen anschließen, die ihre Befriedigung im Hochrisiko suchen.

In diesen Fällen können nur Personen aus dem außerfamiliären Umfeld helfen, die freundlich und unterstützend zur Seite stehen.

Gibt es denn überhaupt eine echte Perspektive?

Im „Syndrom der Extreme" gesellt sich zum so genannten „unverantwortlich intensiven Freiheitsdrang" der fast abhängig wirkende Harmoniewunsch. Und so ist der Jugendliche unter schwierigen Umfeldbedingungen hoch gefährdet, z. B. in eine fixierte Persönlichkeitsstörung zu rutschen.

> *Damit sich keine bleibende psychische Störung entwickelt, ist es unerlässlich, den Jugendlichen und jungen Erwachsenen mit ADHS als Individuum zu akzeptieren, und das im klaren Wissen, wie er denkt, fühlt und sich verhält. Dies muss auf der Basis liebevoller Angenommenheit geschehen. Freiräume sind nötig, Fehler dürfen und müssen gemacht werden.*

Bei einer klaren Erziehungshaltung, dem Verständnis der Störung und liebevoller Begleitung besteht durchaus die Chance, dass der Jugendliche in ein erfolgreiches Leben findet.

Doch es gibt Perspektiven. Allerdings sind Geduld, Beharrlichkeit und Vertrauen erforderlich. Eltern brauchen beim allmählichen Dehnen der Nabelschnur zwischen sich und ihrem Kind viel „Puste". Ziel ist es, diese Nabelschnur irgendwann mit einer chirurgischen Klemme abzuklemmen, um wirklich loslassen und trotzdem noch eine positive Beziehung erhalten und anbieten zu können.

Irgendwann, wenn der Jugendliche zwischen 18 und 24 Jahre alt ist, kommen Eltern mit ihm immer besser ins Gespräch – sofern noch eine Beziehung besteht oder wieder aufgebaut werden konnte. Eine Entschuldigung aus tiefem Herzen bezüglich früherer Erziehungsfehler wird oft verblüffend ernst und ehrlich akzeptiert und führt zu einer spontanen Verbesserung der Beziehung.

Der junge Erwachsene ist zwar immer noch kritikempfindlich, doch konstruktive Gespräche werden besser möglich. In aller Regel kümmert sich der junge Erwachsene geradezu rührend und treu um die Eltern, und zwar nicht nur, wenn Not am Mann ist.

Und die Eltern haben die besten Voraussetzungen, um einmal ausgesprochen kompetente Großeltern zu werden. Erfahrungen und Geduld im Umgang mit Kindern haben sie schließlich reichlich.

Wie Eltern durchhalten können

Die Erziehung eines jungen Menschen mit ADHS verlangt den Eltern oft das Äußerste ab. Um vor lauter Problemen nicht die positiven Entwicklungen aus den Augen zu verlieren, ist es hilfreich, etwa jedes Vierteljahr vor „dem inneren Auge" Bilanz zu ziehen. Dabei gilt es, nicht nur zu rekapitulieren, was schief gegangen ist, sondern zu sehen, was im Vergleich zu anderen Jugendlichen (noch) nicht passiert ist, wie z. B. ein Schulausschluss.

Die Mutter eines 19-Jährigen: „Wir haben viel durchgemacht, aber schlussendlich hat er bis jetzt jede Prüfung bestanden und freiwillig auf den Motorradführerschein verzichtet, weil es ihm zu gefährlich ist. Seit er eine nette Freundin hat, ist er wirklich ordentlich und hat aufgehört zu kiffen."

In der Familie müssen Absprachen über das Zusammenleben getroffen werden, z. B. wie man sich gegenseitig Pausen ermöglicht. Wichtig ist, dass jeder Elternteil auch mal eine Woche Auszeit nehmen kann.

Der Jugendliche sollte im Sommer baldmöglichst, etwa ab elf oder zwölf Jahren, Feriencamps besuchen. Spezielle Camps für ADHS-Kinder gibt es in den USA, auch in Deutschland gibt es erste Angebote.

Aber auch Stadtranderholungen und Zeltlager, in denen junge Erwachsene oder sozial engagierte Jugendliche die Betreuung übernehmen, bieten oft den nötigen Rahmen. Dort bestehen häufig spontan die Kommunikationsstrategien der burschikos-klaren Direktivität, die Jugendlichen mit ADHS gut tun. Voraussetzung ist, dass der Jugendliche nicht an schweren zusätzlichen Erkrankungen oder Auffälligkeiten leidet.

Auch ein Aufenthalt in einer Kurklinik kann eine Pause bieten, sofern sich nicht Paten, Onkel, Tanten, Oma, Opa oder Nachbarn finden, die den Jugendlichen gelegentlich für zwei bis drei Wochen „übernehmen".

Immer wieder müssen Eltern innehalten und sich Distanz verschaffen. Positive Entwicklungen und Ereignisse dürfen hoch geschätzt werden, negative Vorkommnisse sollten schnell „abgehakt" werden. Eine regelmäßige „Auszeit" und das Verfolgen von eigenen Interessen und Hobbys geben den Eltern immer wieder aufs Neue Kraft.

Schule und Lernen – ein Horrorthema?

Es gibt kaum ein Kind mit ADHS, das seine Schulzeit völlig problemlos absolviert. Speziell beim Jugendlichen kann die Schulkarriere höchst turbulent verlaufen und die Eltern oft an den Rand der Verzweiflung führen.

Warum ist Schule so „schwierig"?

Die Struktur von Schule und Unterricht steht im Grunde konträr zu den Bedürfnissen von Kindern mit ADHS – deshalb sind Probleme vorprogrammiert.

„Tolles Thema ..., aber leider muss es raus. Zwölf Jahre und zwei Monate garantierter Frust. Und irgendwie war ich von Anfang an nicht besonders gespannt auf die Schule. Schon das Bild von meinem ersten Schultag sieht nicht unbedingt nach Vorfreude aus."

Für Kinder und Jugendliche mit ADHS ist es hoch anstrengend, täglich über Stunden – und das wochen-, monate- und jahrelang – gezwungen zu sein, sich immer wieder mit subjektiv nicht besonders Interessantem auseinander zu setzen. Dabei spielt die Unterrichtsform gar keine wesentliche Rolle. Aber die Schule überfordert heute schon in früher Kinderzeit mit den Ansprüchen an Selbstorganisation, dem ständig anderen Formulieren und ausschweifenden Erklärungen und dem wenig systematischen Stoffaufbau.

Das Problem der Disziplinierung

Die disziplinierenden Maßnahmen in der Schule treffen Kinder und Jugendliche mit ADHS genau an ihren Schwachstellen:

- Auf Strafandrohungen müssen sie entweder beleidigt zuklappen oder opponieren.
- Strafarbeiten führen bei der ohnehin mühseligen graphomotorischen Umsetzung zu einer immer größeren Ablehnung des Schreibprozesses.
- Einträge und Verweise verstärken, sofern sie nicht genau begründet werden (was im Schulalltag gar nicht geht), das Gefühl, ständig und immer der Sündenbock zu sein.

Kommt es irgendwann zu einem Schulausschluss, so ist das für den Betroffen schon gar nicht mehr so schlimm, weil Schule mehr oder minder nur unangenehm ist.

202

Das Problem mit dem Lernen

Zu all diesen Disziplinproblemen kommt noch die Notwendigkeit, sich den Stoff, den man in der Schule in der Regel nicht mitkriegt, weil man „müde war" und sich irgendwie nebenher beschäftigen musste, auch noch zu Hause erarbeiten zu müssen. Bei schlechten Leistungen kommt dann noch der Druck der Eltern dazu, ihre Ermahnungen und Strafmaßnahmen bis hin zu deren „Ausrasten".

Eine Strafarbeit, die nachdenklich stimmen sollte:

Strafarbeit

Es war einmal ein Junge, der hieß Tim. Tim war sehr vergesslich. Er vergaß fast alles und trieb seine Eltern und Lehrer damit fast zum Wahnsinn. Seine Mutter musste ihn immer an alles erinnern. Als kleines Kind vergaß Tim sonst, zur Toilette zu gehen, sich die Zähne zu putzen und manchmal vergaß er sogar, während einer Mahlzeit weiter zu essen.

Als Tim in die Schule kam, vergaß er, seine Schultasche zu packen, manchmal die Hausaufgaben zu machen und in der Schule rechtzeitig die richtigen Bücher aus seiner Schultasche zu nehmen und auf den Tisch zu legen. Einmal vergaß er auch, an seiner Haltestelle aus dem Schulbus auszusteigen. Natürlich vergaß er auch, in der Schule sein Schulfrühstück zu essen und es später zu Hause auszupacken.

Natürlich bekam Tim dauernd Ärger und Strafen und seine Mutter wusste manchmal nicht mehr, was sie noch machen sollte.

Sie holte sich Rat bei Ärzten und heute weiß Tim, dass er nicht allein an seinen Problemen schuld ist. Er ist nämlich ein so genanntes ADS-Kind. ADS heißt Aufmerksamkeitsdefizitsyndrom. Das ist etwas, was man erbt und nie wieder los wird. Manche dieser Kinder sind nicht nur vergesslich und schrecklich langsam, sie sind auch noch hyperaktiv. Das ist Tim zum Glück nicht. Aber es reicht auch so.

Jugendliche mit ADHS wissen sehr gut um ihr Problem – doch damit ist es nicht gelöst.

Trotzdem sind diese Kinder nicht dumm. Manches können sie besser als andere und haben so auch Vorteile. Heute weiß man sogar, dass viele berühmte Persönlichkeiten ADS haben und hatten. (Albert Einstein, Cher, Prinz Charles, Nostradamus, Picasso und viele, viele mehr)

Tim bekam dann Medikamente und das hat ihm vor allem in der Schule geholfen. Außerdem geht er regelmäßig zu einer Therapie. Dort soll er Strategien lernen, wie er besser mit seinen Problemen umgehen kann.

So hat seine Therapeutin ihm auch geraten, überall Listen aufzuhängen, wo drauf steht, was er immer alles vergisst. An der Haustür hängt eine Liste, darauf steht: Schulfrühstück, Medizin, Fahrradhelm, Buskarte, Schlüssel, Geldbeutel und Sportzeug.

Seitdem vergisst Tim nicht mehr so viel, aber manchmal vergisst er halt, auf die Liste zu schauen. Seine Mutter erinnert ihn nicht mehr an all die Dinge und lässt ihn ins Verderben rennen oder gibt ihm eine Strafe.

So hatte Tim kürzlich zum wiederholten Mal sein Sportzeug vergessen. Darüber war sein Sportlehrer nicht erfreut und gab ihm eine Strafarbeit auf.

Natürlich weiß Tim genau, dass er sein Sportzeug dabei haben muss. Ohne Sportzeug kann man nicht vernünftig Sport machen. In den Straßenkleidern ist man nicht beweglich, man schwitzt und sieht auch ganz und gar nicht sportlich aus.

Ohne richtige Turnschuhe darf man nicht in der Turnhalle herumlaufen und ohne Schuhe rutscht man leicht aus. Das alles weiß Tim genau, trotzdem hat er sein Turnzeug vergessen, weil er nämlich vergessen hat, auf seine Erinnerungsliste zu blicken.

Tim, 8. Klasse Gymnasium

Tim hatte von seinem Sportlehrer den Auftrag erhalten, eine Seite darüber zu schreiben, warum es sinnvoll ist, sein Sportzeug mitzubringen.

Das Problem mit der Motivation

„Natürlich" nimmt sich der Jugendliche jedes Schuljahr vor, sich anzustrengen – aber dieses Schuljahr ist ja eigentlich schon alles gelaufen, wozu dann noch die ganze Mühe ...

Tatsache ist, dass für den Jugendlichen mit ADHS die Motivation nur kontextabhängig möglich ist. Wenn ein Lehrer unberechenbar oder ungerecht ist oder schlecht erklärt, den Schüler blamiert oder auflaufen lässt und vieles andere mehr, ist nicht nur er, sondern auch sein Fach höchst negativ besetzt. Reihen sich in einem Fach mehrere schwierige Lehrerpersönlichkeiten aneinander, werden die Leistungen häufig chronisch schlecht. Es entsteht beim Jugendlichen die Wahrnehmung, dass er in diesem Fach eben einfach gar nicht begabt sei. Die Kriterien der „Erfolgsintelligenz" kann der Jugendliche und junge Erwachsene mit ADHS noch lange im Leben nicht erfüllen: So ist er nicht „intrinsisch" motiviert, d. h. er kann nicht unter Erhalt der Anstrengungsbereitschaft und unter Überwindung vieler Hürden auf ein Langzeitziel zuarbeiten. In seinem Zeitfenster im Hier und Jetzt hat er oft schon nach wenigen Tagen die Note, die er geschrieben hat, vergessen. Am Ende des Jahres hat er keinen Überblick und kann deswegen nicht einschätzen, ob er versetzt wird oder nicht – es sei denn, er schreibt sich seine Noten gewissenhaft auf (was viele Jugendliche mit ADHS aber nicht tun).

Der Jugendliche mit ADHS ist zwar zielbewusst, ergebnisorientiert und auch aktiv, aber niemals zügig im Abarbeiten. Er kann Wichtiges von Unwichtigem nicht unterscheiden und Über- und Unterforderung nicht erkennen. Er verfügt weder über Frustrations- noch über Fehlertoleranz und hat wenig Ausdauer für geistig gleichmäßige Anstrengung. Der Misserfolg ist also leider vorbestimmt ...

205

In früheren Jahren waren die Chancen des Schülers mit ADHS besser, denn er konnte nach der Halbjahresinformation als „Saisonarbeiter" richtig loslegen, um das Klassenziel doch noch zu erreichen. Heute zählen leider alle Noten des ganzen Schuljahres!

Die Unterrichtsweise

Schon im Elementarunterricht der Grundschule passieren heute methodisch und didaktisch Fehler, die es dem Jugendlichen mit ADHS immer schwerer machen: Der Buchstabe wird nicht ausreichend verautomatisiert, Rechtschreib- und Grammatikregeln nicht ausreichend eingeübt, das Einmaleins wird nicht axiomatisch, sondern reihenmäßig gelernt (3, 6, 9, 12, 15 ..., statt 3 x 5 = 5 x 3 = 15). Wie soll dann später beim Bruchrechnen stabil erkannt werden, welche Faktoren z. B. in der Zahl 27 stecken?

Da die Einübung sozialen Miteinanders in den Schulen heute oftmals Vorrang hat vor dem Erwerb der Kulturtechniken, ist u. a. ein ständiger Sitzplatzwechsel üblich. Das Kind und der Jugendliche mit ADHS braucht aber feste Strukturen und klare, einschätzbare Rahmenbedingungen.

Fließende Übergänge im Unterricht machen es ihm schwer, da er in der neuen Situation Umorientierungsschwierigkeiten hat (auch wenn er sich schnell an einem Platz zurechtfindet, an dem er lange nicht mehr war, weil er dabei positiv abgespeicherte Alterinnerungen zu Hilfe nehmen kann).

Spezielle Lernprobleme

Der Jugendliche und der junge Erwachsene haben ebenso wie das Kind oft immer noch den oberflächlich-abtastend-hüpfenden Wahrnehmungsstil. Dadurch wird z. B. das Lesen sehr kompliziert. Mit der „Geier-Sturzflug-Methode" wird nur punktuell erfasst: ein Wort, ein Satzanfang – der Rest wird zusammengesucht, geraten. Der Sinn wird dabei meist nicht erfasst. Deshalb sind auch noch viele Jugendliche mit ADHS ausgesprochen lesescheu. Die Probleme mit dem punktuellen Erfassen können aber genauso in der Mathematik zum Tragen kommen – dann verdreht der Jugendliche Zahlen, vergisst eine Null (20 statt 200), rechnet Summen nicht richtig zusammen und erfasst vor allem den Sinn von Textaufgaben oft nur schwer.

Eltern sind verunsichert

Bei all diesen Problemen wissen die Eltern oft nicht, wie sie helfen sollen. Von der Schule erhalten sie die Botschaft, die Kinder möglichst früh ganz selbstständig arbeiten zu lassen. Andererseits erleben sie, dass das Kind bzw. der Jugendliche gar keine Korrektur möchte oder gar akzeptieren kann. Gleichzeitig erleben die Eltern, dass der Jugendliche Unterstützung durchaus nötig hätte, weil die Noten oft keineswegs optimal sind.

Eltern sollten den regelmäßigen Kontakt zur Schule suchen, um informiert zu sein.

   Kein Jugendlicher (und schon gar kein Kind) mit ADHS will direkt nach der Schule ausgefragt werden. Er weiß es doch gar nicht mehr, bis auf einige Details, die eben sehr spannend und interessant waren, und er kann auf Kommando auch gar nicht abrufen. Die Situation beim Mittagessen wird nicht selten als regelrechte Schulinquisition empfunden, und es kommt zum Aufbau einer regelrechten „Anti-Stimmung“.

> *Eltern sollten Fragen nach Schulangelegenheiten nur im Zusammenhang mit den Hausaufgaben und der Lernplanung stellen. Dabei kann es durchaus sein, dass der Jugendliche zu einem völlig unerwarteten Zeitpunkt spontan von sich aus zu berichten beginnt – dann wäre es wichtig, aktiv zuzuhören und gesprächsbereit zu sein.*

Wie können Eltern den Jugendlichen zum Lernen motivieren?

Auf diese in der Beratungspraxis am häufigsten gestellte Frage gibt es eine eindeutige Antwort: gar nicht.

„Muss er denn nicht endlich einsehen, dass er für sich arbeitet und nicht für mich, dass es um sein Leben geht?"

Die Antwort ist wiederum: Nein.

ADHS ist das Syndrom der Extreme: Die Motivation ist da – oder gar nicht!

Freiwillig lernt der Jugendliche für ein spannendes Fach oder für einen netten Lehrer (der klar ist, Humor hat, lebendig spricht, logisch den Unterricht aufbaut, für Ruhe sorgt und jedem eine Chance gibt). Dies gilt mindestens bis zum vollendeten 16. Lebensjahr, in aller Regel sogar bis zum Abitur oder Berufsschulabschluss.

Dann werden mit Bienenfleiß und großem Engagement Mappen angelegt, Informationen gesammelt, freiwillige Zusatzaufgaben angefertigt – in ungeliebten Fächern oder bei ungeliebten Lehrern wird, wenn überhaupt, nur das Allernötigste gemacht. In diesen Fächern wird betrogen, gespickt, abgeschrieben. Das geschieht nicht aus Vorsatz mit reflektiertem Bewusstsein, sondern einfach aus der Not heraus, da es so unendlich mühsam ist, sich „willentlich" zu motivieren.

Sich „durchmogeln"

Die typische Arbeitshaltung ist das „Durchmogeln". Vor allem beim intelligenten Jugendlichen, der in der Grundschule „locker" durchkam, hat sich diese Haltung festgesetzt. „Richtig arbeiten" hat er nie gelernt. Es fehlt ihm dann auch in der Pubertät die richtige „Arbeitshaltung" und er wird versuchen, sich weiter durchzumogeln.

Tom: „Am liebsten mochte ich in der Schule Sport, Musik, Biologie und Religion. Im Schulsport war ich deswegen sehr aktiv, habe in der Schulband gespielt und mache noch heute Musik. Aus der Kirche bin ich ausgetreten und Biologie habe ich studiert und mit Promotion abgeschlossen.

Ich habe eine freiwillige Facharbeit und fakultativ auch das Latinum gemacht, weil ich für diese Leistung am Schüleraustausch mit einer amerikanischen Schule teilnehmen durfte."

Motiviert werden kann ein Jugendlicher – wie schon das Kind – durch in Aussicht gestellte Belohnungen. Ist ein ausreichend starker Belohnungsanreiz zeitlich nah verfügbar, kann daraufhin gearbeitet werden. Ein starker Anreiz in weiter Ferne (der Vater verspricht dem Sohn ein Mountainbike für eine 2 in Deutsch im Jahreszeugnis) zieht dagegen überhaupt nicht (es sei denn, es ist ein „Superreiz").

Lange Erklärungen über die Relevanz eines guten Schulabschlusses bringen keinerlei positiven Effekt – das Wissen an sich ist da um diese Zusammenhänge – man wird nur so schnell „müde und lustlos" in der Umsetzung ...

Wie können Eltern den Jugendlichen beim Lernen unterstützen?

Um die Schulsituation nachhaltig zu verbessern, ist es wichtig, zunächst eine Bestandsaufnahme zu erstellen. Genaues Beobachten und das Erstellen einer „Skala des Schreckens" sind Grundlage für die Problemanalyse und das gezielte Herangehen an die Schwierigkeiten. So muss unter anderem abgecheckt werden:
• Wollte mein Kind in die Schule gehen?
• Hat es leicht Lesen gelernt oder fiel es ihm schwer?

Zunächst müssen die Probleme genau erkannt und benannt werden. Dann kann schrittweise nach Auswegen gesucht werden.

- War Schreiben von Anfang an schwierig oder kamen der Widerwille und die vielen Fehler auf, als immer schneller und immer mehr geschrieben wurde?
- War Rechnen problemlos und kamen die Schwierigkeiten erst ab Einforderung der Textaufgaben oder hatte das Kind von Anfang an Schwierigkeiten mit der Erfassung der Funktion der Operationen und dem stabilen Merkenkönnen des Einmaleins?
- Welche Lieblingsfächer hat mein Kind?
- Welche Schreckensfächer hat mein Kind?
- Hatte mein Kind schon in der Grundschule Kopfschmerzen oder Bauchschmerzen in Zusammenhang mit Schule?
- Seit wann sind Hausaufgaben ein Drama?
- Wie habe ich mich beim Hinauszögern, dem Weglaufen vor den Hausaufgaben, dem Vergessen der Hausaufgaben verhalten?
- Traten Schwierigkeiten schon in der Grundschule auf oder erst in der weiterführenden Schule?
- Welchen Schulabschluss wünsche ich mir für meinen Jugendlichen?
- Wie oft reden wir jeden Tag über Schule?
- Wie oft reden wir in den Ferien über Schule und Schulerfolg?

Die Liste ist fortsetzbar, sollte aber nicht zu lang werden.

Auf einer Skala von 1 bis 10 sollte dann erarbeitet werden, was das schlimmste, das zweitschlimmste, das drittschlimmste Problem usw. ist.

Der Jugendliche sollte aber auch eine Bewertung des elterlichen Verhaltens abgeben können: Welches Verhalten erlebt er als sehr schwierig? Auf welche Verhaltensweisen sollten die Eltern verzichten?

Die Hausaufgabenbetreuung

Viele Jugendliche mit ADHS sind noch lange nicht in der Lage, ihre Hausaufgaben allein zuverlässig zu erledigen. Eine Kontrolle ist noch lange erforderlich. Hat sich allerdings die Beziehung zwischen dem Jugendlichen und den Eltern in Schulangelegenheiten vollständig verhakt, ist es sinnvoll, die Hausaufgabenbetreuung durch eine andere Person leisten zu lassen.

Wichtig ist eine ruhige, aber bestimmte und konsequente Lernbetreuung.

Dies muss keine professionelle Lehrkraft sein. Geeignet ist eine Persönlichkeit, die sich ruhig, freundlich und gelassen, aber direktiv erst einmal erklären lässt, was der Jugendliche genau erledigen muss. Wünschenswert ist eine Person, die gegebenenfalls auch geduldig Hilfestellung gibt, ohne „für" den Jugendlichen zu denken (was dieser natürlich am liebsten hätte). Diese Aufgabe kann z. B. ein älterer Schüler, aber auch ein Rentner erfüllen.

Eine Nachhilfe in Gruppen ohne spezifische Fachkenntnisse der Bedürfnisse von ADHS, mit „psychoreaktiven" Erklärungsansätzen für Lerndefizite und unterschiedlichem Niveau der Schüler kostet meist nur Geld.

In jüngster Zeit werden verstärkt Kurse zum „Lernen lernen" angeboten. Für Jugendliche mit ADHS sind sie nicht unbedingt geeignet, da diese Jugendlichen einfach ganz anders lernen (siehe Seite 214ff.).

Zur Analyse der Lernprobleme muss gegebenenfalls professionelle Hilfe in Anspruch genommen werden, vor allem, wenn Teilleistungsstörungen vermutet werden oder bei Fragen der allgemeinen Bildungsberatung.

Die Lernumgebung

Der Arbeitsplatz spielt für den Jugendlichen mit ADHS – wie für das Kind – eine entscheidende Rolle. Bis in die Sekundarstufe I sollte an einem möglichst reizarmen Platz gearbeitet

Der Jugendliche wird sicher nur das Nötigste tun – aber wenigstens dieses sollte mindestens in der Sekundarstufe I eingefordert und auch kontrolliert werden.

werden, an dem nur das zum Arbeiten notwendige Arbeitsmaterial vorhanden ist.

Auch die Arbeitsbedingungen müssen klar strukturiert werden. So muss der Arbeitsbeginn festgelegt sein, vor dem alle „Nebentätigkeiten" beendet sein sollten, damit während der ersten Etappe keinerlei „Notwendigkeit besteht", sich zu entfernen.

Wie es einem Jugendlichen täglich mit den Hausaufgaben geht, ist vergleichbar mit der Situation, in der man sich befindet, wenn man z. B. den Lohnsteuerjahresausgleich oder die Einkommenssteuererklärung machen soll: Spontan empfindet man ungeheure Lust, Fenster zu putzen oder einen Pullover zu waschen ...

Ab etwa 14 Jahren muss der Jugendliche seinen Arbeitsplatz selbst bestimmen können. Möglicherweise findet er heraus, dass er mit Musik besser arbeiten kann (natürlich nicht zu laut und nicht zu emotional aufwühlend).

Die Arbeitsweise

Der Jugendliche muss mühsam lernen, dass er sich mit dem Aufnehmen von Stoff tatsächlich schwerer tut als Mitschüler – ein einmaliges Durchlesen von Vokabeln reicht niemals aus.

Die besten Lernmethoden sind lautes Vorsprechen, Eintippen in das Textprogramm des Computers und lautes, freies Erzählen von Stoffgebieten. Er arbeitet am besten „mit allen Sinnen".

Alle 30 Minuten sollte ein Wechsel der Stoffgebiete erfolgen, damit der Jugendliche „wach" bleibt.

Gegebenenfalls muss auch der Jugendliche noch mit dem Finger unter der Zeile lesen. Er sollte bei komplexen Aufgaben wichtige Angaben unterstreichen.

Beim Abarbeiten der Aufgaben sollte er abhaken, was bereits erledigt ist.

Der Jugendliche braucht einen „Coach"

Am meisten profitiert der Jugendliche von einem „Coach", der ihm Lernstrategien beibringt und ihm zeigt, wie man eine Aufgabe zielgerichtet und planend erarbeitet. Er ermuntert ihn, sich die Sachverhalte immer wieder laut vorzusagen. Er hindert ihn daran, zu schnell aufzugeben, und ermutigt und verstärkt gute Ansätze.

Ein guter Coach

- ist immer freundlich und nimmt zunächst Blickkontakt auf.
- ist zugewandt und ermunternd und beherrscht die 20 Regeln des Verhaltensmanagements.
- formuliert Anforderungen, Fragen und Aufgaben so einfach wie möglich und wiederholt sie gegebenenfalls.
- gibt immer nur eine Aufgabe auf einmal.
- bittet um Wiederholung der Aufgabenstellung.
- überwacht die Zeit (hilft beim Lernen der Zeiteinschätzung, gegebenenfalls mit „Beeper" bzw. Vibrationsuhr).
- nimmt Ablenkendes gegebenenfalls weg (wortlos!).
- stellt niemals bloß.
- weiß, dass er manchmal nur halb oder missverstanden worden sein kann.
- nörgelt nie.
- führt Aussprachen immer in der 1:1-Situation.
- hilft Ziele zu stecken, zu formulieren, zu erreichen und zu überprüfen.

Schwierig ist vor allem die erste Phase des Arbeitens. Wenn die Widerstände erst überwunden sind und der Jugendliche in den Stoff „eingetaucht" ist, geht es viel besser.

Erfahrungsgemäß ist vor allen Dingen die erste Phase des Arbeitens schwierig. Wenn die Widerstände gegen diesen „blöden Mist" überwunden sind und der Jugendliche erst einmal wirklich in den Stoff „eingetaucht" ist, geht es viel besser (das Hauptproblem ist die Stimmung).

Mit Aufmerksamkeitslenkung und freundlicher, gelassener, ruhiger Direktivität hingeführt, gelingt es den meisten Jugendlichen mit ADHS dann zum Teil verblüffend gut, sich in die Materie einzuarbeiten und auch dranzubleiben.

Das Ganze gibt es bei den Syndromen der Extreme aber auch ganz anders:

Katharina, 18 Jahre, ist ehrgeizig. Sie hat eine Schwester, die ein gutes Abitur geschafft hat. Ihr will sie es nachtun. Weil viel nicht sofort „haften bleibt", lernt sie auswendig, immer verbissener, immer verzweifelter, bis hin zu Ausbrüchen mit Kontrollverlust. Ein schlechtes Gewissen entsteht, die Stimmung sinkt – gelernt wird mit negativer Motivation – sie kann in der Arbeit nicht besonders gut abrufen.

Corinna, 17 Jahre, ist sehr verliebt in einen Klassenkameraden, der Schulschwierigkeiten hat. Natürlich macht sie auch noch seine Hausaufgaben, schreibt zwei Hausaufsätze – und sie arbeitet, um ihm ein Erfolgserlebnis zu garantieren, nichts mehr für Mathematik, damit er wenigstens in einem Fach besser ist als sie. Das Ergebnis: Sie rutscht in 1½ Schuljahren von einer 1 auf eine 5 – es rührt sie nicht.

Muss der Jugendliche mit ADHS anders lernen?

Jugendliche mit ADHS müssen tatsächlich etwas anders lernen. Dies betrifft die Zeitplanung, die Aufarbeitung des Stoffes sowie die Form der Aneignung und Wiederholung.

Die Vorbereitung von Klassenarbeiten
Beim Vorbereiten von Klassenarbeiten ist zu beachten, dass dies tatsächlich nur relativ zeitnah erfolgreich ist. Normgesteuerte Jugendliche können sich ihre Arbeit aufteilen und

sich in Etappen von einer Stunde pro Tag gut vorbereiten. Bei einem Jugendlichen und jungen Erwachsenen mit ADHS geht effektives, motiviertes Lernen nur, wenn der „Druck" groß genug ist.

Erst dann sind die „innere Wachheit" und „Bereitschaft" vorhanden und der Lernstoff wird auch aufgenommen. Im anderen Fall sitzt der Jugendliche vor dem Blatt und das Blatt schaut ihn an, genauso wie er das Blatt – aber der Stoff „hüpft" nicht in seinen Kopf.

Vor einer Klassenarbeit sollte also in den zwei vorausgehenden Tagen genügend Zeit eingeplant werden. Doch auch dann ist das Lernen nur erfolgreich, wenn der Jugendliche willig ist und über funktionierende Lernstrategien verfügt.

Lernstrategien

Sehr sinnvoll ist z. B. beim gemeinsamen Lernen, sich zunächst einen Überblick über die Fragestellung zu verschaffen. Der Jugendliche braucht hier oft noch Unterstützung, weil er angesichts der Komplexität der Materie erst einmal verzweifelt und der Meinung ist, er könne das überhaupt nicht – oder im Gegenteil der Meinung ist, er könne das selbstorganisiert wunderbar. Beim Abfragen stellt er dann fest, dass nichts davon der Realität entspricht, und er wird sehr schnell unzufrieden.

Klare Formulierung der Fragestellung

Eine besonders wichtige Lernstrategie ist die visuelle Aufarbeitung des Stoffes. So muss z. B. für das Vorbereiten der Erdkundearbeit nicht nur das Buch auf dem Tisch liegen, sondern auch ein Notizblock mit Farbstiften und z. B. der Atlas und ein Lexikon, damit der Stoff anschaulich wird.

Audiovisualisierung

Um die Industrie- und die Landwirtschaftsentwicklung im Ural wirklich zu erfassen, müssen die entsprechenden Begriffe im Lexikon nachgeschaut und die Orte gesucht werden. Der Stoff muss „spickzettelartig" zusammengeschrieben und farb-

215

lich codiert werden, damit sich der Jugendliche den Stoff anhand dieser Stichworte später nochmals selber erzählen kann. Erst dabei lernt er ihn wirklich. Als Wiederholung lässt er sich danach am besten nochmals abfragen.

Die Zeiteinteilung	Bei der Bewältigung von umfangreicheren Stoffgebieten, z. B. bei der Vorbereitung eines Referates, ist eine detaillierte Zeiteinteilung unerlässlich. So empfahl R. Barkley (1998) bei Schwierigkeiten mit der Zeiteinteilung, die Zeit „zu externalisieren". Das heißt, wenn eine Lektüre gelesen werden muss, sollte man jeden Tag z. B. fünf Seiten lesen und danach zwei zusammenfassende Sätze dazu schreiben. Und dies muss konsequent eingehalten werden! Sonst wird nur geschoben – und am Tag vor der Arbeit ist dann „auf einmal" alles viel zu viel (am Abend vor der Arbeit erfasst man 75 Seiten Text einfach nicht mehr so richtig detailliert ...).

Eselsbrücken	Eselsbrücken, wo immer möglich, sind hilfreich. Gemeint sind dabei kleine Visualisierungshilfen, wie dies z. B. in dem Büchlein „Zappelphilipp und Störenfrieda lernen anders" von F. Freed / L. Parson empfohlen wird.

Die Arbeit am Computer	Der Jugendliche sollte daneben angeleitet werden, möglichst früh am Computer zu arbeiten. Nach leichten Anfangsschwierigkeiten ist er meist sehr motiviert dafür, da der Bildschirm das Wahrnehmungsfeld quasi „ausschneidet" und die Programme methodisch und didaktisch sehr systematisch aufeinander aufbauen. Außerdem erfolgt eine sofortige Rückmeldung, ob etwas richtig oder falsch ist – ohne jegliche Vorhaltungen! Es muss nur die Taste gedrückt oder die Maus angeklickt werden, d. h. die schwierige graphomotorische Umsetzung entfällt. Die im Textprogramm erarbeiteten Aufgaben werden sauber dargestellt und ausgedruckt – der Jugendliche hat ein Erfolgserlebnis!

Möglicherweise erkennt der Jugendliche mit ADHS irgendwann selbst, dass er für andere vieles sehr gut kann

216

– der junge Erwachsene ist darüber immer wieder verblüfft. Mit allen Antennen auf Empfang wird Ungewöhnliches (Schwächen, Fehler) registriert, Hilfsbedürftigkeit erkannt, empathisch – und entsprechend mit positiver Reaktion des Gegenüber – unterstützt, erklärt usw.

Konkret auf das Lernen angewandt, bedeutet dies: Selbst Nachhilfe erteilen vertieft „so ganz nebenher" Basiswissen, verbessert die Daueraufmerksamkeitsspanne und systematisiert den Wahrnehmungsstil.

Selbst Nachhilfe geben

Bewährte Tipps für erfolgreiches Lernen

- Das Schreibgerät suchen, mit dem am flüssigsten geschrieben werden kann (z. B. Ballpen-Schreiber).
- Laut lesen – auch wenn's noch so schwer fällt. Man ist so sein eigener „Walkman" und kann gleich überprüfen, ob das Gelesene plausibel klingt.
- Wichtiges unterstreichen, gegebenenfalls farbig markieren. So hebt sich das Wichtige besser ab und „springt" ins Auge!
- Mit sich beim Lernen laut reden, sich den Stoff selbst erzählen. Menschen mit ADHS lernen am besten mit allen Sinnen!
- Im Unterricht mitschreiben – das hält wach!
- Beim Mitschreiben Abkürzungen benutzen.
- Am Computer im Textprogramm arbeiten. Dadurch erspart man sich das Schreiben mit der Hand und die Ausdrucke sehen ordentlich aus.
- Kurze, übersichtliche Notizen erstellen (stichwortartig), dabei mit Operatoren arbeiten.
- Untereinander, nicht nebeneinander schreiben.
- Kleine Skizzen anfertigen und Vorstellungsbilder erstellen.
- Bei Aufsätzen: erst den Text schreiben – dann Kommas und Punkte setzen.
- „Eselsbrücken" suchen.

- Leider, leider: immer wieder Langweiliges, aber Wichtiges wiederholen! (Zum Trost: Wenn es sitzt, dann sitzt es bombenfest!)
- Größere Aufgaben in kleinere Portionen unterteilen.
- Zwischendurch auch mal die Tätigkeit wechseln – nicht stundenlang über etwas „brüten", was man nicht kapiert.
- Aber nie eine Sache nach dem ersten „Angucken" weglegen, weil man meint, man würde es sowieso nicht verstehen.
- Bei Ermüdung kurz aufstehen, aber nicht in Nebentätigkeiten abdriften.
- Wenn einem plötzlich etwas Wichtiges einfällt: eine kurze Notiz machen – aber nicht weglaufen.
- Sich nach der Arbeit gezielt belohnen.
- Sich selber Mut zusprechen: „Was soll's, den Quark kriege ich auch noch hin" (auch mit „Galgenhumor").

Wie gehen Eltern am besten mit den Lehrern um?

Eltern stehen immer dazwischen: Der Lehrer beklagt sich über den Schüler und der Jugendliche findet Schule einfach ätzend.

Es gibt viele Wunschvorstellungen, wie Kinder unterrichtet werden sollten, wie viel Kinder in der Klasse sein sollten, wie der Unterricht ablaufen sollte – Tatsache ist allerdings gegenwärtig in unserem Land, dass die Eltern in die Hilfslehrerrolle der Nation geraten sind.

Eine Mutter bringt dem Mathematiklehrer ihres 13-jährigen Sohnes in die Sprechstunde den Wäschekorb mit: „Ich muss zu Hause Ihre Arbeit tun, also tun Sie bitte meine." Sie äußert dies nicht vorwurfsvoll, sondern freundlich und überreicht dem Lehrer die Bügelwäsche – große Verblüffung herrscht daraufhin im Lehrerzimmer dieser Schule.

Eltern von Jugendlichen mit ADHS haben es oft besonders schwer: Oft werden sie von den Klagen der Lehrer über ihr Kind überschüttet und sehen gleichzeitig, welche Defizite der Unterricht hat und warum es ihr Kind in der Schule so schwer hat.

Es nützt aber nichts, sich über „die Lehrer" in „der Schule" zu ärgern.

Lehrer haben es auch nicht leicht!

Denn auch Lehrer haben es nicht leicht. Lehrer an weiterführenden Schulen sind oft ausgebrannt und haben es insgesamt mit zunehmend schwierigeren Jugendlichen zu tun. Das Kollegium ist oft überaltert.

Im Grunde bedarf das Schulsystem einer gründlichen Revision.

Eine komplette Revision des Schulsystems erscheint dringend indiziert, aber nicht nur abhebend auf eine möglichst frühzeitige Einschulung und das Erreichen des Abiturs im Turbozug.

Kritisch müsste überprüft werden, welcher Stoff wirklich unterrichtet werden muss und welcher nicht. Es müsste über-

---

Es ist mühsam, heute eine Klasse zu unterrichten, aber nicht in erster Linie „wegen der Kinder und Jugendlichen mit ADHS". Eine Fülle von Störungen belastet alle Kinder und Jugendlichen, bedingt durch Reizüberflutung, familiäre Belastungen wie Trennung, Scheidung, aber auch Arbeitslosigkeit oder Wohnungslosigkeit. Aber auch der gravierende Orientierungsmangel in der professionellen Erziehung durch das viel zu frühe Einfordern von Selbstständigkeit wirkt sich nachteilig aus. Die viel beschworenen Grenzen und Regeln werden in der Realität – auch im pädagogischen Bereich – kaum gesetzt.

legt werden, welcher Stoff handlungsorientiert und welcher fachübergreifend vermittelt werden kann. Was muss als stabiles Grundwerkzeug für den Erwerb höherer und komplexerer Fertigkeiten erpaukt werden (z. B. Grammatikregeln und Vokabeln)? Auch normgesteuerte Jugendliche haben oft wenig Basiswissen.

Konfrontation führt nicht weiter

Auch wenn es beide Seiten schwer haben:

Nicht selten fordern Lehrer von den Eltern, doch auf den Jugendlichen „einzuwirken". Dies ist klar abzulehnen, weil es einfach nicht möglich ist.

Eine Konfrontation Eltern – Lehrerschaft bringt ebenso wenig wie eine grundsätzlich aggressive Gestimmtheit bei dem Erspüren von Problemen.

Sinnvoll ist es, sich regelmäßig mit den Lehrern zu besprechen, zuzuhören, bekannte Probleme gegebenenfalls zu bestätigen und unter Umständen anzuführen, welche Unterstützungswege man schon für sich gesucht hat. Dies sollte aber niemals in ein „Rechtfertigen" ausarten, da sonst zu schnell einfach nur Schuld verteilt wird.

„Ich habe so viel erklärt und Infomaterial mitgebracht. Es hieß dann, ich wolle meine 15-jährige Tochter nur entschuldigen und verdecken, dass sie nicht auf diese Schule gehört."

Genauso wie im Umgang mit dem Jugendlichen sollten Eltern im Umgang mit der Lehrerschaft den eigenen Ärger erspüren und überprüfen, ob er angemessen ist, und ihn gegebenenfalls aussprechen, bevor es zur Eskalation kommt.

Wie Eltern vorgehen sollten

In der jahrelangen Arbeit mit Lehrern, Eltern und Kindern und Jugendlichen mit ADHS erwies sich der folgende „Hilfeplan" als am erfolgreichsten:

220

> *Hilfsbedürftigkeit des Schulumfeldes erkennen*
> *Informieren über ADHS*
> *Lehrer ernst nehmen in ihren Sorgen und Nöten mit dem*
>   *Jugendlichen*
> *Formulieren von erzieherischen Bedürfnissen*
> *Einfordern der Umsetzung*

Eltern und Lehrer müssen wissen:

Grundsätzlich besteht bei dem Jugendlichen mit ADHS oft keine Abneigung gegen Schule – sie wird aber im endlosen Reigen der gegenseitigen Missverständnisse und Fehlinterpretationen allmählich erworben.

Aufgabe der Eltern ist es, diesen Kreislauf mit Verständnis, aber auch Durchsetzungskraft zu durchbrechen.

Deshalb müssen Eltern offensiv vorgehen und das Thema ADHS zur Sprache bringen. Tun Lehrer diese Diagnose als „Unsinn" oder „Ausrede" ab, sollten sich Eltern nicht schweigend zurückziehen, sondern sich um eine weitere Aufklärung bemühen. Dazu sollten sie sich z. B. in ihrem Bundesland über Verwaltungsvorschriften in der Schule erkundigen. Ein Runderlass des Oberschulamtes Stuttgart besagt z. B., dass alle Schulen die Diagnose ADHS ernst nehmen sollten.

Im direkten Gespräch mit Lehrern und evtl. Schulleitung sollte immer erst einmal kooperativ nach Lösungen für Probleme sowohl im Lernleistungsbereich wie auch im Verhaltensbereich gesucht werden.

Das gemeinsame Analysieren nicht nur der Schwächen, sondern auch der Stärken, mit Nutzung z. B. des Interesses für bestimmte Gebiete, kann die Allgemeinmotivation unter Umständen sehr verbessern:

Eltern müssen Aufklärungsarbeit leisten und zum Anwalt ihres Kindes werden – ohne sein Verhalten zu entschuldigen.

Kann der Jugendliche mit ADHS etwas besonders gut? Kann er sich in diesem Bereich einbringen?

Bei Renovationen im Schulhaus, in der Theatergruppe, in der Werk-AG usw. kann er oft sehr produktiv sein.

Notorische Zuspätkommer werden oft überpünktlich, wenn sie morgens an der Tür alle aufschreiben dürfen, die zu spät dran sind.

Alle sinnvollen Aufgaben aus der Sicht des Jugendlichen bringen mehr als Strafen. Wird von Seiten der Schule jedoch auf alle Gesprächsversuche der Eltern ablehnend und ausgrenzend reagiert, bleibt nicht selten nur der Weg über Beratungsinstanzen und letzten Endes auch ein juristisches Vorgehen.

Klare oder harte Worte?

Ein Jugendlicher mit ADHS hat im Rahmen seiner Möglichkeiten ein Recht auf eine angemessene Bildung entsprechend seiner Grundressourcen, die es dringend zu fördern gilt.

Die Situation für unsere Kinder und Jugendlichen mit ADHS wird leider immer prekärer. Das Störungsbild gilt noch nicht so als „offiziell anerkannt" wie z. B. in den USA. Immer öfter wird die erzieherische Reaktion mit vielen Erklärungen, Etikettierungen und ständiger negativer Verstärkung als schlimmer empfunden als der beeinträchtigende Wahrnehmungsstil selbst. Bei den ständigen Appellen, wie „Tu nicht ...", „Hör doch endlich auf ..." werden die Kinder geradezu dazu erzogen, trickreich vermeidend zu sein.

Trotz positiver Ressourcen und Aspekte ist ADHS eine Schulanpassungsbehinderung, in schweren Fällen auch insgesamt eine Anpassungsbehinderung mit eigentlich nicht einem einzigen richtigen Vorteil. Zumindest niemals in der Schule. Das dürfen Eltern bei allen ihren Anforderungen an den Jugendlichen niemals vergessen.

222

Doch um einigermaßen durchs Leben zu kommen, brauchen Kinder und Jugendliche Liebe, Akzeptanz, Respekt und Empathie, obwohl sie ADHS haben.

Sonst kann es zu einer Aussage wie der eines Zwölfjährigen kommen: „Ich möchte mein Papa sein, weil der mich lieb hat" – gemeint ist: Sonst hat mich keiner lieb (nach S. Goldstein, 1998).

Eine vorschnelle Umschulung in eine niedrigere Schulstufe führt unter Umständen zur Resignation des Jugendlichen – bis hin zum Absinken des Intelligenzentwicklungsniveaus!

Wie sich Jugendliche mit ADHS ihre Lehrer wünschen

Aus der Sicht des Jugendlichen und jungen Erwachsenen mit ADHS ist es „gar nicht so schwierig" mit ihm auszukommen. Man sollte in der Kommunikation „nur" Belanglosigkeiten und Wiederholungen vermeiden und nicht belehrend schulmeistern, wie das Leben zu gestalten sei. Kein Jammern bitte, aber den Schüler freundlich anschauen. Nichts schönreden, keine unfreundlich abkanzelnden Befehle erteilen und bitte nicht arrogant sein.

Am Thema bleiben und interessiert sein, aber nie überheblich werden. Fragen sollten verständlich und deutlich erklärt werden. Auch schlechte Schüler sollten eine Chance erhalten. Lustige Einlagen mit Humor sind erwünscht, aber der Lehrer sollte mit der Klasse zurechtzukommen (im Sinn von Disziplinierung!). Das steht ganz oben auf der Wunschliste der Jugendlichen mit ADHS.

Und schließlich: Je gleichmäßiger Lernen eingefordert und überprüft wird, desto besser ist es für Jugendliche mit ADHS (wie überwachte Situationen und zum Teil bessere Schuler-

Kinder und Jugendliche mit ADHS sind auf klare Instruktionen mit großer Eindeutigkeit und Lob angewiesen – alle anderen Kinder und Jugendlichen profitieren davon.

folge von Jugendlichen mit ADHS in Schulsystemen in anderen Nationen zeigen).

Die wichtige Funktion des verstehenden Lehrers

Der Schulerfolg des Jugendlichen hängt wesentlich von dem Verhältnis zu den Lehrern ab. Optimal ist, wenn der Jugendliche in seiner Art verstanden und akzeptiert wird und der Lehrer ihn hilfreich unterstützt. Ein solches erfolgreiches „Coaching" funktioniert dann auch in der Schule, vor allem, wenn eine engmaschige Zusammenarbeit mit den Eltern erfolgt – und das Vorhaben auch durchgehalten wird. Zu schnell wird häufig vergessen, dass auch ein älterer Jugendlicher mit ADHS nicht aus der natürlichen Konsequenz lernt.

Dieses „Coaching" erfolgt über das gezielte Nutzen der Stärken des Jugendlichen.

Alle aus Sicht des Jugendlichen sinnvollen Aufgaben bringen mehr als Strafen.

Ihm wird als Grundbotschaft signalisiert: „Ich weiß, Schule ist für dich nicht gerade das Tollste auf der Welt, aber was hilft's, da musst du eben durch."

So fühlt sich der Jugendliche verstanden und ist eher willig, Aufgaben zu erfüllen. Dieses „Coaching" ist auch bei Vergehen viel sinnvoller als konventionelle Schulstrafen oder Schulsozialarbeit ohne spezifische Störungsbildkenntnis.

Eltern und Lehrer sollten sich immer wieder gegenseitig Rückmeldungen geben. So sollten die Eltern immer informiert sein bzw. sich informieren, wann die Klassenarbeiten geschrieben werden.

Unter Umständen muss auch noch beim Jugendlichen in der Sekundarstufe I eine Rückmeldung über die Hausaufgaben erfolgen durch Abzeichnen (wenn der Lehrer die Hausaufgaben zu Beginn der Stunde an die Tafel schreibt und während der Stunde einmal bei einigen Kandidaten „vorbeigeht" und abzeichnet, ist dies ein minimaler Zeitaufwand, den viele Lehrer auch gern erbringen).

Wenn alles schief läuft

Es kommt auch vor, dass es bei einem Jugendlichen mit ADHS in der Schule überhaupt nicht mehr klappt. Vor allem im Alter zwischen 14 und 17 kann es Phasen geben, in denen jede Hilfe fehl schlägt.

Manchmal braucht es mehrere Anläufe und auch Schulwechsel, bis die Schulkarriere erfolgreich absolviert werden kann.

Oft steht der Jugendliche dabei unter dem schwierigen Einfluss anderer Jugendlicher. In einem solchen Fall können ein neues Lernumfeld, eine andere Schule, ein anderer Schultyp einen Ausweg bieten.

Ein Internat ist nur dann eine Lösung, wenn dort Offenheit und Verständnis bezüglich ADHS besteht sowie eine echte Bereitschaft, den Bedürfnissen des Jugendlichen zu entsprechen. Dabei muss analysiert werden, ob der Jugendliche hinter seiner Lernunlust, dem Verweigern, dem Vermeiden und der Opposition vor allem Versagensängste hat und damit Wissenslücken aufgefüllt werden müssen, oder ob an der allgemeinen Resignation gearbeitet werden muss.

Ricki, 16 Jahre, ist von der zweiten in die vierte Klasse gesprungen. Er kommt dann auf ein französisches Gymnasium, auf dem er unter Therapie und Medikation zunächst trotz langem Schulweg und großer Belastung durch einen schweren Verkehrsunfall der Mutter sehr erfolgreich ist. Hoch begabt, doch seelisch wesentlich jünger, gerät er in der Pubertät ab 15½ in eine extreme Krise der Antriebslosigkeit. Mitten im Unterricht beschimpft er eine ihn störende Mücke lautstark. Er tut nichts mehr und sackt in kürzester Zeit völlig ab. Mehrere Internate werden aufgesucht. Ein Internat für hoch Begabte bezweifelt seine Begabung.

In England findet er eine Schule, in der der gesamte Tag für alle Schüler klar eingeteilt ist und es angeleitete Betreuung auch noch in dieser Klassenstufe gibt. Er erholt sich rasch, da man dort auch noch über einen gesunden Menschenverstand verfügt und ihn vor allem mit seinen Stärken annimmt.

Viele Wege führen in die Zukunft

Ausbildungsverläufe sind oft „unregelmäßig" und fordern das Nervenkostüm der Eltern häufig bis hin zur Zerreißprobe.

Eltern eines Kindes und Jugendlichen mit ADHS brauchen Geduld. Das gilt auch für die Schul- und Berufsausbildung. Denn nichts ist so wichtig wie das Durchhalten der Eltern, auch wenn Schulwechsel erforderlich waren oder ein Schulabbruch erfolgte.

Jugendliche mit ADHS sind „Spätzünder" und so wird auch eine Abschlussqualifikation nicht selten erst auf dem zweiten Bildungsweg erbracht.

Berufsbildungswerke, berufsvorbereitende Jahre oder Praktika können sinnvoll eingesetzt und zwischengeschaltet werden – der Jugendliche und junge Erwachsene mit ADHS sollte aber nie nichts zu tun haben. Die Eltern sollten in Anbetracht der extremen Personenbezogenheit und Kritikempfindlichkeit auch so lange und so gut es geht Einfluss nehmen auf die Erwachsenen, mit denen der Jugendliche in seinem Umfeld zu tun hat.

> *Die Schule für Kinder und Jugendliche mit ADHS gibt es nicht!*
> *Und es wird, kann und soll sie auch nicht geben.*
> *Denn diese Kinder und Jugendlichen müssen lernen, mit anderen umzugehen und sich anzupassen, in unserer Zeit heute gegebenenfalls immer häufiger unter Medikation.*
> *Eine Herausnahme aus dem Regelschulsystem ist nur in schweren Fällen und / oder bei Zusatzerkrankungen sinnvoll.*

Hoch begabte Kinder und Jugendliche mit ADHS

Gegenwärtig wird viel über die Symptomatik des hoch begabten Kindes und Jugendlichen diskutiert.

Hoch begabte Kinder können ebenfalls durch Unruhe und Unkonzentriertheit in der Schule sowie durch unangepasstes Verhalten auffallen, Symptome, die als Zeichen einer Unterforderung zu deuten sind. Um zu erkennen, ob ein hoch begabtes Kind an ADHS leidet, sind zusätzliche Beobachtungen erforderlich.

Hoch begabte Kinder und Jugendliche mit ADHS

- wirken im Verhalten jünger und emotionaler.
- wirken nicht in Einklang mit ihrer emotionalen, sozialen und kognitiven Entwicklung.
- haben auch spezialisierte Interessen.
- haben auch Anspruch auf komplexe Herausforderungen.
- begreifen Regeln, Spiele und Strategien schnell kognitiv, d. h. vom Verstand her.
- bekommen im sozialen Kontext Signale von außen schlecht mit.
- verstehen oft Gruppenziele und die Gruppendynamik nicht „automatisch".
- gehen bei Problemlösungen weniger systematisch vor.
- haben bei induktivem Denken oft Schwierigkeiten, den richtigen Aspekt zu finden.
- kommen beim folgerichtigen Denken öfter vom Leitgedanken ab.
- bringen weniger zu Ende.
- brauchen oft für kleine Aufgaben zu lang.
- hyperfokussieren bei großem Interesse, d. h. „versinken" regelrecht in das Thema ihrer Wahl und kriegen nichts mehr um sich herum mit.

Hoch begabte Kinder und ADHS-Kinder können durch ähnliche Verhaltensweisen auffallen; manchmal liegt auch beides vor: eine Hochbegabung und ADHS.

227

- sind oft schlampig oder überkorrekt.
- wissen später als reife Jugendliche nicht, welches Thema Präferenz hat.
- lernen oft trotz Begabung das Lernen nicht; sie lernen oft gar nicht oder lernen alles auswendig.

Gerade hoch begabte Kinder und Jugendliche mit ADHS können ihre Fähigkeiten oftmals nicht zur Entfaltung bringen. Sie leiden unter einem doppelten „Anderssein". Deshalb ist es sehr wichtig, hier sowohl das ADHS wie auch die Hochbegabung diagnostisch abzuklären, sodass evtl. erforderliche Maßnahmen ergriffen werden können.

Die Pubertät scheint überstanden – und nun?

Das ADHS als Wahrnehmungsstil bleibt auch nach der Pubertät bestehen. Wie wird diese Störung das weitere Leben beeinflussen? Werden weiterhin Schwierigkeiten den Alltag bestimmen? Oder können sich auch positive Entwicklungen ergeben?

ADHS – eine lebenslange „Behinderung"?

Es ist interessant zu beobachten, was Menschen mit ADHS alles schaffen können – auch ohne allzu gute Rechtschreibfähigkeiten ...

Die wachsende Aufmerksamkeit, die dem ADHS international geschenkt wird, ließ auch Besorgnis über die vielen Auswirkungen aufkommen, die diese Störung für den jungen (und oft auch reiferen) Erwachsenen in den unterschiedlichen Lebensbereichen hat (Beruf, soziale Beziehungen usw.). Es stellt sich die Frage, ob ADHS nicht eine disqualifizierende, d. h. nur Nachteile mit sich bringende Veranlagung ist?

Doch so einfach ist diese Frage nicht zu beantworten. Es ist im Gegenteil faszinierend zu sehen, dass gerade schwierige junge Kinder mit ADHS oft in bzw. nach der Pubertät bei einer entsprechend förderlichen Umgebung eine sehr gute Entwicklung nehmen und sich somit „die ganze Anstrengung" gelohnt hat. Dabei muss betont werden, dass es sich bei den später Erfolgreichen um Kinder handelt, die keine zusätzlichen schweren Entwicklungsstörungen oder schwere psychoreaktive Erkrankungen hatten.

Von großer Bedeutung: Schutzfaktoren

Bei genauer Betrachtung der günstigen Entwicklungsverläufe erkennt man immer so genannte Protektor- oder Schutzfaktoren. Dazu zählen eine gute Begabung, das Vorhandensein von Menschen, die in den einzelnen Lebens- und Entwicklungsabschnitten (oft unbewusst) eine Coachingfunktion übernommen hatten.

Viele Betroffene zeigen im Lauf des jungen Erwachsenenalters erstaunliche Fähigkeiten und erwerben Fertigkeiten auf höchstem Niveau. Dabei verfügen sie in sich selbst über sehr viel „Widerstandsfähigkeit".

Grundsätzlich gilt, dass längst nicht für alle das ADHS eine die Lebenschancen stark beeinträchtigende Störung bleibt. Manche entwickeln sich entsprechend dem „American

Dream" vom „Tellerwäscher zum erfolgreichen Unterneh-mer". Wie es dabei in der privaten Beziehungsgestaltung aussieht, ist ein anderes Thema ...

Aber auch das Gegenteil ist wahr: Bei einer z. B. problema-tischen Sozialisation oder bei gravierenden Teilleistungspro-blemen kann eine deutliche Beeinträchtigung der persönli-chen und / oder der beruflichen Entwicklung entstehen und es können andauernde psychische Störungen auftreten.

Die Ausbildung

Ein junger Erwachsener mit ADHS braucht eine Ausbildung in einem Bereich, der ihm wenigstens einigermaßen liegt. Die Tätigkeit muss abwechslungsreich sein. Je ausgeprägter die Hyperaktivität und innere Unruhe sind, desto mehr Bewe-gungselemente sollte der Beruf haben. Von monotonen Schreibtischjobs ist dann dringend abzuraten.

Die Frage nach der Berufswahl und Ausbildung des Jugendlichen beschäftigt viele Eltern sehr intensiv. Welche Berufe kommen in Frage? Und wird er „durchhalten"?

Yvonne, 23 Jahre, als Kind mit ADHS diagnostiziert, kommt nach einer schwierigen Pubertät mit ausgeprägtem oppositio-nellen Trotzverhalten wieder in die Beratung: Sie ist überge-wichtig, leidet unter Panikattacken und hat Angst, überhaupt in den Job zu gehen. Sie lebt mit dem beständigen Gefühl, ihren Vater in der Nähe haben zu müssen. Dabei lebt sie schon lange mit ihrem Freund zusammen. Zu Hause liegt sie vorwiegend auf der Couch. Bei allen Aktionen schüttet sie ja-panisches Minzöl über sich, in der Hoffnung, so nicht „aus Angst umzukippen".

Yvonne ist Justizangestellte und tippt jeden Tag langweilige Schriftsätze und Urteile. Dabei hätte sie so gerne etwas Ausge-fallenes gelernt. Aber ihre Familie meinte: „Geh zum Staat, das ist das Sicherste für dich!"

231

Yvonnes Missbefindlichkeit wuchs schon in der Lehre. Bei Fehlern, die Kritik nach sich zogen, entwickelte sie das Gefühl, gemobbt zu werden – wie ihr „Vorbild", eine junge Kollegin (auch mit ADHS), die wegen einer Psychose vorübergehend stationär betreut worden war. Yvonnes Somatisierungstendenz nahm rasch zu und sie erlebte dabei unbewusst die Möglichkeit, auf diese Weise alles Unangenehme vermeiden zu können.

Ihr Umfeld reagierte zunehmend besorgt – zunächst. Man schirmte sie ab, der Hausarzt versuchte es mit verschiedenen Psychopharmaka. Auch eine Gesprächspsychotherapie sollte helfen.

Kurzzeitig wurde auch wieder eine Verhaltenstherapie versucht – aber Yvonne war bereits so „eingesponnen" in ihren Kokon aus Angst, Vermeidungstendenz und sich daraus entwickelnder Lethargie, dass ambulant keine Veränderung möglich war (vielleicht auch, da sie eine sofortige totale Hilfe erwartete – ohne selbst etwas dazutun zu müssen!). Gleichzeitig wurden nun ihre Familie und ihr Freund immer ungeduldiger – und Yvonne immer kränker!

Die Berufsfindung

Es ist unerlässlich, dass der Berufswahl eine genaue Analyse der Wünsche, Stärken und Schwächen des jungen Erwachsenen vorausgeht.

Um eine solche Entwicklung zu vermeiden, sollte der Übergang in den Beruf genau geplant werden. Der junge Erwachsene muss herausfinden, welche Tätigkeitsfelder ihm Spaß machen könnten. Er muss aber auch um die möglichen Auswirkungen seines ADHS auf den Beruf wissen. Das ist oft nicht der Fall. So erleben die Amerikaner Rob und Veronica Crawford, die sich auf das professionelle Coaching Jugendlicher und junger Erwachsener spezialisiert haben, dass viele die Auswirkungen der Symptomatik nicht ausreichend verstehen. Sie sind verwirrt über ihre Wünsche, die je nach Berater immer wieder wechseln. In Bezug auf die Zukunft fühlen sie sich unvorbereitet, unreif, ängstlich und entscheidungsunsi-

Was braucht der junge Erwachsene mit ADHS?	Was braucht der Ausbilder, bzw. der Arbeitgeber?
Welche Fächer liefen in der Schule gut und welche schlecht?	Ist für die Ausbildung ein Fach besonders wichtig, das in der Schule einen Schwachpunkt darstellte?
Mit welchen Personen kam der Jugendliche gut / schlecht aus?	Hat am Ausbildungsplatz jemand Ähnlichkeit mit einem verhassten Lehrer?
Welche Hobbys und spezifischen Interessen liegen vor?	Wird diesen Interessen in der Ausbildung irgendwie entsprochen?
Verständnis der eigenen Fähigkeiten / Schwächen:	**Benennung benötigter Kompetenzen / Hilfen bei möglicherweise entstehenden Problemen:**
Mit welcher Technologie klappt die Arbeit gut / schlecht? Ist das Arbeiten im großen oder nur im kleinen Team erfolgreich?	Mit welcher Technologie muss umgegangen werden, ist gegebenenfalls eine Umsetzung möglich?
Können laute Geräusche ertragen werden? Wie schnell ist die Auffassungsgabe bei komplexen Anforderungen?	Muss z. B. in einem Großraumbüro gearbeitet werden? Ist es möglich, hier gegebenenfalls ohne Verärgerung zu unterstützen?
Soziales Fertigkeitenrepertoire:	**Verantwortlichkeit und Zuverlässigkeit im Mitarbeiterstab:**
Wie höflich ist der junge Erwachsene von sich aus? Wie groß ist die Anpassungsfähigkeit?	Was wird als Anstandsniveau gefordert? Welche Kleidungsregeln, Anforderungen an Pünktlichkeit, Ordnung, Sauberkeit gelten?
Wie gut kann Kritik durch Fremde angenommen werden usw.?	Welche disziplinarischen Maßnahmen werden ergriffen?

cher. Ihre Schwächen und Stärken, ihre eigenen Grenzen kennen viele nicht ausreichend, da sie zu wenig angeleitet wurden und zu wenig Feedback bekamen.

Daher ist es wichtig, diese Berufsfindungsphase sehr intensiv zu betreiben. Dabei gilt es, die einzelnen Anforderungsbereiche bei der Berufsfindung zu analysieren.

Dies kann gegebenenfalls mithilfe eines neutralen Dritten, eben des Coachs, geschehen. Dazu sollte man die Gesetze und Ausführungsvorschriften, z. B. der Verwaltungen und der Berufsverbände, kennen.

Um den Übergang in die Ausbildung zu erleichtern, sollte ein „Eingliederungsplan" erstellt werden. Dieser Plan sollte durch eine akzeptierte und wichtige Bezugsperson des jungen Erwachsenen überwacht werden. Dabei muss immer wieder ermuntert und ermutigt werden.

Worauf auch zu achten ist

Darf ein Beruf erlernt werden, der grundsätzlich Spaß macht und sind nette Kollegen vorhanden, kann die Eingliederung ins Berufsleben klappen. Am besten stellt man sich aber auch hier auf gelegentliche Probleme ein.

So hat z. B. die seelische Entwicklungsverzögerung die Auswirkung, dass viele Jugendliche mit 16 oder 17 noch nicht reif sind, sich in einen Lehrbetrieb einzufügen, vor allen Dingen, wenn gleich als Erstes ein Berufsschulblock vorgeschaltet ist – und wieder die Schulbank gedrückt werden muss.

Gegebenenfalls kann ein Jahr im Ausland sinnvoll sein oder ein Praktikum in einem Betrieb bei einem Ausbilder, der sich auch gern um etwas schwierigere Jugendliche kümmert.

Bei Auszubildenden unter 18 Jahren sollten die Eltern den Ausbilder über die Problematik des ADHS informieren, damit entstehende Reibereien schnell geklärt werden können. Necken und Hänseln sind unter Azubis normal. Dies kann aber beim Jugendlichen mit ADHS genau die gleichen Reaktionen hervorrufen, wie sie schon aus der Schulzeit bekannt sind.

Überraschend, manchmal auch frappierend, ist es für die Eltern, dass ein junger Erwachsener mit ADHS auch nach großen Anlaufschwierigkeiten plötzlich zu ungeahnten Anstrengungen bereit ist, wenn ein Partner / eine Partnerin am Arbeitsplatz „mitwirkt" und es positive Rückmeldungen gibt.

Die Lehre als Arzthelferin war von Schwierigkeiten durchsetzt und die Abschlussprüfung musste wiederholt werden. Eine Übernahme war natürlich ausgeschlossen. In einer Tagesklinik, die Personal suchte, signalisierte die Oberschwester von Anfang an, dass es um freundliches Engagement für die Krebskranken ginge und Zeugnisnoten nicht so wichtig seien. Hoch motiviert stürzte sich Nora, 20, in die Arbeit. Sie arbeitete kompetent und wuchs infolge der positiven Rückmeldungen bald regelrecht über sich hinaus. Nach drei Monaten bekam sie die Leitung einer Teilstation übertragen.

Die Sparte, in der der junge Erwachsene seine „Nische" findet, ist ganz individuell in einer Begabungs- und Neigungsanalyse zu ermitteln. Syndromtypische Ressourcen führen dabei oft in Helferberufe, den Journalismus, in Berufe mit herausforderndem hohem Risiko, mit ausgefallenen Anforderungen, oder in selbstständige Berufe (vom Speditionsunternehmer über den Animateur, Stuntman, Softwareentwickler bis hin zum Pharmavertreter usw. ist alles möglich, auch der Show-Star ... und der Politiker).

Wenn Übereifer entsteht

Manchmal kommt es vor, dass junge Erwachsene sich extrem in ihre Ausbildung stürzen. Sie sind in der Ausbildung oder im Studium hoch motiviert. Dadurch entsteht eine verblüffende

Aufnahmebereitschaft und dank der schnell sehr guten Ergebnisse entwickelt sich ein großer Ehrgeiz. Die Anstrengungsbereitschaft wird extrem, mit oft nächtelangem Arbeiten oder dem freiwilligem Ableisten von Überstunden.

Die Darstellung und Wiedergabe von als plausibel empfundenen neuen Lerninhalten erfolgt äußerst sicher und überzeugend (manchmal auch unkritisch!). Nicht plausible Inhalte werden abgelehnt – auch in extremer Form. Dabei ist häufig ein intuitives „Näschen für Trends und Gefahren" zu beobachten.

Dieser Übereifer birgt natürlich auch Gefahren: nicht nur, dass sich der junge Erwachsene regelrecht in einem Thema „verrennen" kann oder körperlich an seine Leistungsgrenzen geht – auch das soziale Miteinander leidet darunter. Die Mit-Azubis oder Kommilitonen bekommen oft zu hören: „Das ist doch klar! Kapierst du das nicht?" oder „Der blickt's auf keinem Auge!" So werden andere spontan und unbewusst abgewiesen. Die Folge ist häufig ein Gemisch aus Neid und Ablehnung und dies führt unausweichlich zu neuerlicher Irritation – und muss ebenfalls aufgefangen werden.

Wenn die Ausbildung abgebrochen wird

In schwierigen Konstellationen kann es sich ergeben, dass eine Ausbildung abgebrochen wird. In diesem Fall sollte unbedingt vermieden werden, dass der Jugendliche bzw. junge Erwachsene längere Zeit einfach „zu Hause rumhängen" kann, ohne etwas zu tun. Er sollte zumindest, so irgend möglich, Aushilfsjobs machen oder sich durch anstrengende Mithilfe im häuslichen Umfeld Geld verdienen müssen. Nichts ist so gefährlich wie eine „Rundumversorgung" ohne gleichzeitige Anforderung.

Der Jugendliche und junge Erwachsene gewöhnt sich sehr schnell an eine solche Situation, noch leichter als andere junge Erwachsene. Seine Anforderungen an das Umfeld und sich selbst wachsen ständig. „Theoretisch" erfolgt dann ein „Abfliegen in das eigene Traumschloss". Ständig neue hochtrabende Ideen darüber werden entwickelt, was man alles machen könnte, wenn … Allerdings erfolgt keine Umsetzung, da dies mit ausdauernder Anstrengung verbunden wäre und schwierig Erscheinendes aus allen möglichen Vorwänden heraus immer weiter aufgeschoben wird.

Niemand lernt so gut und so schnell Stammgast zu sein im „Hotel Mama" wie ein Jugendlicher und junger Erwachsener mit ADHS. Er findet es dann auch furchtbar gemein, wenn die Eltern z. B. einem Geschwisterkind, das aktiv in der Ausbildung ist, mehr Unterstützung, auch finanzieller Art, zukommen lassen. Aus Protest wird dann erst recht nichts gemacht. Der Jugendliche fühlt sich vollständig unverstanden und ungeliebt, leider immer im Extrem.

Wichtige Leitmottos für junge Erwachsene mit ADHS:
- *Kritik ist nicht immer sofort als Totalzerstörung meiner Persönlichkeit zu verstehen.*
- *Ich kann versuchen, mein Bestes zu geben, aber es ist wenig sinnvoll, immer der Beste sein zu wollen.*
- *Es ist okay, wenn ich mal sage „Sorry, das hab' ich vergessen" oder wenn ich noch mal nachfrage.*
- *Fehler zu machen ist nicht so schlimm – aber es ist eine Katastrophe, nicht dazu zu stehen!*

Der Militärdienst

Bei jungen Männern stellt sich irgendwann die Frage nach dem Militärdienst. Sehr viele ADHS-Betroffene profitieren regelrecht davon, in diesem recht engen System zurechtkommen zu müssen. Speziell junge Männer des vorwiegend unaufmerksamen Typus, die oft zwischen 18 und 20 Jahren noch sehr antriebsarm sind, werden aktiviert und lernen „ganz nebenher" ein bisschen Selbstorganisation.

Doch je freiheitsliebender und aktiver der Jugendliche ist, und nicht zuletzt auch je intelligenter, desto schwieriger wird die Vorstellung, zum Militär zu müssen. Anreiz kann dann höchstens eine bestimmte Waffengattung bieten (Marine, Gebirgsjäger, Luftwaffe).

ADHS ist nicht sofort Grund, keinen Militärdienst zu leisten.

„Ich weiß wirklich nicht, wie ich das hinter mich bekommen soll. Schon in der Schule habe ich nachmittags exzessiv Sport betrieben, vor allen Dingen Radfahren und Schwimmen, mindestens vier Stunden am Tag. Da bin ich allein und das brauche ich für mich. Ich halte es auch nur mit mir selbst in einem Schlafzimmer aus; deswegen bin ich nie zu Freizeiten mitgegangen. Daher werde ich auch, wenn ich jetzt studiere, mit Sicherheit zu Hause wohnen bleiben, nicht weil ich es mir bequem machen möchte, sondern einfach, weil ich nur so mit mir zurechtkomme. Sonst raste ich einfach dauernd aus, wenn man mich zu bevormunden versucht. Das kenne ich von mir und ich will ja wirklich niemandem schaden. Beim Bund säße ich mit Sicherheit die ganze Zeit in irgendwelchen Strafmaßnahmen."
Andreas, 20 Jahre, ADHS mit Hochbegabung

Wenn psychotherapeutische Maßnahmen während des Wehrdienstes erforderlich sind – was bei ADHS der Fall sein kann –, führt dies sofort zum Ruhen der Wehrpflicht. Es muss daher immer im Einzelfall individuell abgewogen werden, ob gegebenenfalls Zivildienst besser geeignet wäre, oder ob zusammen mit dem Arzt die Freistellung von der Wehrpflicht zu erwägen ist oder ein Aufschieben bis in ein reiferes Alter.

Wehrdienst – Pro und Contra

Bei hohem Ehrgeiz kann die Dienstverpflichtung unter Umständen sogar zu der Tatsache führen, dass ein junger Mann mit ADHS regelmäßig „Soldat des Monats" wird. Es kann aber auch ernsthafte Anpassungsprobleme geben, die ihn möglicherweise unfähig machen, in einem spezifischen Bereich so zu funktionieren, wie es der Militärdienst erfordert. Arbeitet der junge Soldat mit ADHS z. B. in der Flugkontrolle, kann er durch Aufmerksamkeitsaussetzer immer wieder Fehler bei der Beobachtung des Radarschirms machen – ein sicheres Ausschlusskriterium für die Einsetzbarkeit. Wenn dieser Job für ihn jedoch das Spannendste ist, was er sich überhaupt vorstellen kann, wird er hoch motiviert und absolut wach sein und auch kleinste Auffälligkeiten registrieren. Es ist immer die individuelle Einschätzung ausschlaggebend.

> *Grundsätzlich sollte gelten, dass ADHS nicht **von vornherein** eine Kontraindikation für den Wehr- oder Ersatzdienst darstellt und nach einer Lösung gesucht werden muss, die dem jungen Erwachsenen entspricht und ihn fordert. Je schwerer jedoch der Ausprägungsgrad des ADHS ist und eine Dienstversehung in diesem Rahmen eigentlich unmöglich macht, desto sinnvoller ist es, so früh wie möglich alternative Wege zu beschreiten, um einen realistischen Lebensplan zu entwerfen (vgl. u. a. Hathaway, 1997).*

Das Verhalten im Straßenverkehr

Je impulsiver und unruhiger der Jugendliche und junge Erwachsene ist, desto größeren Spaß hat er an hoher Geschwin-

239

Menschen mit ADHS tragen ein hohes Unfallrisiko als Fußgänger, Fahrradfahrer, Skater, Snowboarder – und vor allem, wenn sie motorisiert sind.

digkeit, die einen „Kick" gibt (bei sofort einsetzender Wachheit, die als angenehm empfunden wird!). Und so wird gerast, egal womit. Gefahren werden unterschätzt; es wird auf die bekannte, schnelle Reaktionsbereitschaft vertraut.

Verbote und Ermahnungen sind wirkungslos. Sport mit Fahrzeugen unter Einforderung der Geschicklichkeit und des Abstoppens sind bei solchen Jugendlichen und jungen Erwachsenen eine regelrechte Präventionsmaßnahme wie Segeln, Trail-Motorradfahren, Rollbrett- oder Inlinefahren in der Halfpipe. Das Umgehen mit Risiko lernt man auch beim Klettern, Segelfliegen, Schießen im Verein oder beim Tauchen.

Klare Absprachen für den Straßenverkehr sind unerlässlich:
- *Kein Alkohol beim Fahren (auch beim Fahrradfahren)!*
- *Kein Motorradführerschein vor dem 24. Lebensjahr!*
- *Teilnahme an Sicherheitstrainings einfordern (und dies natürlich angemessen belohnen).*
- *Bei Regelübertretungen oder Unfällen die Ruhe bewahren, aber direktiv handeln – Vorhaltungen bringen gar nichts.*
- *Weniger Moralisieren bewahrt oft vor Fahrerflucht nach einem Unfall!*

Der Motorradführerschein mit 18 Jahren kann das Leben kosten! Bitte erst mit 24 Jahren machen!

Wenn möglich, sollte der junge Erwachsene den Führerschein Klasse III mit 18 Jahren erwerben und dann mit einem alten Auto mit wenig PS fahren dürfen. Ein großer Trost: Haben die jungen Erwachsenen Routine, sind sie oft die besseren Autofahrer. Sie besitzen die intuitive Fähigkeit zu erahnen, was der andere Verkehrsteilnehmer gleich machen wird. Blitzschnell kann richtig reagiert werden, alles wird genau abgecheckt – auch wenn dabei immer wieder laut geflucht wird!

Therapie – Möglich-keiten und Grenzen

Nicht alle Jugendlichen mit ADHS brauchen eine Therapie – aber angesichts der schulischen und gesellschaftlichen Rahmenbedingungen werden es immer mehr. Für die Eltern ist es dabei oft nicht einfach, die richtige Hilfe zu finden. Und nicht zuletzt: Keineswegs lassen sich mithilfe einer Therapie alle Probleme lösen.

Die Therapieeinsicht

Eltern suchen oft sehr lange, bis sie fundierte Hilfe erhalten.

Wenn viel Verständnis in der Umgebung des Jugendlichen vorhanden ist und / oder er gut durch Begabung kompensieren kann, ist keineswegs immer eine Therapie erforderlich. Aber viele Kinder und Jugendliche mit ADHS und ihre Eltern benötigen dringend Hilfe und Therapie. Doch leider wissen Eltern oft nicht so recht, an wen sie sich wenden können und sind verunsichert durch die verschiedenen Therapieansätze, die immer wieder in Zusammenhang mit ADHS genannt werden. Wirksame Behandlungsangebote gibt es bisher nur sehr begrenzt. Viele Eltern suchen schon sehr lang ...

Ein Vater drängt am Telefon: „Wir waren nun schon bei zwei Ärzten und an einer Beratungsstelle. Wir haben eine Familientherapie gemacht. Schon mit fünf Jahren hatte er Ergotherapie. Gestern fanden wir einen Zettel, auf dem stand: ‚Liebe Mama, lieber Papa, ich bin abgehauen, weil ihr mich immer beschuldigt. Falls ihr etwas von mir wollt, ruft bei der Oma an.' Unser 13-Jähriger ist weg. Bitte helfen Sie uns, wir wissen nicht mehr weiter!"

Die verzweifelte Mutter eines 14-jährigen Jugendlichen ruft an: „Ich brauche unbedingt einen Termin in den Sommerferien, weil mir so viel Druck gemacht wird mit meinem Sohn. Er soll nun von der Realschule runter auf die Hauptschule, und dort auch noch die Klasse wiederholen. Das wird ganz sicher schief gehen, so wie ich meinen Sohn kenne. Man könne von ihm keine Leistung einfordern, so lange er sozial nicht gut integriert sei, wird mir immer wieder gesagt. Inzwischen macht mir auch das Jugendamt Druck, mit dem ich Kontakt habe, seit ich einfach einmal so erschöpft war, dass ich einen Familienhelfer brauchte. Die glauben mir das gar nicht mit der Diagnose, sondern behaupten, das gebe es gar nicht. Die schieben mir die Verantwortung für alles in die Schuhe und machen mir nur Vorwürfe."

242

Auch wenn in solchen Problemfällen sofort eine Therapie zugesagt wird, muss der Jugendliche zuvor noch einmal diagnostiziert werden. Hier wehren Eltern oft ab, mit der Begründung, dass der Jugendliche überhaupt nicht mehr zugänglich sei, nachdem er schon so viele Stationen durchlaufen habe.

> *Das Hauptproblem bei einem Behandlungsversuch eines Jugendlichen mit ADHS ist häufig seine äußerst geringe Bereitschaft, zu einer Beratung mitzugehen. Dies gilt besonders, wenn schon mehrere „Anläufe" erfolgt waren.*

Die „Therapeutenvariable"

Noch mehr als schon beim Kind mit ADHS ist bei einer Kontaktaufnahme die „Therapeutenvariable" maßgeblich für die Therapieeinsicht entscheidend. Schafft es ein Arzt, Psychologe, Sozialpädagoge oder Sozialarbeiter, den herben Widerstand aufzufangen und mit gelassener, humoriger Direktivität mit dem Jugendlichen doch ins Gespräch zu kommen, ist der wichtigste Schritt getan – sonst „geht nichts".

Eine erfolgreiche Therapie ist erst möglich, wenn der Jugendliche die Hilfe annimmt und sich nicht mehr sperrt.

„Ich sag Ihnen das gleich, so einen Sch ... wie das letzte Mal mache ich nie wieder! Ich beantworte keine Fragen, ich mache keine Tests, ich male keinen Mann, keinen Baum und kein Haus, das können Sie sich gleich merken!" An ihrer Mimik und ihrem Ton ist unmissverständlich zu erkennen, was sie will – in Ruhe gelassen werden.
Isabell, 13½ Jahre

„Fragen Sie mich bloß nicht, ob ich ein Problem habe – meine Eltern haben eins!"
Paul, 14 Jahre

Reagiert der Therapeut oder Behandler in dieser Situation „pikiert" oder grenzt sich ab – noch nicht einmal inhaltlich, sondern nur im Tonfall –, steigt der Jugendliche aus. Eine therapeutische Beziehung kann dann nicht aufgebaut werden.

Es kann aber auch das Gegenteil eintreten:

Der Jugendliche gibt sich locker und gesprächsbereit. Er berichtet freundlich und offen, eigentlich keine nennenswerten Probleme zu haben und es entsteht über die Frage nach seinem Hobby ein sehr angenehmes Gespräch.

Der Therapeut mag dann zu dem Schluss kommen, dass hier keine tief gehenden Schwierigkeiten bestehen können.

Man spricht hier vom „Honeymoon-Effekt": Hoch motiviert bei Neuem und Interessantem hat sich der Jugendliche in dieser Situation „voll im Griff".

Es kann im Gespräch aber auch ein „zäher, gummiartiger Widerstand bestehen – nicht fassbar, aber auch nicht überwindbar". Dies gilt vor allem für den Jugendlichen mit ADHS ohne Hyperaktivität! Er sagt einfach nichts oder nicht viel.

Ohne ausführliche Differenzial-diagnostik darf grundsätzlich kein Behandlungs- oder Beratungsversuch erfolgen.

Ist der Kontakt zum Therapeuten hergestellt, muss eine ausführliche Diagnostik erfolgen.

Auf dieser Basis wird dann ein individueller Behandlungsplan entwickelt. Basisbausteine sind dabei die Erklärung und Aufklärung sowie die Schulung des erzieherischen Umfelds (am besten in Form eines Elterntrainings für Eltern von Jugendlichen mit ADHS).

Darüber hinaus müssen weitere Behandlungsschwerpunkte abgeklärt und eingeschätzt werden:

- Bestehen besonders heftige Differenzen mit dem selbstbetroffenen Elternteil – bis hin zur Beziehungsstörung?
- Bestehen spezielle Kontroversen und Probleme bei den Alltagsroutinen?
- Ist vor allen Dingen das Lernen ein Kampf?

244

- Kommen vor allen Dingen Klagen über störendes Verhalten im Umfeld zu Hause und in der Schule?
- Welche „Selbstsabotagemethoden" des Jugendlichen sind bereits erkennbar (Lügen, Nikotin, Alkohol, Schuleschwänzen usw.)?

Wie sollte vom Behandler vorgegangen werden?

Der Behandler sollte zunächst abklären, welche Rahmenbedingungen auf das ADHS verstärkend wirken, z. B. ein uneinheitliches Erziehungsverhalten. Es darf dabei aber zu keiner Schuldzuweisung kommen.

Abzuklären ist, welche Bewältigungsstrategien die Eltern in kritischen Situationen nutzen und inwieweit sie sich gegenseitig unterstützen. Der Behandler muss genau wissen, welche Kenntnisse die Eltern über die Störung „ADHS" haben und welche Erwartungen sie an die Behandlung richten. Er muss auch wissen, inwieweit sie bereit sind mitzuarbeiten und Vorschläge umzusetzen. Das weitere erzieherische Umfeld muss in ähnlicher Weise erkundet und offenkundige Beziehungsstörungen müssen auch hier erkannt werden.

Der Behandler sollte sich zunächst einen Überblick über die Rahmenbedingungen, unter denen der Jugendliche lebt, verschaffen.

Was zu beachten ist

Wenn der selbstbetroffene Elternteil gerade in einer schlechten Phase steckt, wird er die familiäre Situation sehr düster schildern. In der nächsten „Phase" kann dann alles ganz anders klingen. Auf den schub- und wellenförmigen Verlauf des Syndroms muss also auch beim Erwachsenen, nicht nur beim Kind und Jugendlichen, geachtet werden. Daher ist bei der Beurteilung der Familiensituation Vorsicht geboten; schnelle Einschätzungen der Familie sollten niemals getroffen werden!

Verschiedene Therapieformen

In schweren Fällen kann eine stationäre oder teilstationäre Behandlung angezeigt sein. In den allermeisten Fällen ist sie aber nicht zwingend, vor allem, wenn vorher eine non-direktive Spieltherapie erfolglos blieb, eine Erziehungsberatung allgemeiner Art oder eine kinesiologische Behandlung erfolgte. Diese Behandlungsformen sind gemäß amerikanischen Richtlinien der Kinder- und Jugendpsychiatrie sowie deutschen Leitlinien (Döpfner und Lehmkuhl, 1998) primär nicht indiziert.

Am erfolg-versprechendsten ist die Verhaltenstherapie.

Eine Behandlung des Jugendlichen mit ADHS muss grundsätzlich unter verhaltenstherapeutischen Prämissen erfolgen und sich, entsprechend dem Wahrnehmungsstil einerseits und dem Leben im Hier und Jetzt andererseits, immer dicht an der aktuellen Konfliktbewältigung und am konkreten Alltagserleben des Jugendlichen und seiner Eltern orientieren.

Das Elterntraining

Das Elterntraining ist ein wichtiger Bestandteil der Behandlung.

Als Basisschulung sollten die Eltern an einem Elterntraining teilnehmen. Hier erwerben sie fundierte Kenntnisse über das Störungsbild und lernen die Ursachen und funktionellen Auswirkungen der Symptome verstehen. Die Eltern müssen dann vermittelt bekommen, wie sie Einstellungsveränderungen vornehmen können. Schließlich sollten sie – entsprechend der Entwicklungsebene des Jugendlichen – konkrete erzieherische Hilfestellungen erhalten. Ein einschätzbarer, möglichst homogener, konsequenter und kontinuierlicher Erziehungsstil auf der Basis der liebevollen Angenommenheit muss erarbeitet werden. Sinnvollerweise erfolgt dieses Elterntraining in der Gruppe. Durch das Zusammentreffen mit anderen betroffenen Eltern entsteht eine gewisse Entlastung und das gemeinsame Lernen verschafft oft großen Zusatznutzen (vgl. u. a. Neuhaus, 1993, 1996).

Im Elterntraining können die Basisbausteine der Strukturierung des Alltagsumfelds erlernt werden. Dies gilt auch für den Umgang mit Zeit. Im erzieherischen Handeln soll die Anwendung positiver Verstärkung und negativer Konsequenzen bei konkreten störenden Verhaltensweisen und in spezifischen Problemsituationen unter Einbeziehung spezieller verhaltenstherapeutischer Techniken, wie „Token-Economy" bei Regelplänen, „Response-Lost-Verfahren" oder „Auszeit", erlernt werden können.

Praktisch und anwendbar müssen Entlastungsstrategien für die Eltern gesucht werden. Außerdem müssen eine veränderte Kommunikation mit dem Jugendlichen und eine „Streitkultur" eingeübt werden.

Das Therapiegespräch mit dem Jugendlichen

Auch in der Therapie mit dem Jugendlichen selbst ist bei der Gesprächsführung sorgfältig darauf zu achten, dass keine Verhaltensverschreibungen erfolgen. Es darf nicht das fortgesetzt werden, was der Jugendliche aus dem erzieherischen Umfeld schon jahrelang kennt.

Der Jugendliche muss sich ernst genommen und verstanden fühlen, um sich überhaupt ins therapeutische Setting einlassen zu können. Tonfall, Mimik und Gestik des Therapeuten sind entscheidend. Lehnt der Jugendliche einen Therapeuten ab, hat dies Signalcharakter und sollte sofort sehr ernst genommen werden, da der Jugendliche sich unter diesen Bedingungen nicht auf die Therapie einlassen kann und nicht davon profitieren wird. Hier geht es aber um die Therapeutenvariable (siehe auch Seite 243ff.) und nicht um die Tatsache, ob Therapie überhaupt akzeptiert wird.

Doch auch mit Widerstand gegen die Therapie ist zu rechnen: Schnell erkennt der Jugendliche, dass die regelmäßigen Therapiestunden seinen Freiheitswunsch einschränken, und

Nur wenn sich der Jugendliche auf die Therapie einlässt, kann sie erfolgreich sein.

er wird früher oder später gegen die regelmäßigen Termine aufbegehren.

Bei Widerstand oder Ablehnung gilt rasch zu klären, ob und wem dieser wirklich gilt: Der Jugendliche spürt sofort, wenn ein Elternteil nicht voll hinter der Intervention steht. Er findet dann „eigentlich erwünschte" Ausreden („Ich muss doch lernen!").

Es kann aber auch sein, dass ihm das Ganze zu anstrengend ist und er meint, „das bringt ja eh' nix" – weil er merkt, dass er sich auch selbst einbringen muss.

In seltenen Fällen kommt ein Jugendlicher zwischen 13 und 17 gern zur Therapie – ganz anders sieht es dann bei den jungen Erwachsenen aus, deren Leidensdruck oft so heftig ist, dass sie alles Mögliche veranstalten, um nur keine Therapiestunde zu versäumen.

Das „Skill-Training"

In der Therapie erwirbt der Jugendliche Fähigkeiten, die ihm einen besseren Umgang mit der Störung ermöglichen.

Der Jugendliche soll vor allen Dingen Selbststeuerung lernen. Er soll Strategien erwerben, mit deren Hilfe er Problemsituationen besser bewältigen kann.

Im Rahmen eines Trainings der sozialen Kompetenz soll ein Strategieerwerb erfolgen,

- z. B. zur verbesserten Kontrolle von Ärger und Frustration,
- zur Akzeptanz einer Autorität und deren Anweisung,
- zum verbesserten Ignorierenlernen verletzender Äußerungen,
- zum Widerstand gegen Versuchungen,
- zum positiven Umgang mit der Tatsache, einfach etwas anders zu sein.

Dieses Training ist umso erfolgreicher, je älter der Jugendliche ist.

Der „sokratische" Dialog

Die Vermittlung dieser Techniken sollte in einem „sokratischen Dialog" erfolgen, d. h. der Jugendliche sollte dabei sanft gelenkt die Zielvorstellung selbst formulieren können (z. B.: „Ich will mit den Lehrern grundsätzlich besser auskommen."). Er soll dann selbst auflisten, was er davon hat, wenn er das bisher gezeigte Verhalten weiter „produziert" und was er davon hat, wenn er dies nicht mehr tut. Der Kernpunkt dieses Ansatzes besteht darin, den Jugendlichen in den Perspektivewechsel zu geleiten, zu dem er ohne Hilfe nicht in der Lage ist (vgl. u. a. Copeland und Walker, 1995). Programme zum Umgang mit aggressiven Jugendlichen sind, entsprechend abgewandelt, auch anwendbar (z. B. Petermann et al., 1998).

Ein konkreter Fall

Patrick, 14 Jahre, hasst seinen Internatserzieher. Er ist ihm schon rein körperlich unangenehm, seinen Dialekt kann er nicht leiden und seine Ausstrahlung schon gar nicht – aber Patrick muss mit diesem Menschen auskommen, da es für ihn sonst keine Beschulung mehr geben wird.

Heftig ereifert er sich über diesen Mann. Er wird gefragt: „Was hast du davon, wenn du ihn beschimpfst, vielleicht sogar schreist?" Patrick ist verblüfft: „Nichts, ich krieg' eben Ärger." – „Und was noch?" – „Ich muss zum Direktor." – „Und was noch?" – „Ja irgendwann werde ich wieder einen Eintrag kriegen." – „Und was noch?" – „Meine Eltern werden angerufen." – „Und was noch?" – „Dann rufen die mich wieder an und versuchen, mir den Kopf zwischen die Ohren zu setzen." – „Und was noch?" – „Reicht schon!"

„Und was hast du davon, wenn du dich vielleicht anders verhältst?"– „Wie denn?" – „Na, was meinst du, was könntest du denn anders machen?" – „Meinst du etwa, ich soll die Schnauze halten?" – „Tja, oder was noch?" – „Wie meinst du das?" – „Na

Bei einer guten Therapeutenbeziehung führt die kognitive Verhaltenstherapie oft zum Erfolg.

was meinst du, wie der das sieht, wenn du vielleicht anders reagierst als normal?" – „Ist doch mir egal!" – „Das weiß ich schon, nur was meinst du, was geht in dessen Kopf ab?" – „Der kann doch überhaupt nicht denken!" – „Ja gut, ein bisschen vielleicht schon – was denkst du?" – „Na, wahrscheinlich denkt der, dass da was nicht stimmt mit mir." – „Und was noch?" – „Weiß ich nicht!" – „Bist du sicher?" – „Na, wahrscheinlich denkt der, dem rast der Blocker!" – „Und du meinst, dass der ganz schön unsicher wird, wenn du dich einfach plötzlich anders verhältst?" – „Genau." – „Was meinst du, was passiert dann?" – „Er wird sofort zum Direktor marschieren und sich erst recht über mich beklagen." – „Und dann?" – „Na, dann wird der Direktor kommen und mich wieder ins Gebet nehmen." – „Und dann, was meinst du, was wird passieren, wenn du dann immer noch ruhig bleibst?" – „Na, dann denken die vielleicht, dass ich mich jetzt bessern will, aber ich bin doch kein Schleimer!" – „Wieso bist du ein Schleimer, wenn du nur den Mund hältst und den Erzieher nicht beschimpfst?" – „Na, weiß ich auch nicht, aber ich will auf keinen Fall superbrav sein." – „Bist du das, wenn du dich bloß anders verhältst als normalerweise? Kannst du dir vorstellen, dass du das Spiel eben mitspielst, wie sie das wünschen. Einfach, weil du auf der Schule bleiben musst, obwohl dir natürlich total klar ist, dass du diesen Menschen nicht akzeptieren kannst?" – „Mühsam!" – „Könntest du dir vorstellen, dass du jeden Morgen diesen Erzieher, Herrn Quietschigel, vor deinem geistigen Auge in eine glatte Stahlkugel einsperrst, sodass er dir persönlich eigentlich gar nichts mehr tun kann, und du voll cool bleiben kannst?" – „Wie meinst du das?" – „Na, stell dir vor, den machst du ganz klein, mit seinem doofen Dialekt, seinem Geruch, und wenn er in der Kugel sitzt, stehst du ja drüber, oder?" Patrick stutzt, denkt nach: „Kann ich ja mal versuchen."

Patrick in der nächsten Therapiestunde: „Ich hab's wirklich mal probiert. Ich hätte es nicht geglaubt, der hat erst völlig hohl-

gedreht, total getobt, aber jetzt lässt er mich eher in Ruhe. Den
hab' ich voll auflaufen lassen – hat sogar ein bisschen Spaß ge-
macht."

Ein solches konkretes Erarbeiten einer Situation im Hier
und Jetzt, dicht am emotionalen Erleben des Jugendlichen
und mit einer kleinen „Visualisierungshilfe" oder einer ganz
kurzfristig einzusetzenden Entspannungsmethode („Zähle
rückwärts von 3 auf 0") ist in der kognitiven Verhaltenstherapie ein Element, das bei einer guten Beziehung zwischen dem
Jugendlichen und dem Therapeuten zum Erfolg führt. Es
muss allerdings die Möglichkeit bestehen, ausreichend lang
mit dem Jugendlichen zu arbeiten. Eine Gruppentherapie ist
dabei oft sinnvoll, weil der Jugendliche von den Erfahrungen
der anderen Teilnehmer profitieren kann und die Situation all-
tagsnäher ist.

Völlig abzulehnen sind dagegen konfrontative Maßnahmen, etwa wie beim „Antibulling-Training" der „heiße Stuhl"
mit schuldzuweisenden Vorhaltungen und Beschimpfungen in
der Gruppe. Der Jugendliche kann dabei nur explodieren!

Erlernen der Selbstbeobachtung

Um kontrolliert reagieren zu können, ist es wichtig, dass der
Jugendliche lernt, sich selbst zu beobachten. Dazu bietet die
Gruppensituation eine gute Gelegenheit. So kann man im kon-
kreten Rollenspiel eine Stress-Situation setzen und das Ver-
halten analysieren. Dann bekommt der Jugendliche die Aufga-
be, selbst eine Stress-Situation aufzubauen und seine
Reaktionsweise selbst zu beobachten. Diese Beobachtungen
kann er auf einem Selbstbeobachtungsbogen dokumentieren.
Voraussetzung für das Gelingen ist allerdings eine sehr gute
Therapeutenbeziehung, denn es gelingt nur bei positiver
Stimmung, also über Motivation.

Rollenspiele
können helfen –
aber nur, wenn
sie mit dem
konkreten
Alltagsleben zu
tun haben.

251

Die Selbstinstruktion – ein mühsamer Weg

Es bedarf intensiven Trainings über längere Zeit, bis effektive Fertigkeiten der Selbstregulation erlernt worden sind.

Die Skills der so genannten Selbstinstruktion sollen ein Erarbeiten subjektiv schwierig erscheinender Aufgaben ermöglichen. Sie sind allerdings schwierig zu vermitteln. Erst nach längerer Einübung sind die Jugendlichen in der Lage, diese Fertigkeiten auch zu Hause und in der Schule anzuwenden. Keinesfalls ist es damit getan, dem Jugendlichen z. B. Lerntechniken einfach nur einmal zu zeigen, in der Hoffnung, dass er das dann nicht nur versteht, sondern auch „einsieht".

Es ist vielmehr ein mühsames Anüben an möglichst spannenden Materialien mit viel sofortiger Verstärkung und Rückkopplung erforderlich, damit der Jugendliche wirklich Strategien zur Verminderung seines syndromtypischen impulsiven und unorganisierten Herangehens an Aufgaben erwerben kann.

Unterstützend wirken einfache, kurze Leitsätze, die individuell zugeschnitten sind und in einem „Therapieheft" dokumentiert werden. Zusätzlich sollten sie mit kleinen, visualisierten Vorstellungshilfen versehen werden. Voraussetzung für den Erfolg ist allerdings – wie immer – die gute Therapeutenbeziehung, ohne die der Jugendliche mit ADHS nichts annehmen wird.

Felix, 13 Jahre, sagt sofort: „Oh Mann, das blick' ich nie! So ein Mist!"

In jeder Therapiephase ist immer wieder mit Opposition und kritischem Hinterfragen zu rechnen: „Was soll das?", „Was bringt dir das, wenn du jetzt versuchst, mich dazu zu kriegen, das zu tun?" usw. In diesen Fällen sind Rückfragen, z. B. „Wie meinst du das?", „Was meinst denn du?" usw. hilfreich. Ein langwieriges, ausholendes Erklären in schulmeisterndem Tonfall wird sofort abgelehnt.

Hilfe für den Alltag

Für alle Kompensationsstrategien gilt, dass der Jugendliche (und auch der junge Erwachsene) mit ADHS konkrete Hilfe bekommt für

- die Entwicklung und Aktivierung von Hintergrundwissen
- das Führen von Selbstgesprächen („Ich werde nicht verrückt, ADHS macht nur, dass ich immer mal wieder Mist baue")
- den Abbau negativer Selbstzuschreibungen („Das kann ich ja sowieso nie")
- das Gestalten, Anpassen und Wiederholen der Strategien
- die Festlegung von Zielen und die Gestaltung der nötigen Umgebung zur Realisierung
- das Aufzeichnen des Fortschritts
- das Planen eigener Umsetzungen mit Selbstbelohnung, z. B. bei Schlafproblemen – vernünftige Bettgehzeit ausmachen, verordnen, dass der Jugendliche dann in seinem Zimmer bleibt, nach 21.00 Uhr nicht mehr Computer spielt, am Nachmittag Sport treibt und abends alles Nötige erledigt und für den nächsten Tag vorbereitet hat

Die Straße, die man mit einem Jugendlichen mit ADHS in dessen Entwicklung begehen muss, ist steinig. Krisen sind zu erwarten. Wichtig ist, nicht entmutigt zu sein und mit der Krise immer dann umzugehen, wenn sie gerade kommt.
Das Verhalten sollte immer wieder neu benannt werden – einschließlich der positiven Aspekte und der Entwicklungsfortschritte. Der Kontakt mit anderen Eltern, die auch Jugendliche mit ADHS haben, kann sehr wertvoll und unterstützend sein – manchmal kann man sich sogar als Krisenberater austauschen.

- morgendliche Anlaufschwierigkeiten – Wecker kaufen, gegebenenfalls einen zweiten einstellen, unter Umständen morgens schon Medizin nehmen, morgens genügend Zeit lassen. Und dann einmal am Tag was richtig Tolles tun!

Lernstrategien

Zum Skill-Training gehört auch der Erwerb von Lernstrategien. Sie sollten nach sorgfältiger individueller Analyse in der Therapie erarbeitet werden. Dabei ist es sinnvoll, sich eine schriftliche Leitlinie zu erstellen, in der die wichtigsten Aspekte notiert werden. Für eine Klassenarbeit könnte diese Leitlinie folgendermaßen aussehen:

In der Therapie sollte nicht nur die Bewältigung von Alltagssituationen eingeübt werden, sondern es sollten auch Lernstrategien trainiert werden.

1. Bringe alles mit, was du für den Test brauchst (Papier, Stifte, Zirkel usw.).
2. Überfliege am Anfang die Arbeit und suche dir etwas aus, was dich spontan anspricht.
3. Beginne dann mit der Aufgabe und arbeite dich durch, es sei denn, du bleibst richtig hängen. Hüpfe nicht von Aufgabe zu Aufgabe. Schau immer mal wieder auf die Uhr, wie viel Zeit du noch hast.
4. Versuche vor allen Dingen sauber zu schreiben. Schön muss es nicht sein, aber leserlich.
5. Wenn du Multiple-Choice-Fragen beantworten musst, beginne damit, mache dann die Einsatzaufgaben und zum Schluss die freien Aufgaben. Durch die Multiple-Choice-Fragen wirst du dich an den Stoff erinnern und Verbindungen herstellen können. Wenn du noch Zeit übrig hast, lies dir noch mal alles durch.
6. Wenn du etwas nicht kannst, lass es aus und vergeude deine Zeit nicht damit.
7. Hake immer ab, was du bearbeitet hast. Mache dir einen Vermerk, wenn du an einer Aufgabe noch etwas ergänzen möchtest.

8. Mache dir beim Aufsatz Stichworte, damit du beim Thema bleiben kannst.

Lehrer- und Schulberatung gehören zur Therapie

- Ist der Schüler unaufmerksam, ist es wichtig, ihn immer wieder kurz zu berühren, ihn vorne in die Klasse zu setzen und ihn mit einem anderen Schüler zusammenarbeiten zu lassen.
- Bei schlechten Organisationsfertigkeiten und der Schwierigkeit, eine Aufgabe zu beginnen, dranzubleiben und sie zu Ende zu führen, ist immer wieder eine häufige schnelle Rückkopplung nötig. Dabei sollte die Anstrengungsbereitschaft verstärkt werden.
- Hat der Schüler Schwierigkeiten mit dem Hörgedächtnis, und kann er mehrphasige Anweisungen nur schwer verstehen, sind schriftliche Instruktionen wichtig, die kurz und knapp formuliert werden.
- Schlagartige Motivation setzt ein, wenn der Lehrer den Jugendlichen mit ADHS anregt:

  „Gib einmal selbst Nachhilfe, du wirst sehen, dass dir das unheimlich hilft, genauer hinzuschauen und alles zu erfassen – weil du es ja erklären willst. Viele Jugendliche können seither besser lernen."

  Oder:

  „Benutze einen Kassettenrekorder, besprich ihn mit dem, was du lernen sollst und hör es dir mehrfach wieder an. Schreib im Unterricht mit und mach dir kleine Skizzen – ich zeige dir, wie."

  Oder:

  „Auch wenn es mühsam klingt, schreib am Computer eine Zusammenfassung der Unterrichtsaussagen. Sage sie dir

Auch wenn ein Lehrer viele Schüler in der Klasse hat, sollte er doch auf die speziellen Bedürfnisse des Jugendlichen mit ADHS eingehen. Dadurch kann der Unterricht insgesamt erleichtert werden.

dabei laut vor – es ist erstaunlich, wie viel einem dann im Kopf bleibt."

Oder:

„Schaffe dir zur Übersicht über Hausaufgaben und Tests einen Jahresübersichtskalender und einen Monatsübersichtskalender an. Codiere farbig die Tage der Tests. Verteile die Hausaufgaben auf mehrere Tage."

Oder sogar:

„Schwierige Texte kann man sich besser merken, wenn man erst einmal den Titel liest, ihn laut vor sich hin sagt und sich fragt, was er eigentlich bedeutet. Jeder Untertitel sollte gelesen werden. Wenn Illustrationen vorhanden sind, sollte man sie anschauen. Es gibt in aller Regel Schlussfragen zu den Kapiteln im Buch. Lies diese zuerst, dann die Zusammenfassung des Textes und gehe dann erst den Text durch. Hebe dabei gegebenenfalls mit Marker das Wichtige hervor. Stelle bei Hausarbeiten, Halbjahresarbeiten usw. einen 6-Wochen-Plan auf.

In der ersten Woche Material sammeln, in der zweiten Woche das Material lesen und einordnen. In der dritten Woche ein bisschen ordnen und kurze Notizen machen, in der vierten Woche mit dem Schreiben beginnen, in der fünften Woche den Text vollenden und noch mal durchlesen. Dann den Text zweizeilig schreiben, damit man später noch etwas einfügen kann.

In der sechsten Woche die Arbeit abgabefertig machen. Mache immer wieder Pausen, aber mache dir in deinem Wochenplan klare Vermerke, wann du arbeitest – es ist zwar syndromtypisch ‚zu schieben', aber für solche Arbeiten tödlich."

Positive Lehrerreaktionen sind zu erreichen, wenn der Therapeut dem Lehrer zuhört, seine Nöte zulässt und ihm Verständnis signalisiert. Vor allem muss er ihm das Störungsbild erklären und verständlich machen, wie der Jugendliche selbst unter seinen Defiziten leidet.

> *Die (geheimen) Wünsche der Jugendlichen:*
> *Zur Selbsteinschätzung gelangen, mehr Erinnerungsvermögen, Konzentration, Ausgeglichenheit bekommen, Erfolge sehen statt Versagen. Aus Entscheidung Dinge bearbeiten, Selbstbewusstsein und Offenheit finden, das Gefühl, auf der „richtigen" Straße zu sein. Und: Kontaktängste verlieren, Ziele verwirklichen statt träumen, Energie handhaben können, einen Beruf finden und dabei bleiben können.*

Die Dauer der Behandlung

Seit Jahren wird mit immer größerer Prägnanz gefordert, dass ADHS ein ausgesprochen lang anhaltender, einschränkender Zustand ist. In vielen Fällen nimmt es gerade auch bei Jugendlichen den Grad „einer Bedrohung durch eine seelische Behinderung" an. Ein recht bizarres Urteil des Bundesverwaltungsgerichts vom November 1998 verlangt gegenwärtig eine Einschätzung durch Gutachter / Behandler darüber, inwieweit ein Kind bzw. Jugendlicher mit einer Wahrscheinlichkeit deutlich über 50 Prozent von einer seelischen Behinderung bedroht ist, um Jugendhilfemaßnahmen rechtfertigen zu können. Eigentlich klingt das fast wie Hohn, vor allen Dingen, wenn man die Gefährdungen heute sieht und weiß, wie blitzschnell sich die Situation für ein Kind und einen Jugendlichen mit ADHS verändern kann, und wenn man weiß, welche immensen Risiken mit diesem Wahrnehmungsstil verbunden sind, von der Selbst- bis zur Fremdgefährdung.

Es ist im Interesse der Kinder, Jugendlichen und der jungen Erwachsenen, aber auch ihrer Umwelt wünschenswert, dass eine notwendige Behandlung möglichst rasch, umfassend und so lange erfolgen kann, wie das Kind / der Jugendliche / der junge Erwachsene dies braucht – und zwar multimodal, mit regelmäßigen, qualitätssichernden Zwischenkontrollen.

Medikation

In unserer Zeit klappt ein Strategieerwerb oft nur noch unter Medikation.

Auf allen Foren wird das Thema der Notwendigkeit der Stimulanzientherapie heftig diskutiert. Hintergründig bestehen Befürchtungen, dass es zu einer „Veränderung" der Persönlichkeit und zur „psychischen Abhängigkeit" kommen könne. Es hält sich auch die Idee, dass diese Art, die Welt zu sehen und auf sie zu reagieren, eben ein willentlicher oder charakterlicher Defekt sei. Hartnäckig halten sich, so Prof. Trott auf mehreren Vorträgen im Jahr 2000, Vorurteile wie: „Es wächst sich aus, aber bis dahin können sich diese Kinder und Jugendlichen nie konzentrieren, sind nie nett, immer schlecht in der Schule, immer verhaltensgestört."

Aber: Man will lieber kein „medizinisches Problem" daraus machen. Diese Haltung wird vor allem von pädagogischer, zum Teil auch von medizinischer Seite heftig vertreten – und ist für Eltern sehr verunsichernd.

Wann ist eine Medikation erforderlich?

Die Relevanz des Einsatzes der medikamentösen Therapie hat sich in der letzten Zeit nach klinischer Erfahrung deutlich verändert: Vor wenigen Jahren noch kam die medikamentöse Therapie eigentlich nur dann in Frage, wenn eine stark ausgeprägte, situationsübergreifende Symptomatik mit krisenhafter Zuspitzung vorlag und Jugendliche mit anderen Ansätzen

258

(z. B. im Rahmen der Verhaltenstherapie) nicht in der Lage waren zu kompensieren.

Das mehrfach geschilderte heutige Umfeld macht allerdings den wesentlich früheren und häufigeren Einsatz einer flankierenden Pharmakotherapie notwendig. Dies gilt auch, wenn nicht nur zusätzlich erhebliche oppositionelle und aggressive Auffälligkeiten beobachtet werden, sondern wenn zunehmende Resignation und Erwartungsängstlichkeit mit den Verhaltenskorrelaten des schnellen „Zuklappens", der Bockigkeit oder Zeichen depressiver Verstimmung einsetzen.

> *Eine Pharmakotherapie als Monotherapie sollte aber möglichst vermieden werden, da die Jugendlichen unbedingt flankierend auch Strategien zur willentlichen Kompensation ihres Grundproblems erlernen müssen.*

Allerdings gibt es zu wenig adäquate Therapieplätze, weshalb aus der Not oft eine Tugend werden muss. S. Ledingham (1999) betont, dass nach seiner Erfahrung die Medikation nur 10 Prozent des Erfolgs ausmachten, und weist auf die Notwendigkeit des ausreichend langen Skill-Trainings hin.

Die Behandlung mit Medikation und Therapie

Die Ergebnisse der „MTA"-Studie, gesponsert durch das National Institute for Mental Health und das Department of Education der USA und sorgfältig durchgeführt an mehreren Orten mit großer Probandenzahl (Hinshaw et al., 1999, Swanson et al., 1999), belegen beeindruckend die Überlegenheit der Kombinationsbehandlung bei Kindern zwischen sieben und neun Jahren mit 1. Medikation und 2. Verhaltenstherapie (bei spezifischem Skill-Training, inklusive Elterntraining), betreffend die Unaufmerksamkeit, die Impulsivität und die Hyperaktivität sowie das oppositionelle Trotzverhalten. Dabei erwies sich die Medikation als am effektivsten, vorausgesetzt, sie wurde richtig eingesetzt. Die Verhaltenstherapie unter Medikation veränderte deutlich positiv Opposition, Eltern-Kind-Beziehung, Sekundärprobleme, Sozialbeziehungen, Lesefertigkeit. Die Kombinationsbehandlung erwies sich gegenüber reiner Verhaltenstherapie als überlegen.

Eine allgemeine Erziehungsberatung und Ergotherapie zeigten kaum Effekte (auch unter Medikation). Die ausschließliche Behandlung mit Verhaltenstherapie war bei den Kindern schwierig, die vorher schon eine Medikation hatten.

Bei schwierigen Multiproblemfamilien zeigte sich eine Medikation allein überlegen – aber Hinshaw betont, dass die Medikation eine Strategie ist, die sorgfältig ausgearbeitet und überwacht werden muss – man kann nicht einfach eine Pille geben!

Gegenwärtig gilt es, über eine sinnvolle, ergänzende Psychotherapie nachzudenken, die aber primär im Bereich des Strategieerwerbs angesiedelt sein muss.

Was der Jugendliche über die Medikation wissen muss

Der Jugendliche will „normal" sein und reagiert in aller Regel zunächst entsetzt darüber, dass man ihm irgendeine Medizin zu schlucken geben möchte.

Er muss wissen, dass er keine „Lieb-sein-Pille" und keinen „Ruhigsteller" bekommt. Genauso wenig darf ihm in Aussicht gestellt werden, dass sich damit „einfach" die Noten verbessern werden, weil er sich besser konzentrieren kann.

Es sollte sorgfältig darauf geachtet werden, dass dem Jugendlichen der Einsatz der Pharmakotherapie richtig erklärt wird.

„Ständig unter Strom: Kann die Psycho-Pille Ritalin überdrehten Kindern und ihren geplagten Eltern helfen? In den USA wird die Droge in der Schule ausgeteilt – Kritiker warnen vor Lang-

zeitschäden: Auch in den USA wird Ritalin natürlich verschrieben und unter Aufsicht von Krankenschwestern dann verabreicht."
(Spiegel-Artikel Nr. 52, 1998)

Allzu salopp ist auch: „Was wäre, wenn morgen Tom Sawyer oder Huckleberry Finn in meine Praxis kämen? – Toms Des-interesse an Schule und Hucks Widerborstigkeit hätten sicher An-lass zur Sorge gegeben. Würde ihnen auch Ritalin verschrieben?
Diller würde es sicherlich nicht machen, nach seinem Buch „Running on Ritalin", Neuhaus möglicherweise schon."
Aus einem Leserbrief in einer Tageszeitung, 1999
(Und die sicher nicht, da sie psychologische Psychothera-peutin, aber keine Ärztin ist!)

Widerstand gegen das Medikament: „Ritalin half mir aufzu-passen, aber deswegen lernte ich die Formeln nicht besser. Ich dachte, genau dabei würde es mir helfen. Erst dachte ich mir nicht viel dabei, aber dann merkte ich, dass mir durch das Medi-kament irgendwie der Spaß am Leben weggenommen wurde.
Ich redete gern und viel und war nicht unbedingt störend. Es kam auch noch dazu, dass eine Lehrerin mich am liebsten ohne Medikation mochte. Irgendwie hatte ich das Gefühl, wenn ich mich jetzt nicht mehr so viel unterhalten würde, wäre ich alleine."
Ein 17-jähriges Mädchen

Hier musste korrigiert werden! Es stellte sich rasch heraus, dass die Lehrerin großen Einfluss auf die Jugendliche hatte und angedeutet hatte, dass „Schulerfolg doch nicht alles sei" und sie durch das Medikament „ihren Charme verliere" ...
Fragen nach der Wirkung der Medikation müssen dem Ju-gendlichen geduldig beantwortet werden:
Es gibt kognitive Verbesserungen durch eine bessere Auf-merksamkeitsleistung. Man scheint vor allen Dingen bei rela-

tiv monotonen Aufgaben weniger ablenkbar zu sein, das Kurzzeitgedächtnis verbessert sich, impulsives Handeln nimmt ab. Man überlegt vor dem Handeln, Gedanken können besser abgerufen werden, das Arbeitspensum wird größer und die Arbeit wird genauer.

Es schließt die Diagnose „ADHS" keinesfalls aus, wenn man nicht auf Ritalin anspricht.

Häufig wird die Frage gestellt, ob eine „Wirkung" von Ritalin beweisen würde, dass man ADHS hat. Dies lässt sich eindeutig verneinen. Viele Menschen erzielen mit Stimulanzien kurzzeitig eine Verbesserung der Konzentrationsfähigkeit, was aber nicht zur Nachahmung empfohlen werden kann.

„Mir geht es besser mit Cannabis! Dann sind meine Lehrer mit mir zufrieden!" Sicherlich, aber das gilt nur oberflächlich betrachtet. Dieser junge Mann schaltet sich damit nur auf entspannte Coolness und findet sicher nicht in einen Arbeitsprozess.

Voraussetzung für die Behandlung mit Stimulanzien im Jugendlichenalter ist, dass der Jugendliche mitmacht, zur Kontrolle kommt, Vertrauen zum Arzt hat und sich führen lässt.

Viele Jugendliche wollen keine Medikation, da sie abends regelmäßig Alkohol trinken wollen. In diesem Fall ist eine genaue Beratung nötig!

Kein Jugendlicher darf zur Medikation gezwungen werden.

Viele Jugendliche benötigen Zeit, um sich die Sache zu überlegen; diese Zeit sollten sie auch erhalten. Geduld ist angesagt, frei nach Martins Motto: „Mit Geduld und Spucke fängt man eine Mucke. Mit Geduld und ohne Stress hilft man jemandem mit ADS." Martin ist 17 und tat sich lange schwer mit der Stimulanzientherapie. Er wollte sich nicht „über das Medikament definieren müssen", das seiner Mutter so wichtig erschien für ihn. Das viele Einreden auf ihn bewirkte nur einen immer kritischeren Widerstand.

Viele Jugendliche haben nur Akzeptanzschwierigkeiten mit dem Methylphenidat, weil sie keinesfalls während der Schulzeit die zweite Dosis nehmen wollen. Es muss dann eventuell auf ein Präparat „zweiter Wahl" wie Fenetillin oder Pemolin umgesetzt werden (diese sind nicht ganz so effektiv wie Methylphenidat, aber notfalls besser als gar nichts). Ein Depotpräparat des Methylphenidats ist seit neuestem über die internationale Apotheke verfügbar.

Was Eltern über die Medikation wissen müssen

Auf Elternseite ist zu klären, dass die Medikation keinesfalls eine „Motivationspille" ist, sondern lediglich eine Hilfe darstellt, die Dysregulation der Neurotransmitter zu verbessern. Damit entsteht die Möglichkeit, besser fokussieren zu können, leichter an subjektiv schwierig Erscheinendes herangehen zu können, nicht mehr so abgelenkt zu sein, und nicht jedem Ablenkimpuls folgen zu müssen. Die Stimmung wird gleichmäßiger.

Das Medikament wirkt nicht, wie oft behauptet, „paradox" oder „ruhig stellend". Es stimuliert die neuronale Hemmung im Frontalhirnbereich, in dem die „Executive Functions" heranreifen sollen, und verhilft zum besseren Abbremsenkönnen, auch in tieferen Stammhirnregionen. Daneben reguliert es die „innere Wachheit", aber nicht in dem Sinne, dass es Euphorie hervorruft.

Zu wenig Aufklärung und Erklärung schadet:
Entweder werden übermäßige Ängste ausgelöst oder es
entsteht – im anderen Extrem, wenn Medikation als das
allein selig machende Allheilmittel angesehen wird – eine
viel zu große und dann irreführende Erwartung.

Viele Patienten mit ADHS reagieren auf „konventionell anwendbare Beruhigungsmittel" wie Neuroleptika, Benzodiazepine und beruhigende Antidepressiva nicht oder auch gegenteilig „paradox" (vgl. u. a. Skrodski, 1997).

Ein Strategie-erwerb ist unverzichtbar – auch unter Medikation.

„Es geht schon vieles leichter, aber irgendwie bin ich manchmal noch unsicherer als vorher. Kann es sein, dass ich manches in meiner Umgebung jetzt erst richtig registriere?"
Lisa, 17 Jahre

„Ich dachte, jetzt flutscht das Lernen nur so – aber ich muss ja immer noch echt was tun!"
Jens, 23 Jahre

Bei jedem Behandlungsansatz sollte von vornherein immer geklärt werden, dass eine Heilung niemals möglich ist, sondern der Zweck jeglicher therapeutischer Intervention immer nur darin bestehen kann, im Umgang mit dem Problem kompetent zu werden.

Auch Jugendliche mit dem ADHS des vorwiegend unaufmerksamen Typus profitieren von der Medikation – es muss nur in Zusammenarbeit mit dem Arzt ausreichend lange und intensiv versucht werden, das richtige „therapeutische Fenster" zu titrieren, d. h. mit der Dosis etwas „zu spielen".

Medikation hilft auch dem Erwachsenen.

Oft profitiert auch der selbstbetroffene Elternteil ganz erheblich von einem Medikationsversuch. Er wird gelassener, ausgeglichener und konzentrierter und kann dann auch den Auftrag, einschätzbarer und konsequenter zu erziehen, einfach besser umsetzen.

Die Schule informieren oder nicht?

Die Schule sollte über die Medikation informiert werden, wenn wirklich ein gutes Vertrauensverhältnis besteht. Natürlich darf ein Lehrer niemals einen Jugendlichen vor der Klasse fragen, ob er denn heute wieder seine „Droge" eingenommen habe oder den Eltern signalisieren, der Jugendliche wirke jetzt wie eine Schlaftablette.

Viele Jugendliche mit ADHS haben nur noch unter Medikation die Möglichkeit, im Schulalltag heute überhaupt ihre Ressourcen zu nutzen.

Keinesfalls ist Methylphenidat die moderne Leistungspille, wie dies immer wieder in der Presse ausgedrückt wird, oder gar „die Killerpille", weil vielleicht ein Jugendlicher mit ADHS früher einmal mit Stimulanzientherapie behandelt worden war, dann aber doch auf die dissoziale Schiene rutschte und entsprechend auffällig wurde.

Methylphenidat – häufige Mythen und Irrtümer

Nach wie vor ist Methylphenidat (mit den Pharmanamen Ritalin® und seit 2000 auch Medikinet®) das Medikament der ersten Wahl, um das sich leider immer noch „Mythen" ranken, nicht zuletzt deswegen, weil es betäubungsmittelrezeptpflichtig ist. Dass dieses Medikament unter die verschärften Bedingungen des Betäubungsmittelgesetzes gestellt wird, heißt nicht, dass es für ADHS ein Betäubungsmittel ist und generell Abhängigkeit erzeugt. Der Grund für diese Maßnahme ist darin zu sehen, dass eine bessere Kontrolle über die Verordnung und Verteilung ausgeübt werden soll.

Methylphenidat ist für Normgesteuerte aufputschend und euphorisierend – für jemanden mit ADHS „ernüchternd".

Dr. Peter Altherr, ein sehr erfahrener Kinder- und Jugendpsychiater, fasste diese Mythen 1998 in seinem Katalog häufiger Irrtümer und Mythen über Methylphenidat wie folgt zusammen:

1. Psychostimulanzien sollen nur in äußersten Notfällen gegeben werden.

   Falsch: Bei gegebener Indikation ist die Unterlassung ein Kunstfehler, da alle anderen Therapien weniger wirksam sind.

265

2. Stimulanzien machen Kinder und Jugendliche süchtig.

   Falsch: Bisher ist in der Literatur kein einziger Fall einer Abhängigkeit bekannt, auch wenn dies in Fernsehsendungen immer wieder so behauptet wird.

3. Die Stimulanzientherapie fördert die Neigung zu späterem Drogenkonsum.

   Falsch: Das Gegenteil ist richtig, wie sorgfältige Studien gezeigt haben und weiter zeigen. Eine gute Behandlung im Jugendalter ist sogar eine Form der Drogenprophylaxe.

4. Ritalin in hoher Dosierung heilt ADHS.

   Das ist eine sehr fragliche Behauptung, ein gesicherter Nachweis liegt nicht vor. Bei dieser Behandlungsform (über 60 mg, entsprechend 6 Tabletten, pro Tag) ist die Nebenwirkungsrate hoch.

5. Stimulanzien wirken nach der Pubertät nicht mehr.

   Falsch: Eine nachgewiesene Wirkung gibt es selbstverständlich auch bei Jugendlichen und Erwachsenen.

6. Eine Stimulanzientherapie ist lebenslang notwendig.

   Falsch: Die durchschnittliche Behandlung dauert 3 bis 5 bis auch einmal 5 bis 8 Jahre. Durch Absetzversuche wird der Zeitpunkt individuell ermittelt, ab dem keine kontinuierliche Behandlung mehr notwendig ist oder die Medikamentengabe nur noch für bestimmte Situationen erfolgen muss.

7. Stimulanzien wirken nur bei einer Hirnschädigung.

   Falsch: Viele Studien zeigen, dass sie mit und ohne Hirnschädigung wirken.

8. Unter der Stimulanzientherapie besteht ein erhöhtes Unfallrisiko.

   Falsch: Dies ist von Fall zu Fall verschieden. Manche Jugendlichen haben das Gefühl, sie hätten unter Methylphenidat nicht mehr „alle Antennen auf Empfang" und säßen in einer Art „Seifenblase". Sie empfinden sich ohne Substanz reagibler, vor allen Dingen im Straßenverkehr.

Es gibt mehrere Studien, die aufzeigen, dass unter Stimulanzien durch die verbesserte Fokussierungsfähigkeit sogar eher ein geringeres Unfallrisiko besteht.

9. Stimulanzien sind gefährliche Medikamente und daher abzulehnen.

Falsch: Stimulanzien sind die bestuntersuchten Medikamente der Kinder- und Jugendpsychiatrie. Die Behandlung ist sicher, erfordert aber viel Aufwand und die Mitarbeit von Eltern und Lehrern.

Nebenwirkungen

Jedes Medikament hat Nebenwirkungen. Im Verhältnis zur Wirksamkeit sind diese jedoch bei Methylphenidat erfreulicherweise so gering, dass sie eigentlich vernachlässigt werden können. Manchmal wird über Kopfdruck oder Kopfschmerzen geklagt, selten auch über leichtes Zittern. Diese Nebenwirkungen sind beinahe immer durch ein sehr sanftes Einschleichen der Medikamentendosis zu vermeiden.

Kopfdruck, Zittern

Die häufigste Nebenwirkung, die deutliche Appetitminderung, wird während der Wirkdauer der Medikation (üblicherweise bei ausreichend hoher Dosierung 3½ bis 4½ Stunden) beobachtet. Beim Jugendlichen tritt sie deutlich seltener auf als beim Kind. Wesentlich ist, hierbei nicht in Panik zu verfallen („Hilfe, mein Kind verhungert!"), denn normalerweise wird langfristig nicht wesentlich weniger gegessen, sondern es erfolgt nur eine Verschiebung der Hauptmahlzeit auf den Abend, wenn das Medikament nicht mehr wirkt. Bei einer ausgeprägten Besorgnis der Mutter oder der Eltern ist es hilfreich, einmal wöchentlich auf die Waage zu steigen und das Gewicht schriftlich festzuhalten. Am besten wird immer zur gleichen Zeit gewogen, z. B. morgens nach dem Besuch der Toilette und vor der Aufnahme jedweder Getränke oder Speisen. Man wird normalerweise feststellen, dass die aus den

Appetitminderung

Je weniger darauf geachtet wird, desto rascher pendelt sich das Essen ein.

Kinderuntersuchungsheften bekannten Wachstumskurven allenfalls um 2 – 3 kg unterschritten werden, dabei aber parallel zur normalen Entwicklung weiterverlaufen.

Bei Übelkeit und vorübergehender, leichter Gewichtsabnahme kann als Gegenmaßnahme empfohlen werden, die Medikation zur Mahlzeit zu geben, und nicht, wie empfohlen, etwa 60 Minuten vor / nach der Mahlzeit. Gegebenenfalls muss eine etwas höhere Dosis gewählt werden.

Wachstums-
verzögerung

Immer wieder wird befürchtet, dass nicht nur die Gewichtszunahme, sondern auch die Längenentwicklung unter der Gabe von Metyhlphenidat beeinträchtigt würde.

Im Oktober 1998 berichtete T. Spencer aus der Forschergruppe von Joseph Biederman in New York eindrucksvoll, dass die gesamten Studien über ein „verringertes Wachstum" unter einer Stimulanzienbehandlung nicht relevant seien, da nicht die erreichte Endgröße im jungen Erwachsenenalter, die Größe der Eltern und das Knochenalter einbezogen wurden.

Viele Jungen
mit ADHS wachsen
erst spät in der
Pubertät richtig.

Studien, die behaupteten, es gäbe durch die Einnahme von Stimulanzien eine Wachstumsverzögerung oder sogar einen Wachstumsstillstand, betrachteten nur kurze Zeiträume und arbeiteten damit methodisch unsauber.

Nicht zuletzt wurde die Tatsache vernachlässigt, dass viele Kinder mit ADHS auch noch in der Pubertät lange verhältnismäßig klein sind. Sie rutschen erst spät in die Pubertät und wachsen dann auch spät – beim Syndrom der Extreme gilt: entweder sehr früh oder sehr spät. Gerade Jungen mit ADHS müssen hier regelrecht „getröstet" werden.

Einschlafstörungen

Einschlafstörungen, die häufig beklagt werden, gehören an sich grundsätzlich zum Störungsbild dazu. ADHS-Jugendliche schlafen typischerweise weniger als andere – allerdings nicht unbedingt im so genannten „Jugendlichen-Schlaffheitsstadium", in dem der Jugendliche stark wächst. In diesem Stadium wächst „alles" – aber nicht in gleichem Tempo. Dies gilt vor allem für die glatte Muskulatur rund um die großen Blutgefäße; dadurch kommt es zu Blutdruckschwankungen, Schwindelgefühlen und Müdigkeit.

Unter der Medikation kann sich die Einschlafproblematik etwas verschärfen – das Lesen eines Romans (keine Comics, kein Fernsehen) macht müde und der Jugendliche schläft ein.

Es gibt Kinder, seltener Jugendliche, die besser einschlafen, wenn sie abends noch eine kleine Dosis Methylphenidat bekommen.

Bei der Entwicklung einer Tic-Störung handelt es sich offensichtlich nicht primär um eine Medikamentennebenwirkung. In jüngster Zeit entwickeln unter den schwierigen Umfeldbedingungen immer mehr Kinder und Jugendliche mit ADHS Tics in Form von Gesichtszucken, Nesteln, sich windenden Bewegungen usw. Erforderlich ist in diesen Fällen eine Stressreduktion. Oft reduzieren sich diese nervösen Tics auch unter der Stimulanzientherapie. Bei der nicht selten beobachteten Komorbidität mit einem „Gilles-de-la-Tourette-Syndrom" bricht dieses völlig unabhängig von der Stimulanzienbehandlung früher oder später aus.

Tics können durch Stimulanziengabe entweder verbessert werden oder sich auch verschlechtern. In diesem Fall ist die Dosis individuell anzupassen oder es muss kombiniert mit dem Neuroleptikum Tiaprid behandelt werden. Dies gilt vor allen Dingen, wenn das Tourette-Syndrom mit einem dauernden, monotonen Tic über die Dauer eines Jahres und dem Dazukommen eines Vokal-Tics auftritt.

Lesen ist anstrengend und macht müde ...

Tic-Störungen

Die Dosierung

Auch beim Jugendlichen sollte nach Erfahrung der Kliniker einschleichend dosiert werden. Man beginnt mit einer halben Tablette pro Dosis im Abstand von etwa 3½ – 4½ Stunden. Dies erfolgt immer in engmaschiger Absprache mit dem Arzt und

Die Dosierung muss immer ganz individuell gefunden werden.

der Beobachtung sowohl in der Schule, wie vor allem auch durch die Eltern, die vorher allerdings genau über die Zielsymptomatik aufgeklärt werden müssen.

Die Dosis muss für jeden Jugendlichen ganz individuell gefunden werden. Manche Jugendlichen profitieren schon von 5 mg Methylphenidat pro Dosis, manche benötigen 15 – 20 mg. In aller Regel braucht der Jugendliche wesentlich weniger Substanz als das Kind mit ADHS – dies gilt auch für den Erwachsenen (hirnstoffwechselbedingt).

Eine langsame Steigerung der Dosis unter sorgfältiger Beobachtung der Zielsymptomatik führt zur richtigen Einstellung.

Das Kind bemerkt meist selbst keine Veränderung; beim Jugendlichen und jungen Erwachsenen ist dies allerdings zunehmend der Fall, wenn die Selbstbeobachtung doch allmählich intellektgesteuert einsetzt – und wenn er der Medikation gegenüber positiv eingestellt ist.

Bei einer zu raschen Dosissteigerung oder bei einer von vornherein sehr hoch angesetzten Dosis (ein bis zwei Tabletten) kann es zu einer Steigerung der Herzfrequenz kommen. Subdepressive Verstimmungen können aufgrund der verbesserten Selbstwahrnehmung auftreten und sind zunächst immer erst einmal psychotherapeutisch zu behandeln.

Die Stimulanzienbehandlung gehört in die Hände eines Arztes mit differenziertem Störungsbildverständnis, der nötigen Geduld und der Bereitschaft zur regelmäßigen Kontrolle.

Dominik, 12 Jahre, hat eine sehr schwierige Entwicklungsphase mit heftigsten Wutausbrüchen. Er wird gegen die Mutter tätlich und zerstört Mobiliar – er befindet sich gerade in einem ersten, intensiven pubertären Schub. Gleichzeitig sind die Eltern mit der Familie gerade ins neu erbaute Eigenheim umgezogen.

270

Die Mutter ist verzweifelt und will nun einen Medikationsversuch machen.

In der Hektik des Praxisalltags schiebt der Arzt Mutter und Sohn schnell dazwischen; die Problematik wird in Gegenwart des Jungen vor dem Schreibtisch verhandelt.

Zwei Tage später ruft die Mutter verzweifelt die Therapeutin an: Ihr Sohn sitze weinend in seinem Zimmer, das habe sie sicher nicht gewollt. Das Medikament mache ja depressiv, sie setze es sofort wieder ab. Die Therapeutin beruhigt sie und bittet sie, mit dem Sohn in die Praxis zu kommen. Auf die Frage an den Jungen: „Kann es sein, dass du jetzt die vielen Macken in deiner neuen Kinderzimmertür gesehen hast und ein ganz schlechtes Gewissen bekommen hast?", nickt der Junge mit aufgerissenen Augen. Er ist verwundert, so erkannt worden zu sein und beginnt zu weinen – er hatte verstanden, eine „Lieb-sein-Pille" zu bekommen, weil er so böse war, und musste sich nun mit den Folgen seiner Taten auseinander setzen. Dabei hat er doch Mama und Papa eigentlich so gern und weiß genau, wie mühsam es für sie war, das Eigenheim zu erstellen.

Der Jugendliche braucht die richtige Information über das Medikament.

Zur Hochdosierung von Methylphenidat und den damit verbundenen Problemen und Gefahren nahm Professor Martinius, 1999, klar Stellung: Mengen, die deutlich über 60 mg Me-

Die Hochdosierung

Die medikamentöse Behandlung gehört grundsätzlich in die Hand eines erfahrenen Arztes. Dabei kann es jedoch niemals darum gehen, ein Kind oder einen Jugendlichen „100%ig gesteuert" zu bekommen mit der Tendenz zur Hochdosierung und der Einstellung der Medikation über Videobeobachtung – in letzter Zeit leider auch in Deutschland ein Trend.

thylphenidat liegen, bringen (von sehr wenigen Ausnahmen abgesehen) therapeutisch keinen Nutzen, sondern können eher schaden, bis hin zur Auslösung einer Psychose.

Die kombinierte Behandlung mit anderen Medikamenten

Immer häufiger wird erst eine kombinierte Behandlung mit anderen Medikamenten erfolgreich, wenn Jugendliche noch eine zusätzliche psychiatrische Erkrankung haben, z. B. eine Zwangserkrankung oder eine Angsterkrankung, oder wenn sie depressiv werden (vgl. z. B. Rossi und Winkler, ADHS-online, letzte Aktualisierung 11/99).

Zunehmend brauchen auch Erwachsene Kombinationsbehandlungen, da ihre Problematik möglicherweise so, wie sie sich entwickelt hat, unterschiedliche Hirnregionen betrifft. (Leider lernt nicht nur der Mensch an sich, sondern, wie die Forschung weiß, durch lang anhaltende Übererregung sogar die Zelle im Gehirn – und dies nicht nur zum Vorteil des Individuums.)

Antidepressiva   Antriebssteigernde trizyklische Antidepressiva, wie z. B. Tofranil®, werden auch erfolgreich eingesetzt, wenn depressive Zusatzstörungen auftreten. Der Monoaminooxidasehemmer Aurorix® schützt und verlängert nach klinischer Erfahrung auch die Wirkdauer von Methylphenidat.

Bei anhaltender Tendenz zum Grübeln und zu Zwangshandlungen können Serotonin- Wiederaufnahmehemmer wie Cipramil®, Fevarin® oder Fluctin® eingesetzt werden.

Weitere Präparate

Leider musste Pemolin (Tradon®, Hyperilex®) trotz guter Wirksamkeit und wesentlich längerer Wirkdauer bei vielen Patienten vom Markt genommen werden, da in 2 – 3 Prozent der Fälle Erhöhungen der Leberwerte auftreten können und im

Verlauf der 20-jährigen Anwendung in den USA fünf Patienten an irreversiblen Leberstörungen verstarben (vgl. M. Shevell, 1999). In 4 der 5 Fälle wurden Kontraindikationen nicht beachtet und / oder unzulässige Kombinationen von Stimulanzien in hohen Dosen verordnet. Tradon ist mittlerweile unter schärfsten Kontrollauflagen nach einer erfolglosen Behandlung mit Methylphenidat wieder erlaubt.

Die Verlaufskontrolle

Der Verlauf der Behandlung sollte sorgfältig beobachtet und überwacht werden. Dabei ist vor allem auf folgende Bereiche zu achten:

1. die Entwicklung der Basissymptomatik
2. die schulischen Leistungen
3. das Verhalten in verschiedenem Umfeld
4. die Befindlichkeitsentwicklung
5. die Beziehung zu Gleichaltrigen
6. die außerfamiliären und außerschulischen Freizeitaktivitäten
7. die Entwicklung der Familieninteraktion und der Beziehungsdynamik
8. bei der medikamentösen Behandlung: Blutdruck, Pulsfrequenz, Körpergröße und Gewicht, Appetitverhalten und gegebenenfalls Tic-Entstehung

Besonders sorgfältig sind Jugendliche hinsichtlich der Entwicklung einer möglichen Polytoxikomanie und der möglichen Entwicklung von sich verdichtenden Störungskomplexen in pubertären Krisen zu überwachen.

Bei spät diagnostizierten Jugendlichen muss immer wieder sehr genau kontrolliert werden.

Die Abnahme der Symptomatik des ADHS muss nicht zwingend die Komorbiditätsentwicklung mitverändern: Millstein et al. fanden 1998, dass bei Erwachsenen vom unaufmerksam impulsiv hyperaktiven Typus 63 Prozent eine Depression,

Behandlungsversuche mit Diäten, vor allen Dingen die phosphatarme Diät, müssen als nutzlos bezeichnet werden.

23 Prozent eine Dysthymie (ängstlich depressive Verstimmung), 15 Prozent eine Alkoholabhängigkeit und 41 Prozent eine Angststörung entwickelten (diese Zahlen gelten leicht abgewandelt auch für den unaufmerksamen Typus).

Die Dauer der medikamentösen Behandlung

Die medikamentöse Behandlung sollte ständig durchgeführt werden, sieben Tage die Woche, auch in den Ferien. Durch die Medikation kommt es zu einer Erweiterung des Spektrums an Verhaltens- und Reaktionsmöglichkeiten sowie zum Erwerb von Selbststeuerungsfähigkeiten. Diese neuen erweiterten Möglichkeiten können zunächst nur unter Medikation erschlossen werden. Nur unter Medikation kann es hier zu Lerneffekten in Form von so genannten Bahnungen im Gehirn kommen. Sobald diese Bahnungen ausreichend vertieft, also gelernt sind, können sie auch ohne Medikament genutzt werden. Eltern berichten immer wieder begeistert über Reaktionen ihrer Sprösslinge, die zunächst nur unter Medikation zu beobachten waren und später zunehmend auch im „freien Intervall" feststellbar wurden.

Diese Behandlung erfolgt durchschnittlich 3 bis 5 Jahre. Je besser sich der Jugendliche und der junge Erwachsene überwachen kann, umso klarer wird er selbst merken, bei welchen Gelegenheiten er das Medikament braucht und wann nicht. Dies gilt nicht im Sinn einer psychischen Abhängigkeit, sondern als eine Art chemische Brille (z. B. bei der Prüfungsvorbereitung oder zum Bearbeiten monotoner Anforderungen).

Wenig sinnvoll und hilfreich wird eine ambulante medikamentöse Therapie sein, wenn die Diagnose nicht ganz sicher ist, aktueller Drogenmissbrauch betrieben wird, eine kriminelle Vorgeschichte besteht, die ganze Familie sehr desorganisiert ist, gegebenenfalls mit Alkohol- oder Drogenmissbrauch – und vor allem, wenn wenig Kooperationsbereitschaft besteht.

274

Ausblick

Erfolgt eine Therapie, gilt: Sie hilft, solange sie durchgeführt wird. Ein Langzeittransfer erfolgt nur, wenn eine echte Mitarbeitsbereitschaft bestand, Erfolge erzielt werden konnten und Strategien wirklich verautomatisiert wurden.

Aber: Das Leben ist für Menschen mit ADHS spannend und herausfordernd. Es ist immer wieder mit Stolperfallen gespickt und mit „Löchern", in die man fallen kann. Die sozialmedizinische Bedeutung des Syndroms wird gegenwärtig erst langsam erkannt.

Je intensiver man sich mit dieser Art, die Welt zu sehen und auf sie zu reagieren, beschäftigt, desto nachdenklicher muss man werden und bei „schwierigen Störungsbildern" viel häufiger noch einmal genau hinsehen, ob nicht ADHS dahintersteckt – natürlich ohne die Diagnose überstrapazieren zu wollen.

Sicher sitzen z. B. viele jugendliche Straftäter mit impulsiver Aggressivität in deutschen Gefängnissen, in den Kliniken finden sich Drogenabhängige und Essgestörte, Spieler oder auch Patienten mit schwer zu behandelnden Zwangserkrankungen – Menschen mit ADHS, die zum vorwiegend unaufmerksamen Typus gehören.

Als Arzt und Therapeut sollte man jedenfalls sehr zurückhaltend sein, die Eltern sofort „verantwortlich" zu machen, wenn es mit der Kindererziehung nicht so problemlos klappt. Denn leider kommen die üblichen Schwierigkeiten, die den jungen und oft auch reifen Erwachsenen mit ADHS „begleiten", weiterhin häufig vor:

- mangelnder Überblick über die Finanzen; Ausgaben von zu viel Geld oder unkritischer Gebrauch von Kreditkarten
- Gewichtsprobleme mit der Schwierigkeit, ungesundem Essen zu widerstehen

275

- überdurchschnittlich häufig kleine, impulsive Verkehrsdelikte, vor allem Geschwindigkeitsüberschreitungen (nicht nur als Führerscheinneuling!)
- Impulsivität bei der Erziehung der eigenen Kinder
- Probleme bei der Organisation und Aufrechterhaltung des Familienlebens
- häufige interpersonelle Konflikte mit der Schwierigkeit, über längere Zeit hinweg enge Kontakte aufrechtzuerhalten
- unterdurchschnittliche, u. a. theoretische, Leistungsrepräsentanz
- Gefährdung für Substanzmissbrauch
- schlechtes Durchhaltevermögen, mit der Schwierigkeit, einen auch selbstgefassten Plan wirklich zu Ende zu führen
- Schwierigkeiten, in einem Job auch Langweiliges durchzuhalten, und inkonsistentes Arbeiten (mit daraus folgenden Konflikten mit Autoritätspersonen)
- chronisches Zuspätkommen
- allgemein erhöhte Unfallgefahr

Aber als syndromtypische Protektorfaktoren begleiten den Menschen mit ADHS neben den „syndromtypischen Ressourcen" ebenfalls:

- Neugier
- viele einzigartige, kreative Ideen
- eine Begabung, unkonventionelle Lösungen zu finden und zu improvisieren
- die Fähigkeit zur Mobilisierung von unendlich viel Energie und Begeisterung, wenn etwas interessant ist – mit Hyperfokussierung und entsprechendem Durchhaltevermögen
- häufig geschliffene Eloquenz
- beim Extrovertierten eine verblüffende Fähigkeit, mit anderen „Powermenschen" zu kommunizieren, mit ihnen zusammen zu arbeiten und zusammen zu leben

- Zähigkeit in der Verteidigung eines Standpunktes, von dem man überzeugt ist

Es sollte alles daran gesetzt werden, einen „ADHS-freundlichen Lebensstil" zu finden. Dazu gehören das Verständnis für die Stärken und Schwächen und der kompetente Umgang damit.

Gelingt es im Laufe der Entwicklung, mit dem eigenen Willen solche Kompensationsstrategien zu entwickeln, kann es eigentlich immer nur noch besser werden:

EIN FRÖHLICHES DENNOCH!

Anhang

Glossar

Abnorm unnormal

Adoleszenz Übergangszeit von der Pubertät ins Erwachsenenalter

Belief-System Überzeugung nach dem Motto: „Ich glaube aber, dass ..."

CHADD Children and Adults with Attention Deficit Disorder, Elterninitiative in den USA

Coaching unterstützend-ermutigende Begleitung

Dekompensation Zusammenbrechen von Bewältigungs-mechanismen

Deviant abweichend

Differenzialdiagnostisch sich von anderen Störungs-bildern unterscheidend

DSM-IV diagnostisches und statistisches Manual psychischer Störungen nach Empfehlungen der amerika-nischen Gesellschaft für Psychiatrie (Codierungs- und Nachschlagewerk in den USA), 1994

Dysregulation Fehlregulierung

„Executive Functions" „Ausführungsfunktionen"

Fixierte Persönlichkeitsstörung unheilbare, eigenwillige Persönlichkeitsstruktur

Hebephrene Schizophrenie schwere, psychiatrische Erkrankung

Hyperfokussiert überscharf konzentriert

ICD-10 internationales Klassifikationssystem psychischer Störungen der WHO

Kognitiv denkend

Komorbidität Sekundärerkrankung

Kompensation Bewältigungsmechanismus

278

Limitiertes Kapazitätskontrollzentrum Das Gehirn hat nur eine begrenzte Kapazität für das Bereitstellen von Aufmerksamkeit.

Neuroleptika Medikamente, die bei schwersten Angstzuständen und Erkrankungen im psychischen Formenkreis eingesetzt werden.

Neurotransmitter Nervenerregungsüberträgersubstanzen oder Botenstoffe

Non-direktive Spieltherapie Das Kind soll dabei über symbolisches Spielen Konflikte lösen.

PET (Positronen-Emissionstomogramm) bildgebendes Magnet-Resonanztomogramm-Verfahren zur Untersuchung von Stoffwechselprozessen im Gehirn

Residualform Restsymptomatik

Response-Lost-Verfahren Eine bestimmte Anzahl von Verstärkern kann bei Einhalten erwünschten Verhaltens behalten und dann in Belohnung umgetauscht werden. Bei Nicht-Einhalten verliert man den Verstärker.

Skill-Training Einüben der Fertigkeiten, die man für die Anpassung an das Alltagsleben braucht (mit dem Willen und dem Verstand verbesserte Selbststeuerungsstrategien).

Suizidalität Selbstmordgefährdung

Token-Economy Durch Einhalten von Verhaltens- / Leistungsvorgaben können Belohnungseinheiten verdient werden.

TOVA computergestützte Verfahren (CPT) zur Messung der Daueraufmerksamkeitsspanne bei ADHS

Hilfreiche Adressen

Kontakt- und Informationsstellen für Betroffene und
Interessierte:

**AdS e. V. – Elterninitiative zur Förderung von Kindern
mit Aufmerksamkeitsdefizit-Syndrom mit / ohne Hyperaktivität**
Postfach 1165
73055 Ebersbach
(Internetadresse: http://www.s-line.de/homepages/ads)

**Bundesverband Aufmerksamkeitsstörung / Hyper-
aktivität e. V.**
Postfach 60
91291 Forchheim
(Internetadresse: http://www.osn.de/user/hunter/badd.htm)

JUVEMUS e. V.
Emser Straße 6
56076 Koblenz
(Internetadresse: http://www.juvemus.de)

Kontakt- und Informationsstellen für ÄrztInnen,
PsychologInnen, TherapeutInnen:

ADD Forum Berlin e. V.
Postfach 28 05 43
13445 Berlin

AG – ADHS
(Arbeitsgemeinschaft ADHS der Kinder- und Jugendärzte
Nordbayern)
Postfach 228
91292 Forchheim

Literatur

Alexander-Roberts, C.: ADHD and Teens – A Parent's Guide to making it through the tough Years. Texas, 1995

Anderson, C. / Plymate, H. B.: Management of the Brain-Damaged Adolescent. American Journal of Orthopsychiatry, 32, S. 492 – 500, 1962

Barkley, R. A.: Attention Deficit Hyperactivity Disorder. A Handbook for Diagnosis and Treatment. New York, 1990

Barkley, R. A.: A new Theory of ADHD. The ADHD-Report. V. I, No. 5, 1993

Barkley, R. A.: ADHD and the Nature of Self-Control. New York, 1997

Baum, S. A. / Olenchak, I. R. / Owen, S. V.: Gifted Students with Attention Deficits, Fact or Fiction? Or, we can see the Forest for the Trees. In: Gifted Child Quarterly, 42, S. 96 – 104, 1998

Biederman et al.: Research Report presented at the 9th Annual CHADD Conference, 1997

Brown, T. E.: Brown Attention Deficit Disorder Scales for Adolescents and Adults. San Antonio, 1996

Brown, T. E. (Ed.): Attention Deficit Disorders in Children, Adolescents and Adults. Washington D. C., 1998

Carey & Mc Devitt's: Comprehensive ADHD / ADD Evaluation. A Treatment Program. Georgia, 1991 / 1995

Copeland, E.: Copeland Symptom Checklist for Adult Attention Deficit Disorder. Atlanta, 1989

Copeland, E.: Coping with Children's Temperament: A Guide for Practioners. New York, 1995

Crawford, R. / Crawford, V.: Coaching the young Adult: Transitions into Adulthood. Report of the 11th Annual CHADD Conference, Washington D. C., 1999

Denckla, M. B.: A Theory and Model of executive Functions. A neuropsychological Perspective. In: G. R. Lyon & N. A. Krasnegor (ed.): Attention, Memory and Executive Function. Baltimore, S. 263 – 278, 1996

Döpfner, M. / Lehmkuhl, G.: Diagnose und Behandlung von hyperkinetischen Störungen (F90). Leitlinien der Deutschen Gesellschaft für Kinder- und Jugendpsychiatrie und Psychotherapie. AWMF online: awmf@uni-duesseldorf.de, 1999

Ernst, M. / Zametkin, A. et al.: Dopa Decarboxylase Activity in Attention Deficit Hyperactivity Disorder Adults. (Fluorine – 18) Fluorodopa Positron Emission Tomographic Study. The Journal of Neuroscience, Aug. 1, 18 (15) S. 5901 – 5907, 1998

Freed, J. / Parsons, L.: Zappelphilipp und Störenfrieda lernen anders – wie Eltern ihren hyperaktiven Kindern helfen können, die Schule zu meistern. Frankfurt, 1998

Goldstein, S. / Goldstein, M.: Managing Attention Deficit Disorders. New York, 1998 (revised)

Goldstein, S.: The Power of Parents: The most important Things I've learned in 25 Years in the Field of ADHD. Report on the 10th Annual CHADD Conference, New York, 1998

Groen, G. / Scheithauer, H. / Essan, C. A. / Petermann, F.: Epidemiskologie depressiver Störungen im Kindes- und Jugendalter. Zeitschrift für klinische Psychologie, Psychiatrie und Psychotherapie, 45, S. 113 – 142, 1997

Hallowell, E. M. / Ratey, J. J.: Driven to Distraction. New York, 1994. Answers to Distraction. New York, 1994

Hartmann, T.: Attention Deficit Disorder: A different Perception. Novato, 1993.

Hathaway, W. L.: ADHD in the Military. In: The ADHD-Report, Vol. 5, No. 5, Oktober 1997

Hill, P.: Diagnostic Issues in ADHD. Talk on the first European Conference for Health and Education Professionals on Attention Deficit / Hyperactivity Disorder. Oxford, 1997

Hinshaw, S. P. et al.: A 14 Month Randomized Clinical Trial of Treatment Strategies for Attention Deficit / Hyperactivity Disorder. Arch. Gen. Psychiatry, Vol. 56, S. 1073 – 1086, 1999

Kovacs, M. / Akiskal, H. S. / Gatsonis, C.: Childhood-Onset Dysthymic Disorder: Clinical Features and prospective naturalistic Outcome. Archives of General Psychiatry, 51, S. 365 – 374, 1994

Kovacs, M. / Devlin, B.: Internalizing Disorders in Childhood. Journal of Child Psychology and Psychiatry, 39, S. 47– 63, 1998

Ledingham, S. D.: Skill Building for Adults with ADHS. Preconference Institute, 11th Annual CHADD Conference, Washington D. C., 1999

Linehan, M.: Dialektisch-behaviorale Therapie der Borderline-Persönlichkeitsstörung. München, 1996

Loeber, R.: Development and Risk Factors of juvenile antisocial Behaviors and Delinquency. Clinical Psychology Review, 10, S. 1– 41, 1990

Loeber, R. / Keenan, K.: The Interaction between Conduct Conditions, Disorder and its comorbid Effects of Age and Gender. Clinical Psychological Review, 14, S. 497 – 523, 1994

Loeber, R. / Hay, D.: Key Issues in the Development of Aggression and Violence from Childhood to early Adulthood. Annual Review in Psychology, 48, S. 371 – 410, 1997

Lovecky, D. V.: The asynchronous gifted Child: Gifted Children with AD / HD. 11th Annual CHADD Conference, Washington D. C., 1999

Mayer, J. J.: Zeitmanagement für Dummies. Bonn, 1997

Martinius, J.: Stellungnahme der Fachverbände für Kinder- und Jugendpsychiatrie und Psychotherapie in Deutschland zur Behandlung hyperkinetischer Störungen im Kindesalter mit Methylphenidat (Ritalin), 1999

Millstein, R. et al.: Presenting Symptoms of ADHS in Adults. Journal of Attention Disorders, 1998

Nadeau, K. G.: Survival Guide for College Students with ADD or CD. New York, 1994

Nadeau, K. G.: A comprehensive Guide to Adult Attention Deficit Disorder. New York, 1995

Nadeau, K. G.: Help 4 ADHD@High School ADHD Warehouse, 1998

Nadeau, K. G.: Unterstanding Girls with ADD. Report at the 11th Annual CHADD Conference, Washington D. C., 1999

Neuhaus, C.: Das hyperaktive Kind und seine Probleme. Urania-Ravensburger, 5. Aufl., 1999

Neuhaus, C.: Das Aufmerksamkeitsdefizitsyndrom mit und ohne Hyperaktivität (ADD), in: Zerdick, J.: Entwicklungen in der Suchtmedizin. Berlin, 1998

Neuhaus, C.: ADS / ADHS bei Jugendlichen und im jungen Erwachsenenalter – Extravaganzen, Stimmungslabilitäten, Somatisierungstendenzen. Vortrag, gehalten zum Symposium in Bad Boll, 1999. In: Fitzner J.: ADS / ADHS – verstehen, helfen, akzeptieren. Beltz, im Druck

Neuhaus, C.: Nicht mit Dir und nicht ohne Dich – die Paarbeziehung bei ADD. Vortrag, gehalten zum Symposium in Bad Boll, 1999. In: Fitzner J.: ADS / ADHS – verstehen, helfen, akzeptieren. Beltz, im Druck

Neuhaus, C.: Das funktionelle Verstehen der Symptomatik Hyperaktivität – Notwendigkeit eines multimodalen Behandlungsansatzes? In: Skrodzki, K. / Mertens, H. (Hrsg.): Hyperaktivität – Aufmerksamkeitsstörung oder Kreativitätszeichen? Dortmund, 2000

Paternite et al. in: Robin, A.: ADHD in Adolescents. Diagnostic and Treatment. New York, 1998

Petermann, F. / Kusch, M. / Niebank, K.: Entwicklungspsychopathologie – ein Lehrbuch. Weinheim, 1998

Phelan, Th. W.: Surviving your Adolescents – how to manage and let go off your 13 to 18 year olds. Gen Ellyn, 1993

Posner, M. / Di Girolamo, G. J.: Conflict, Target Detection and Cognitive Control. In: Parasuraman R. (ed.): The Attentive Brain. Cambridge, S. 401 – 424, 1998

Quinn, P.: Adolescents and ADHD: Gaining the Advantage. New York, 1995

Robin, A.: ADHD in Adolescents. Diagnostic and Treatment. New York, 1998

Roth, G.: Entstehen und Funktion von Bewusstsein. In: Dt. Ärzteblatt 1999; 96: A - 1957 – 1961 (Heft 30)

Schweickert, L. A. / Strober, M. / Moskowitz, A.: Efficacy of Methylphenidate in Bulimia nervosa comorbid with Attention Deficit Hyperactivity Disorder: A Case Report. International Journal of Eating Disorders, 21, S. 299 – 302, 1997

Sergeant, J.: Inhibition and ADHD: A critical Review. Report in: Conference Attention Deficit / Hyperactivity Disorders. Cambridge, 1998

Shell Jugendstudie: Jugend 97 – Zukunftsperspektiven, gesellschaftliches Engagement, politische Orientierungen. Opladen, 1997

Shevell, M. / Schreiber, R.: Pemoline – associated hepatic Failure: A critical analysis of the literature. In: Pediatric Neurology, Vol 16, No. 1, S. 14 – 16, 1999

Skrodzki, K.: Paradoxe Medikamentenwirkung. In: Aufmerksamkeitsdefizitsyndrom aus medizinischer Sicht, Heft 1, BvdE, S. 55, 1997

Solden, S.: Die Chaosprinzessin. Frauen zwischen Talent und Misserfolg. Forchheim, BvdE, 1999

Sternberg, R. J.: Erfolgintelligenz. Warum wir mehr brauchen als IQ und EQ. München, 1999

Swanson, J. M. et al.: Attention Deficit / Hyperactivity Disorder: Symptom Dopamin cognitive Processes and neural Networks. In: R. Parasuraman (ed.): The Attentive Brain, Cambridge. S. 445 – 460, 1998

Swanson, J. M. et al.: Seminar „ADHD and hyperkinetic Disorder". The Lancet, Vol. 351, S. 429 ff., 1998

Swanson, J. M. et al.: Assessment and Intervention for ADHD in the Schools. Lessons from the MTA Study. Pediatric Clinics of North America, Vol. 46, 5, S. 993 – 1009, 1999

Thelan, T.: Surviving your Adolescent – How to manage and let go off your 13 to 18 Year olds. 1993

Thomas, A. / Chess, S.: Temperament and Development. New York, 1977

Voll, B.: Das Sisi-Syndrom. Wenn die Seele die Balance verliert. München, 1998

Wakefield, J. C.: Disorder as harmful dysfunction: A conceptual critic of DSM III. R's definition of mental disorder. Psychological Review, 99, S. 232 – 247, 1992

Wakefield, J. C.: When is development disordered? Developmental psychopathology and the harmful dysfunction analysis of mental disorder. Development and Psychopathology, 9, S. 269 – 290, 1997

Weiß, G. / Hechtman, L. T.: Hyperactive Children grown up. New York, 1993

Wender, P. et al.: Attention Deficit Disorder (Minimal Brain Dysfunction) in Adults. Arch. Gen. Psychiatry, J8: S. 449 – 459, 1981

Wilens, T. et al.: Current Concept in Pharmacotherapy. Issues of Comorbidity and the Treatment of ADHD in Children and Adolescents. Research Report, 11th Annual CHADD Conference, New York, 1998

Zametkin, A. et al.: Cerebral Glucose Metabolism in Adults with Hyperactivity of Childhood onset. New England Journal of Medicine 323 (20), S. 1413 – 1415, 1990

Zeigler, D.: Teenagers with ADD – a Parents Guide. Bethesda MO, 1995

Über die Autorin

Cordula Neuhaus ist Dipl.-Heilpädagogin, Dipl.-Psychologin und Verhaltenstherapeutin. Sie arbeitet seit vielen Jahren in einer eigenen Praxis mit Kindern, Jugendlichen und Erwachsenen. Zusätzlich ist sie Dozentin und Supervisorin in der Fort- und Weiterbildung in Klinischer Verhaltenstherapie in Stuttgart, Bad Dürckheim und Tübingen. Sie hat sich in den letzten 15 Jahren engagiert mit ADHS-Kindern und Jugendlichen auseinander gesetzt, internationale Symposien besucht und sich einen einmaligen Überblick über erfolgreiche und moderne Behandlungsmethoden verschafft. Sie ist Vorstandsmitglied des ADD-Forums sowie des Berufsverbandes Verhaltenstherapie bei Kindern und Jugendlichen. Sie hat mehrere Artikel verfasst und ist seit Jahren in der Lehrerfortbildung aktiv.

Ihr 1996 erschienenes Buch „Das hyperaktive Kind und seine Probleme" wurde inzwischen in vier Sprachen übersetzt.